中国のメディア・表象とジェンダー

中国女性史研究会編

研文出版

故・柳田節子先生に捧げる

中国のメディア・表象とジェンダー

目次

中国のメディア・表象とジェンダー

柳田節子先生の思いを継いで

前山 加奈子

この記念論文集は、柳田節子先生が生前、お元気だったころに中国女性史研究会に寄付してくださった基金をもとに刊行された。言うまでもなく、先生なくして上梓することはできなかったが、それにもまして、中国女性史研究会は先生なくして一九七七年夏の誕生を語ることはできない。そしてその後の過程においても先生の指導なくしては、とうてい成長することもできなかっただろう。

先生は一九二一年に盛岡市で生まれ、お父様の哲学者・柳田謙十郎先生の仕事によって何度か転居し、二九年から三八年までの多感な少女時代を台北市で過ごす。五〇年に津田塾専門学校外国語科を卒業後、東京大学文学部東洋史学科（旧制）に入学、卒業後は同大学院（旧制）に進み、終了後は助手に。六四年から宇都宮大学助教授、教授を経て、七六年に学習院大学へ移り、九二年に定年退職するまで史学科で教鞭をとられた。九一年からは東洋文庫の研究員に。二〇〇六年七月九日逝去。

柳田節子先生は宋代史研究者として、国内外において活躍し、『宋元郷村制の研究』（創文社、一九八六)、『宋元社会経済史研究』(創文社、一九九五)など多くの社会経済史の業績を残していることは周知の事柄である。また女性史や家族史の領域にもその研究は及び、「南宋期家産分割における女承分について」(一九八九)「宋代女子の財産権」(一九九〇)「宋代の女戸」(一九九三)など主として宋代女性の財産相続権や離婚訴訟を取り上げ、それらはご自身の手によって『宋代庶民の女たち』(汲古書院、二〇〇三)にまとめられている。そこでは中国前近代社会の女性に関する研究に対して、次のような提言が見られる。

前近代社会においては、節婦烈女が中心的に取り上げられ、「儒学者官僚たちによって形成されてきた「あるべき」女性像が、女たちの実像とかさねあわされてきた」。「節婦烈女か隷従か、それだけが中国前近代社会における多くの女たちのありようであったのだろうか。」

「多くの庶民の女たちは、歴史に名をとどめず、これまでの研究の中では、その姿は見えてきにくい。」

そこで先生は、「庶民の女たちの別のありよう」と宋朝専制支配との接点を探り、同時に彼女たちが生きた郷村社会に対し、宋朝専制権力がどのように支配したか、考察し論考にまとめている。先生の視点が名もない庶民の女たちから専制支配・権力に広がり及んでいく過程が理解できる。

今では四十年近く前のことになるが、本研究会の誕生当時、大学での数少ない女性教員であった先生は、女性研究者が大学などの研究機関で冷遇されていることを痛感し、とりわけ在野の女性史研究者のために、研究費もままならない、劣悪な研究環境を何とか改善できないものかと、配慮なさった。

その一方で、女性研究者の研究レベル向上や大学など研究機関のポスト獲得のために、厳しい助言も厭わなかった。ともかく研究者として、男性研究者を凌駕できるだけの内容をもつ論稿を書かなければならないと、強く主張なさり、私たち会員をみる目も鋭かった。私自身をはじめ、会員の執筆した論文や著述には必ず目を通して、内容の稚拙なものには厳しく指摘なさったが、その度に、私は身のすくむ思いだった。その反面、優れた論文には、ご自分のことのように喜んで、手放しで激励を惜しまなかった。

中国女性史研究のレベルを引き上げるべく、先生がまず手を差し伸べてくださったのは、論文集を出すことだったが、それまで経験のなかった私たちのために、ご自分の古稀記念に寄せて宋代史と中国女性史の研究を合わせた論文集を出すことを提案した。宋代史研究と比べると女性史研究の蓄積は足元にも及ばないほどであったが、ともかく先生の強い後押しで何とか古稀記念論集『中国の伝統社会と家族』（汲古書院、一九九三）の中に組み入れていただいた。続いて一九九九年には吉川弘文館から『論集中国女性史』を中国女性史研究会独自のものとして上梓したが、柳田先生が一員であったればこそ実現できたのであった。

社会的に弱い者へ、やさしく慈しみ深い眼差しを向ける先生が、時に鋭く矢を放つような言葉を発することがあった。それは、筋の通らない、事実に反した物事が起きたり、存在したりすることに対してだったように記憶している。そのような態度の根底には、真実とは何か……西も東も、南も北も、左であれ右であれ、真実は一つという強い願いのようにもち続けている大切な信念があったのではないだろうか。

亡くなる直前に私宛に書いて下さった手紙にも、「真実は一つ」とあった。この言葉を思い出すたびに、ご自身も戦争を体験なさり、敬愛するお兄様を戦禍の中で亡くした先生の深い悲しみと激しい憤りが伝わってくるように感じる。と同時に「わだつみ会（日本戦没学生記念会）」に象徴される反戦への強い願いが、先生を駆り立てて『わだつみの世代を生きて』（私家版、一九九二）を著すまでにさせたのだと思われてならない。

先生亡き後、私たちに課せられていることは、中国女性史研究会の発展と研究への真摯な態度、若くして戦場で散った学究の徒の崇高な学問への思いを受け継ぎ、平和な社会を護ることではないだろうか。この論文集が多少なりとも先生の思いを継ぐものとなっていることを、心から願ってやまない。

（中国女性史研究会前代表）

序

小浜　正子

今回、中国女性史研究会で論文集を刊行するにあたって、表題を『中国のメディア・表象とジェンダー』とした。このことについては、二つの説明が必要だろう。第一に、「女性」のみならず「ジェンダー」を問題としたことであり、第二には、そのために「メディア」と「表象」から課題に迫ろうとしたことである。

第一の点については、二〇一六年の現在、あまりたくさんのことは語らなくてもよいと思われる。歴史の主体として無視され続けてきた女性の足跡を明らかにしようとして始まった女性史の研究が、なぜ女性が無視され続けてきたかを明らかにするために、どのように性別が社会で構造化されてきたかを問うジェンダー史に発展してすでに久しい。当初、生物学的性別に対して社会的性別を示すものとされたジェンダーに関する研究が進んで、性別そのものが文化的構築物であることが明らかにされてきた。現在、広く用いられている定義はJ．スコットによる「身体的差異に意味を付与する知」というものである。(1) 性別を単純に男性と女性に分ける二元的な捉え方は社会的にも行き詰まりは明らかになり、近年はＬＧＢＴとも称されるセクシャル・マイノリティーズが社会的に注目されるようになった。(2) 現在、ジェンダー研究は進化して、ジェンダーとセクシャリティを如何に考えるかは、社会によって多様であり、それはその社会の秩序形成の根幹に関わる問題であることが広く認められている。

とはいえ、中国社会におけるジェンダーがどのようなものとして存在してきたのかについては、日本の膨大な中国史研究の蓄積の中にあってもそれを論じた成果は多いとはいえず、いまだ研究は緒に就いたばかりである。(3)「ジェンダー」が社会の理解にいかに重要かを知ったわたしたちは、精力的に研究を深めなくてはなるまい。

今回の論集では、わたしたちは、メディアと表象という角度から、中国のジェンダー史に迫ろうとした。なぜジェンダーを論じるのにメディアと表象に拠ったのか。ここでいうメディアとは、広義の用法で、中国語で「媒体」という如く、人と人との間を情報でつなぐ各種のツールである。近代社会で発達したマスメディアたる新聞・雑誌・書籍・テレビ・ラジオなどはもちろん、前近代中国社会において対面で演じられた演劇や、木版印刷の書物なども含む。そこで論じられ語られる女性像や男性像から、わたしたちは中国社会におけるジェンダー秩序の変遷をたどろうとした。

このような手法で中国史上におけるジェンダー、とくに女性のあり方を分析しようとしたことの理由は、第一に、中国社会に生きてきた女性たちが、男性に比して圧倒的に自身で文章を書くことが少なかったからである。そのため、彼女たち自身が書き残した文字史料によって、わたしたちが中国史上の女性について研究しようとしても限界がつきまとう。そこで、女性の実態を知るために、メディアの中の女性のあり方から推測するのが有効な方法となる。小説に書かれていることは、必ずしもその時代に起こった事実ではなくても、登場人物には、時代の特徴が刻印されているに違いないので、小説は社会史の史料として有用なのだ。このように実態を推測できるということ以上に、メディアに描かれる女性像／男性像を分析することがジェンダー研究に有効なのは、第二に、メディアに登場する女性像／男性像には、その社会では女性／男性はどのようなものである、あるいはあるべきだと考えられていたかが示されているからである。すなわち、そこで演じられ論じられる女性像／男性像とは、現実に存在している女性／男性ではなく、観念的に表象されイメージされる女性／男性である。前述のように、そもそも性別とは、もとからそのように存在したというよりは、社会によってかくあるべしと作り上げられたものであることを、近年のジェンダー研究は明らかにしてきた。それゆえ、メディアの中で表象される性別のあり方を研究することは、ジェンダー研究の中心的な課題となりうる。

しかも、こうして表象された女性像／男性像は、現実に生きる女性／男性に、かくあるべし、あるいはかくあってはいけない、と影響を与える。メディアに現れる女性像／男性像は、現実の男性／女性のあり方によって制約され、同時に現実の女性／男性を規制する。それぞれの社会のジェンダーのあり方は、表象と実態、規範と現実の相互作用の中で形作られてゆくのだ。

中国史におけるジェンダーをメディアと表象から探ろうという本書の主題は、このような視点によるものである。とはいえ前述のように中国史研究の中で、ジェンダー領域はまだまだ未開拓の分野であり、また私たちは表象分析の技法に習熟していないので、いまだ不充分な成果であるのは重々自覚している。以下、本書の各論文の内容を紹介しつつ、到達点と課題を確認しよう。

大島立子「元雑劇に見る家族像」は、非文字伝達媒体である元代の雑劇に、当時の人々の家族観を探る。雑劇からは、当時の多様な家族形態の存在とそれに対する人々の考え方を見て取ることができる。男系血統の重視などのいわゆる礼教的な家族理念は元代にはあまり普及しておらず、家族の核は夫婦であるように見て取れるが、一方で、雑劇には礼教的な理念で民衆を教化する役割を期待されている側面もあった。ともすれば前近代中国ではつねに礼教的な家族理念が支配的であると考えられがちだが、こうした理念を歴史化してゆくという重要な課題に、雑劇というメディアの中で表象される家族像から迫ろうという意欲作である。

五味知子「纏足・大脚・赤脚――明清時代における婢のイメージとメディア」は、女性の身分によってその脚のイメージ――とくに纏足しているかどうか――が異なることを、『金瓶梅詞話』『紅楼夢』『児女英雄伝』『海上花列伝』

といった明清時代の小説や『申報』『点石齋画報』などの清末の新聞・瓦版から論じる。妓女のイメージは纏足しているものであり、それに対して雑用係の婢は纏足していないが、身の回りの世話をする婢の脚は雑用係の婢より小さくイメージされた。婢の身分は比較的流動性が高いものだが、その変化は纏足しているかどうかで表わされる。明清中国の女性性の象徴として近年注目されている纏足と身分との関係が、メディアの中では現実以上にリアルに表象されている。

前山加奈子「『圖畫日報』にみる清末上海の働く女性たち」は、清末上海で刊行された瓦版である『圖畫日報』の「生業の写生」欄に活写された多様な職種で働く女性の姿と、それがどのように見られていたかを論じる。前近代中国では「女は内」の儒教規範で女性は家庭内に居るべきだとされていたが、下層の女性の実態は必ずしもそうではなく、社会の彼方此方の隙間で働いていたし、清末の社会変化の中で女性が家の外へ出ることも増えた。物作り、物売りや各種のサービス業などの多様なしごとをする女性の姿からは、新と旧、西洋と中国、都市と農村が混在する清末上海で、上層から下層までの女性のあり方とその評価も混淆していることが見て取れる。

石川照子・須藤瑞代「近代中国の女子学生——図像と回想による考察」は、近代になって出現した「女子学生」という存在が、どのように雑誌『良友画報』の写真と『婦女雑誌』『上海婦女』の回想文で表象されていたかを論じる。一九二〇年代から三〇年代前半までの女子学生の写真は、「新女性」を表象するもので若さと健康美にあふれている。彼女たち自身の回想でも学校生活は楽しいものだったが、卒業後は家庭の奴隷となって苦闘の中にいる。三〇年代後半には、写真でも回想文でも戦時の影響が強くなり、戦時下では勝利への貢献が至上となって、個人の苦悩は不可視化されてゆく。メディアの中のイメージと女子学生自身のイメージとは関連を持ちながらも違いがあり、同時に、時代を映す鏡であるメディアの表象は、生身の女性に影響を与えていた。

江上幸子「近代中国における主体的妓女の表象とその夭折——民国期の多様なメディアから」は、やはり一九二〇年代から三〇年代の上海という多様なメディアが発達した場における妓女の表象を分析する。近代の妓女は、軽蔑またはその裏返しである憐憫の対象として表象されることが多く、いずれにせよ主体性を認められない「犠牲者」であった。しかし丁玲の小説『慶雲里の小部屋』は、妓女と新女性を同じ地平で「自由」と「愉悦」を求めて得られない存在と捉えている。また曹禺の演劇『日の出』には、憐憫／侮蔑の視線を持つ救済者をも拒否して社会変革論をも脱構築するような妓女の姿が見られる。こうした主体的妓女の表象は、しかし現在も充分に評価されているとはいいがたい。この分析からは、近代から現在に続くジェンダーと社会の変革の中で、正統化された女性表象とされない女性表象とはそれぞれどのようなものなのかが問われる。

一方、リンダ・グローブ「華北のある小都市での売春に関する研究——一九三〇年代を中心に」は、同時期の地方の小都市高陽の売春実態とそれに対する当時の捉え方を、社会調査史料から明らかにする。商人たちにとって買春は、性病の罹患と仕事や信用を失う恐れとのため二重に危険なものと考えられていた。売春が公認される天津のような大都市では娼館街が存在し、娼妓はその規制の中で「自由」ではなかったが、売春が公認されない高陽では彼女たちは自主営業しており、自由に移動もしていた。

商業発展の中で需要が存在し、女性にとって「自由」でそれなりの収入が確保できる仕事として、性サービス業が主体的に選ばれる、という状況は、現在の中国でも報告されている。(4) セクシャルなサービスへの需要は文化的につくりだされるものでもある。覇権的な男性性が買春を必須のアイテムとするようなジェンダー構造は、多くの社会で見られるものである。売買春をめぐる研究には、ジェンダー秩序・経済・文化などの多面的な側面からのアプローチが必要であろう。

松井直之「台湾における戒厳令の解除と出版法の廃止——女性団体の関わり方に着目して」は、メディアとそこでの表象を統制する権力の対応の変化を、戦後の台湾に辿る。国民政府の復帰後、出版法はまず日本勢力の排除を目的として適用されたが、二・二八事件後、戒厳令が施行されてそれが長期化する中で、「報禁」と呼ばれるメディアへの統制体制が整っていった。七〇年代末からの民主化運動の展開の結果、戒厳令と「報禁」は八〇年代末に解除されたが、その過程は女性運動の拡大と深く関係している。

姚毅「「はだしの医者」の視覚表象とジェンダー」は、文化大革命期にもてはやされた「はだしの医者」の画像を分析したものである。中国社会主義の新生事物である「はだしの医者」は、官製の宣伝メディアで大々的に取り上げられることによって広まった。その画像のデザインや強調点は時々の政治情勢によって変化するが、描かれた「はだしの医者」の大多数は女性だった（現実には「はだしの医者」の多数は男性だったにも拘わらず）。なぜなら、「はだしの医者」は、農村・女性・思想・中国医学のシンボルだったからである。女性の「はだしの医者」を強調したプロパガンダは、女性治療者を普及させたと同時に、女性の身体はその所有者である男性のものだという既存の家父長制規範を承認するものでもあったという分析には、はっとさせられる。それは中国革命によるジェンダー変革の成果と限界を、はからずも示している。

遠山日出也「行動派フェミニストの街頭パフォーマンスアート——図像を中心に」は、二〇一二年以降の若い行動派フェミニストの、主張を視覚的に訴える街頭パフォーマンスアートに注目する。彼女たちはその画像がソーシャルメディアで拡散されることを計算して、自らの身体への注目を利用する街頭でのパフォーマンスを行う。一党独裁政権下で独自の主張を社会的に広めるためのこうした戦略は、一定程度の有効性を持ったことは間違いないが、習近平政権による締め付けの強化の下で、今後の展開は予断を許さない。

前の姚論文が官製の宣伝画を分析するのに対して、遠山論文は官とは異なった主張を広めるための視覚メディアの利用を論じている。両者からは、女性の身体をどのように表象し、それによってどのような女性像を発信するかをめぐる、中国の磁場の中でのテキストとコンテキストとのせめぎあいの様相を見て取ることができる。

秋山洋子「日本における中国女性／ジェンダー史研究——中国女性史研究会の歩みを軸として」は、上記の各論文とは異なって、本論集刊行に至る中国女性史研究会の活動を日本における中国女性史・ジェンダー史研究の展開の中に位置づけるものである。ここでは、今回の『中国のメディア・表象とジェンダー』の課題に取り組むに至る研究会の歩みを辿ることが出来る。

以上のような本書所収の各論文より、現在、私たちがメディアと表象から中国ジェンダー史に取り組む際の論点を以下のようにまとめることができるだろう。

第一に、しばしば儒教的家族または礼教的家族として超歴史的に存在していたかのように捉えられる前近代中国の家族に関する規範と実態を、中国史の歴史的展開の中で形成され変化してきたものとして歴史的にとらえ直し、その規範と実態の時期ごとの具体的な内容を明らかにしてゆくことの必要性である。本論集では、大島論文がこの問題に取り組んでいる。

第二に、それぞれの時代の女性像／男性像は単一のものではなく、社会的身分や地位などによって女性／男性のイメージも多様であったことに注意したい。私たちは、身分や地位などに応じてそれぞれの時代に女性／男性がどのようにイメージされていたかから、その社会のジェンダー秩序を再現してゆくことができる。本論集の五味論文、前山論文は、特定の社会層の女性に焦点を当てて、そのイメージと意味を分析している。同時に、それぞれの身分や地位の女性／男性が「どう見られていたか」とともに「どのような主体性をもっていたか」にも注目したい。本論集には、近代中国社会において新女性として注目された女子学生のイメージと主体を論じた石川・須藤論文とともに、あるべき女性像の対極とも位置づけられる売春婦＝妓女を扱った江上論文、グローブ論文を収めた。ここからは、妓女がどのようにイメージされていたかだけではなく、その実態と、妓女自身の主体性についても考察している。男性たちの文章の中で多くのイメージが語られてきた妓女の主体を歴史の中で再現し、売春婦を最底辺に位置づけてきたジェンダー秩序を逆照射してゆくこともジェンダー史の大きな課題であろう。

第三に、メディアに現れる女性像／男性像は、誰が、どのような意図で意識的／無意識的に流したものなのかにかかわる問題がある。メディアの意図と、それが有効に機能する／しないその「場」のコンテキスト、いいかえれば「場」の権力構造とジェンダー秩序はどのようなものなのか。私たちは、メディアとジェンダーを考える際に、そのような問題に自覚的でありたい。本論集の、松井論文、姚論文、遠山論文はそうした問題を扱う。中国では近現代のほとんどの時期、一党独裁の国家権力がメディアを統制している。台湾もしかりであった。そうした中で、メディアを統制する権力のあり方と、その権力の志向するジェンダー秩序はどのようなものなのか。そこにおいて、独自のジェンダー秩序を志向する者たちにはどのような戦略が可能なのか。たんに独裁権力がメディアを統制するというだけでなく、そこで企図されたジェンダー秩序のあり方はどのようなものであり、それを揺るがす戦略はなぜ有効／無効なのかを、私たちは丁寧に読み解いてゆく必要がある。

本論集で明らかにできたことは、以上のような課題の一部にとどまるが、その端緒を開くことはできたのではなかろうか。

（中国女性史研究会代表）

注

（1）ジョーン・W・スコット（荻野美穂訳）『増補新版ジェンダーと歴史学』平凡社、二〇〇四年。

（2）セクシャリティは、生物学的性（からだの性）、性自認（こころの性）、性的指向（好きになる性）、性表現（表現する性）などの軸からとらえられる。からだの性とこころの性が一致してそれを表現し異性を好きになるという規範的な性のあり方と異なる、多様なセクシャリティを持つ人々が性的少数者《セクシャルマイノリティーズ》とされる。ＬＧＢＴと称されるレズビアン（Ｌ）・ゲイ（G）・バイセクシャル（B）・トランスジェンダー（T）を含む性的少数者は、二〇一五年の電通総研LGBT調査によれば、日本人口の七・六％を占めるとされる。

（3）　現在までの日本における中国ジェンダー史の成果と課題については、小浜正子・下倉渉・佐々木愛・高嶋航編『中国ジェンダー史研究入門』（京都大学学術出版会、近刊予定）を参照のこと。なお、英語圏では一九八〇年代以来、この分野の研究が大きく進展しており、Susan Mann, *Gender and Sexuality in Modern Chinese History*, Cambridge Univ. Press, 2011（日本語訳は、スーザン・マン著、小浜正子＋リンダ・グローブ監訳、秋山洋子＋板橋暁子＋大橋史恵訳『性からよむ中国史――男女隔離・纏足・同性愛』平凡社、二〇一五年）はその成果の総集成といえる。

（4）　宋少鵬（及川淳子訳）「現代中国のジェンダー言説と性の政治経済学」（小浜正子・秋山洋子編『中国のジェンダー・ポリティクス――格差・性売買・「慰安婦」』勉誠出版、二〇一六年）。

元雑劇に見る家族像

大島立子

はじめに

元曲といわれる元朝の雑劇の脚本が多数残されている。(1) 雑劇は、〈白〉といわれるセリフと〈曲〉といわれる韻文からなる。敦煌の講経文・変文が散文と韻文からなり、読ませるためではなく、聴かせる文学であったというが、雑劇も同じ系譜の俗文学である。寺院の壁画が講経文の理解を助け、目と耳から仏教の教えを示したものであり、また変文には時には絵がついていたといわれる。変文は仏教の教えだけでなく娯楽的要素が強い内容もあった。(2) 宋代にはやった講談が元代に平話（話本）として文章化されたが、紙面の上部四分の一に絵が描かれていた。文字を知らぬものも絵だけで話の筋を追える。(3) 雑劇は講経文・変文・平話の絵画の部分が芝居という形態になったものといえる。

前近代には文字を知らぬ人々が多く、非文字伝達媒体の重要度は現在の比ではない。主なものとして絵画・芝居・歌謡などがあげられる。見せしめの公開処刑も広義の非文字伝達手段であった。公的な粉壁（公布文書などを壁に書いたもの）は文字による伝達手段であるが、時にお尋ね者の似顔絵が書かれただけでなく、(4) その存在自体が伝達すべきものがあることを世に伝えた。いずれも目に一丁字も持たない人々に情報を伝達する手段である。本稿では、雑劇を非文字伝達媒体の面から考察し、文字を持たない人々にも理念を浸透させる手段の一つであったことを示したい。

伝達される全てが真ではない。雑劇はそもそも虚構であり、社会の真実、あるがままを表わすことを目的としていない。荒唐無稽の冒険譚あり、歴史物語がある。同時代の社会を扱った人情話であっても、当時の社会そのものを写しているのではない。しかしどのような創作でも作られた時代が多かれ少なかれ反映される。それ故に早くから雑劇をはじめ、白話小説などの俗文学・虚構文学を歴史研究の資料として利用する試みがなされてきた(5)。

本稿では、家族像が表れている雑劇をとりあげ、当時の実際の家族関係がどのように映されているのか、また雑劇が当時の社会にどのような影響を与えたのかを考えたい。

一　元代と雑劇(6)

宋代に雑劇が盛んだったことは、『東京夢華録』のような宋代の都の盛況を描いたものによって示されてきた。繁華街での一般大衆を相手とする興業だけではなかった。宋朝の滅亡直後に旧宋朝から大都におくられた使者の『行程記』に、「舟が長蘆鎮（現河北省滄州）に至る。ここの人々はこの地を小燕京という。確かに人烟輻輳している。塩の産地であり塩運司があり、鎮の南にある浮橋では妓楽・雑劇で諸使を接待する」とある(7)。またこの使者は大都で何回か観劇の接待を受けた。富民が一家の祝い事に楽人を招き、あるいは墓参の際に雑劇が演じられたことが雑劇中の場面にも見える(8)。古くから軍隊では兵士を鼓舞するために上演された(9)。雑劇はいろいろな機会に上演された娯楽であった。元代に多くの雑劇の脚本や、作家・楽人（歌手・俳優）の記録が残されていることも雑劇が盛んであった事実を示していよう(10)。また元代に建てられた舞台も残っており、元の墓室の磚彫に雑劇上演の場面が描かれ(11)、雑劇の舞台を模した陶枕が遺されている（図）。王国維は、北方の作者の出身は大都のほか平陽（現山西省）が最も多いというが、

図　青白磁透彫舞台形枕（安徽省岳西県出土）

元代の舞台遺跡の多くは山西省にあり、それを裏づけている。残されている舞台は道教系の廟に付随しているが[12]、道教の廟のみならず仏教系にしても儒教系にしても人が集まるところには舞台が作られた。廟にある舞台は本来、布教や教化のためであったが、雑劇上演に使用されることもあったらしい[13]。

宋元時代に雑劇が盛んになった背景について、経済発展などさまざまな要因がいわれてきた。元代に雑劇の内容が充実したこともあげられている。はじめ、多くの脚本は書会といわれる雑劇を含む遊芸に関わる人々の集まりが共同で書いていたが[14]、元代になると作者が明確になり、個人の作品として発表されるようになった。現存の脚本は元代以降に刊行されたものである。すなわち元代に雑劇は口頭文学から文字を媒介した文学にもなった。元代に雑劇がさかんになった理由として、科挙による出世や栄達をはかれない知識人の中に雑劇の作者に転じた者が少なからずいたことがあげられる[15]。元代の雑劇が起承転結の四段[16]からなる完成度の高い話の運びになったのは、知識人が単なる余技ではなく、文学作品として書いたためとも言われる。かれらは歴史物語や人情物語の中で、伝えたい理念を語り、聴衆を教化しようとしたこともあっただろう。[17]

元代には、雑劇などの遊興にうつつを抜かし、学業や生業をおろそかにしているという理由で、民間の子弟が詞曲を習うことを禁止する法があったが、[18]雑劇の内容に単なる娯楽として野放しにできない社会批判や政治に対する諷刺が含まれていたからではないか。[19]敦煌の講経文のように特別の思想や教訓を教えるものもあるが、多くの芸能は作る人々、見る人々の感情の発露である。時には歴史物語や人情話の中で社会風刺・政治批判も行った。[20]たとえば、有力官僚である義父の力で出世したこと（宮天挺著『死生交范張鶏黍』）、武官を文官よりも評価すること（關漢卿『閨怨佳人拝月亭』）を批判し、また貧者に対して質屋が買いたたきをする横暴（鄭廷玉『看錢奴買冤家債奴』）、貧者が粗悪品やがい品を富裕な商人から買わされたこと（無名氏『小張屠焚児救母』）を述べ、また富者の資力に屈した判決や（孟漢卿『張鼎智勘魔合羅』）、知府が横恋慕して離婚させた事件（高文秀『好酒趙元遇上皇』）などに託けて官僚を批判している。

もちろん雑劇は諷刺や批判だけを目的としているのではない。社会批判や弱者の悲哀を表明するだけでなく、むしろ多くは筋立てのおもしろさによって、観客を惹きつけた。たとえば、侍女が妾ではなく第二夫人の地位を獲得する話（關漢卿『詐妮子調風月』[21]）は、下層女性の出世物語として喝采を浴びたであろう。単なる娯楽としてだけでなく、いわゆる礼教的理念[22]にそった家のあり方を示し、家族の結束を促がすための手段としても催されたことがあった。[23]胡祗遹が、雑劇では「上は朝廷・君臣の政治の得失、下は村落・市井や父子・兄弟・夫婦・朋友の情の厚薄、医薬・占い・釈道・商賈の人情や道理が特殊なこと、異域の風俗・言語が異なることまでが語られる」[24]と、いっているようにさまざまな社会状況が描かれた。

二　雑劇に描かれた家族

雑劇の脚本は数多く残されているが、多くは明刊本である。元刊本にはセリフの部分が省略されたものが多いが、曲や役者の行動を示す〈科〉から筋を追うことができる。元刊本と明刊本とを比較すると、筋の運び、主旨に大きな異同はない。(25)しかし明刊本はセリフが豊富であり、当時の社会を彷彿させる材料をより多く提供している。セリフは聴衆や時代に合わせせたと考えられる。元刊本では多くのセリフが欠落しているが、セリフは観客に合わせて臨機応変にいわれ、固定されていなかったために記されなかったのかも知れない。本稿は雑劇を歴史資料として利用するので、制作年代をせばめることができる元刊本を使って考察する。(26)元刊本は京都帝国大学文科大学叢書第二『覆元槧古今雑劇三十種』（京都帝国大学文科大学像板）として世に出、その後、徐沁君校『新校元刊雑劇三十種』上下（中華書局、一九八〇年）・寧希元校点『元刊雑劇三十種新校』上下（蘭州大学出版社、一九八八年）の校勘本がでている。校勘本では折や楔子がつけられた。以下の訳は先掲の二つの校勘本の注、明刊本の訳注及び先学の日本語訳などを参考にした。(27)

最初に、元刊本三十種の中で、家族関係が示されている七点のあらすじを述べ、家族像が表されている曲やセリフを紹介したい。いつの時代でもいろいろな家族のあり方・理念があるように、元雑劇に見る家族像もひとつに集約できない。

資料【a】馬致遠（**大都人、江浙省儒学提挙**）**作『馬丹陽三度任風子』**

この雑劇は、そもそも家・家族を否定し、道士となる話である。

〔あらすじ〕屠家の任風子は道教の神になる素質があると見込まれた。道士に姿を変えた馬丹陽（全真教の教父のひとり〉との力比べに負け、悟り、家族に何も言わずに家を出て修行する。その後、家に戻ったところ、妻に道士になることを反対されたが、休書（離婚書）をわたし、息子を殺し、そして家を出る。

〈任風子がうたう曲〉私は、おまえと連理の枝になることが幸せだと思っていない。おまえが望むのは百年後も夫婦でいることだが、私は六道の輪廻の中にはいることを恐れるのだ。

〈同〉おまえ、妻だとか、子だとか、兄弟だとか、言うけれど、私は七代続く家系［の流れ］（［ ］内は筆者補足。以下同じ）からぬけ出したいのだ。(28)

このようにいって、主人公の任風子は、仏教的な輪廻思想も、儒教的な子孫繁栄も否定し、俗世から離脱し、道教的な修行の道を求め、家を出る。

資料【b】岳伯川（済南人）**作『岳孔目借鐵拐李還魂』**

ここでは同じ道士になる物語でも、求道心よりも、俗世、とりわけ死後に残してゆく妻への未練を語る場面に重点を置いている。

〔あらすじ〕道教の神の一人である鉄拐李が神仙になった由来として語られている。岳孔目（孔目は地方官衙の末端官吏）は新任の監察官に無礼を働いたことに気づき、ショックのあまりにたおれ、妻の再婚を心配しつつ死んで、冥界に下る。道士にしようとする道教神の計らいで甦ることになるも、遺体はすでに火葬されていた。そこで同時期に死んだ同じ土地の足の不自由な李屠の遺体に魂が入った。李の体でも妻は夫であることを認めてくれたが、道士への道を選び、後に鉄拐李と称せられる道教神の一人となった。

〈岳のセリフ〉おまえ、女というものは家のことを常に心にかけなければならないのだよ。おまえが外出しなければならないさまざまなことを私は数えあげてやろう。

〈妻のセリフ〉あなたが数えあげるのを、私は聴きましょう。

〈岳のうたう曲〉時には祖先の祭祀をし、時には冬至に年越しのことをしなければならないのだよ。

〈妻のセリフ〉私は出かけないで、息子の福童に行かせますよ。

〈岳のうたう曲〉大事なお客様を接待しなければならないこともあるだろうよ。

〈妻のセリフ〉宴席には出ないで、酒の接待は息子にさせ、私は奥で取りしきりましょう。

〈岳のうたう曲〉［今までは］我々の五服の内の男の親族にすらおまえは顔を出さなかった。ともかくおまえは本当に艶めかしく、若く女盛りだけれど、大家《たいけ》である我が家の体面を傷つけないでおくれ。

〈妻のセリフ〉私は何度でも申しましょう。私が家を出るのは死んだときですよ。

〈岳のうたう曲〉きっとおまえを［妻に］迎えたいという者がでて来よう。

〈妻が悲しげにいうセリフ〉あなたは私のただ一人の夫です。誰が私を再婚させられましょうか。


と、夫は瀕死の床で、自分の死後に妻が人目にさらされることを心配し、かつ妻の再婚を恐れる。妻はそれに対して、

というが、
〈召使いのセリフ〉街の人々はうわさしているよ。岳孔目の美人の妻には今まではお目もじかなわなかったけれど、岳が死んだ今こそ皆で見に行こう、といっているよ。

といわれる。妻が一人になり、外界との接触が増え、深窓にいた大家の妻でも人に見られる機会が多くなり、それを人は待っていたようだ。

〈岳のセリフ〉私の親族やおまえの両親みなが［結婚を］承知しても断れるだろうか。(29)


このように、夫の死後、妻にはなすべき仕事があり、人前に姿をさらけ出す機会が増える。その中で見初められ再婚するのではないかと夫は思い悩む。

資料【c】武漢臣（済南人）作『散家財天賜老生兒』

ここでは、夫婦・娘夫婦及び夫の甥からなる家族構成の中で、妻が重要な位置を占めていることが窺われる。

〔あらすじ〕富者の劉禹には息子がなく、妻と娘夫婦と暮らしている。弟の息子である秀才（科挙の受験資格のあるもの）の劉端だけが男系の親族だが、妻は劉端の母と仲が悪かったために彼を嫌い、身内として扱わず、家に寄せつけない。一方、劉禹の妾が身ごもり、男子誕生を期待させるが出奔してしまう。落胆した禹は資産を貧者に施そうと決心した。一方、墓参りの時に、一族の墓を守るのは劉家の者であり、嫁いだ娘は夫の家の墓守りや墓参りを第一にすべきであると妻に教え、甥の劉端こそが継承者であることを認めさせる。その後、娘は男児を産んだ妾を連れてくる。夫が父の財産を独り占めにしようとし、妾と生まれてくる子に危害を加えようとしたので、今まで妾を庇護していたという。その娘の孝に免じ、財産を三等分し、娘夫婦・甥・妾が生んだ実子に分ける。

〈劉禹のセリフ〉甥の劉端、字正己は秀才であるが、うちのばあさん（妻）は彼をないがしろにして、家にいれようともしない。

と、劉禹は正統な後継者であるべき甥と妻との不仲をいう。そして土地の管理あるいは収穫の調査のために田舎に行き、そこで妾が出産するのを待つと決めたときに、財産を次のように分け、おのおのが管理することにする。

〈劉禹のセリフ〉我が家の財産を三等分し、一部はばあさんに、一部は婿に、そして一部は私が使うつもりだ。

この時に、甥には財産を分けず、同居の婿に財産の一部を委ねた。これが妻の意向であることは、妾が出奔したと思い、後継者を得る望みが絶たれたときに、妻を非難する次のセリフから推測される。

〈劉禹のうたう曲〉主《あるじ》であるおまえがよこしまで嫉妬深く、娘にはわがままほうだいさせ、貪欲な婿に財をむさぼらせている。挙げ句の果てに私の跡継ぎが絶えた。婿が残っているのだから、今、苦労しても先々は楽になろうと思っているかもしれないが、そうはいかないよ。

そして来し方をふりかえり反省する。

〈劉禹のセリフ〉思うに、私、劉禹が父母に不孝であり、六親に不敬であったので、罰を受けて跡継ぎができないのだ。

心をあらため、劉禹は貧者に施すことにし、また同族とは何かを妻に教示するために、

〈劉禹のうたう曲〉[私たちが死んだ後]誰が墳墓に祭壇を造り、誰が石垣や土垣を修理するのだろうか。

と問い、また甥が墓に供え物の準備をしたことを知っていながら、

〈劉禹のうたう曲〉これをしたのは娘だろうか、甥だろうか。

と、妻に重ねて問いかける。そして

〈劉禹のセリフ〉娘は嫁に行き、嫁ぎ先の張家の墓に入る。私とおまえを誰が祭ってくれるのだろうか。

〈劉禹のセリフ〉[でも]私には甥の劉大（劉端のこと）がいる。あれこそが我々の墓を守ってくれるのだよ。

〈劉禹のうたう曲〉私の身内であれば兄弟婦女、誰も彼も一つの墳墓に葬られるのだ。そうやって祭祀は子々孫々伝わってゆく。

と教え、娘には次のようにいう。

〈劉禹のうたう曲〉劉家の家業は劉姓のものがあたるのだ。[家業の運営をとりあげられたからと言って]おまえは私やかあさんを怨んではいけないよ。

このように、劉禹は墓を守るのも、財産を継ぐのも劉家の甥であることを妻や娘に納得させる。しかし娘が妾の生んだ実子を保護していたことを知ったことから、

〈召使いのセリフ〉この家の財産は、娘、甥、我が子で三等分したのでした。(30)

と、大団円となる。

資料【d】鄭廷玉（彰徳人）**作『楚昭王疏者下船』**

この雑劇では歴史的人物を使って、妻子よりも同じ両親から生まれた兄弟こそが最も密接な関係にあり、大切にするべきと説く。

〔あらすじ〕楚の昭王は伍子胥の軍に追われる。弟と妻子とともに川をわたっている時に、舟が沈むのを防ぐために妻子を犠牲にし、同じ父母から生まれた弟とともに生き残る。後に死んだ妻子のために孝子廟・節婦碑を建てる。

〈楚昭王のうたう曲〉漁父は、親《しん》である者の命を守り、疎遠である者の命を絶つようにいうけれど、四人ともみな親《ちか》しく、疎遠のものは［ここには］いない。

と、昭王は悩み苦しむ。しかし妻が入水した後に、息子には次のように述べ、引導をわたす。

〈楚昭王のうたう曲〉私とおまえの二人はまことの親子だが、私と弟は父母が同じなのだ。だから弟と私は近しく、親密な間柄である。弟に比べると息子であるおまえは疎遠なのだ。水底の都か、あの世に行って、母を尋ねよ。

［ああ、］子を亡くし、跡継ぎを失うようになるとは。

こうして彼は妻子を犠牲にして同胞である兄弟とともに生き残る道を選び、それによって妻よりも子よりも男系の親族である兄弟が親《しん》であり、尊重すべきことを示した。また、

〈楚昭王のうたう曲〉父が弱っていると子育てにさし障ると憂い、母が病気になると［看病から］逃れようとし、兄が貧乏でも他人のような顔をし、弟が愚かだと奴婢のように使う。かわいがるのは我が子と妻であり、敬うのは妻の兄弟姉妹であり、姑を恐れ、舅の言うことは何でも従う。(31)

と、妻やその親族を偏重する風潮を批判する。

られる。

資料【e】關漢卿（大都人、太医院尹あるいは医戸）作『閨怨佳人拝月亭』

ここでは、夫に対する義と父への孝に引裂かれる娘が心境を吐露するなかで、夫婦は相互に義を守るべきことが語られる。

〔あらすじ〕金の官僚である［王］瑞蘭の父はモンゴル軍と対戦するために出陣した。残された娘の瑞蘭はモンゴル軍侵入の混乱の中で、母にはぐれてしまう。一方、蔣世隆・蔣瑞蓮兄妹も避難の途中で生き別れる。その状況で、瑞蘭は世隆と、母は瑞蓮と行動をともにする。皇帝が遷都した南京（汴京、現開封）へ向かう途中、瑞蘭は世隆の妻になるが、彼は病に倒れた。その時に瑞蘭は父と再会した。父は二人の結婚を認めず、夫婦の間を裂き、娘を南京に連れ帰る。そこで瑞蘭は母及び養女になった瑞蓮とともに暮らす。瑞蘭は瑞蓮が夫の妹であることをはじめは知らなかったが、後に知ることになる。金の官僚の父は武人を文人よりも上に見ており、実の娘の瑞蘭には武挙の状元、養女瑞蓮には科挙の状元を結婚相手に決める。婚礼の席で、科挙の状元が世隆とわかり、二人の娘は相手を入れ替え、夫と妻は元の鞘に収まる。

〈瑞蘭のうたう曲〉先に私はあの争乱のるつぼの中であなたとわかれ、今まさにこの婚礼の席であなたに出会うとはなんということでしょう。

〈瑞蘭のうたう曲〉私のひどい父は私を強引に結婚させせようとしました。あなた蔣状元をいったい誰が［結婚］させようとしたのでしょうか。官を得るや［私を棄て、ほかの人と］結婚しようとしたのは、あなた［自身が望んだの］ですか。私はひたすらあなたを思っていたというのに。あなたは私のことなど忘れてしまって［結婚をしても］、臆面もなくお天道様を仰げるのでしょうか。

瑞蘭は父に強いられた婚礼の場で夫と巡り会い、夫が自分を棄て結婚しようとする不実をなじる。娘である瑞蘭は父の命に背けないのはいたしかたないが、科挙合格という地位をもった夫は自らの意志で義を守れるはずだといって責める。瑞蘭は父に従わざるを得ないというも、決して父に対して唯々諾々としていたのではなかった。かつて病の夫から自分を引き離そうとする父に強く抵抗している。

〈瑞蘭が悲嘆に暮れていうセリフ〉お父さま、あなたはどうしてこんなに恩知らずなのですか。

〈瑞蘭のうたう曲〉盗賊に私が襲われそうになった時にも、彼が私に寄り添って守ってくださったのですよ。〈セリフ〉お父さま考えてもみてください。〈曲〉この恩をどうして忘れることができましょうか。……ご覧ください。今はこのように病に伏せって、痛みを訴えているのに、誰もいない宿に放っておけというのですか。

〈瑞蘭のうたう曲〉こういうこと〈別れること〉になったのは父が悪いのです。あなたはこの妻を怨まないでください。[32]

と、夫への義と孝の板挟みに苦しみ、夫には苦しい胸の内を訴える。

資料【f】無名氏作『小張屠焚児救母』

これは孝行が認められ、それが報われたこと、同時に悪を行ったものは報いを受けるという因果応報物語である。

〔あらすじ〕張屠は、二十歳から六十二歳の今日まで守節している母の病を治そうと、衣服を売り米に代え、薬を買おうとするが、商人王員外にだまされ、安く買いたたかれ、あまつさえ偽の薬を買わされる。万事休した張夫妻は東岳廟に行き、一人子を犠牲として火にくべることで母の治癒を願う。その孝心をめでた道教神は子を助け、代わって王員外の子を焼死させる。

〈張屠のうたう曲〉おまえ〈妻〉は賢・孝の心を学び、私は心を広くしよう。おまえはあんなよこしまな女のまねをするのではないよ。

〈張屠のセリフ〉おまえ〈妻〉は二十四孝を学びなさい。

〈張屠のうたう曲〉私は論語や孟子を学んでいないけれど、孝や義については何度も聞いている。

〈張屠のうたう曲〉子を火に投げ入れ、私に跡継ぎがいなくなっても、母の命を助けると思えば、私はどんな無謀なこともできよう。(33)

このように二十四孝を地で行く孝行者は子も母も命が救われ、彼らに害を与えた一家には不幸がもたらされた。

資料【g】鄭廷玉作『看銭奴買冤家債主』

ここでも、孝が何よりも重要な規範であることにふれている。

〔あらすじ〕困窮した秀才周栄祖は妻子をつれ、親族を頼ってきたが、探し出せなかった。そこで息子長寿を富者の賈弘義に養子として売る。賈弘義の財産は、ある富家の埋蔵金を発掘したものだった。それは道教の神が彼に二十年間の豊かな暮らしを与えるためにはからったものである。二十年後、再びこの地に戻った秀才夫妻は、養父の病気治癒祈願にきた息子と廟で出会うが、ともに実の親子であることに気がつかない。息子は祈りの場所を空けさせるために実父を殴る。後に実の親子だとわかると、父は親を殴った大罪で子を訴えようとする。その後、養父の賈が死に、実父による訴えに対して息子は示談しようと出した金から、養父が発見した金が周一族のものとわかり、また息子が父を殴った時には実の親子であることを知らなかったということで、訴訟を取りやめ、大団円となる。

〈周栄祖のうたう曲〉本来、こやつを捕まえて官に訴えるべきだ。このように父を殴るとはなんたる料簡だ。……こやつめ、なんという不孝者めが。(34)

ここでは、実父とは知らずに殴った行動でも、不孝者として訴えることで、孝の重要性を示している。

三 雑劇に投影された家族像

いつの時代でもさまざまな家族像があり、地域を限定しても家族の型は一つではなく、多種多様である。雑劇にもいろいろな家族の型が見えるが、何れも当時の家族の一面を表しているのだろう。男系子孫による継承が続くことを理想とする礼教的家族像を雑劇ではどのように表現しているのかを検討したい。

1 家族の範囲

資料【a】では、主人公は求道のために家族を捨て、俗世から離脱し、神仙の道を歩んだ。そのために子を殺して家を出た。これは道教教団によって上演されたのではなかろうか。ここではよき神仙の世界を示しているのではなく、現世・家を否定することに重点が置かれている。求道心をかなえるための子殺しは唐突に思えるが、子々孫々継承してゆくべきとする人生観に対する強い否定を表現したいがためであろうか。あるいは親には子に対する生殺与奪の権があることが常識であったためかも知れぬ。また孝が何よりも優先された倫理として定着していたからかも知れぬ(35)。資料【d】・【f】及び多くの孝行物語にみられるように、孝行のための子殺しは当時の社会にそれほど違和感はなかったようである。父の出家のために犠牲になることも孝のひとつの姿かも知れぬ。

『元史』「高必達」伝(36)には道士になった父について書かれている。高必達の父は、妻と五歳の必達を捨てて道士となったとある。成人した必達は父を探し出し、父が修道を続けることを欲したにもかかわらず、家に連れ帰る。道を究めようとする父の望みは尊重されず、父を慕い、長年にわたり父を捜してきた必達の孝行が評価されている。『元史』を編纂した明朝政府が、いわば父に棄てられても慕い探し求める息子を理想としているからである。その上、礼教的な思想では、家を捨て、道教の求道者になることはもとより評価できなかった。しかしこの伝によって家や妻子を捨てても求道する者がいた事実が認められる。唐律ですでに父母を扶養する者がいない場合に、僧や道士になることを禁止している。元朝でも父母の扶養および国への義務を履行できない者が出家することを禁ずる法があった。(37)いずれも禁止の理由として、礼教的な理念である家の継承、子孫の必要性をあげず、家の生活維持をあげている。なお元代の知識人はモンゴル政権の下で、立身出世の面でも、文化的面でも不満がつのり、厭世的であったこと、宋元時代に現れた新道教の理念が知識人にも受け入れられやすく、隠棲生活への敷居が低くなったと言われている。(38)しかし必ずしもそれは元朝のみの特質とは言えまい。家にも家族に対する執着もなく、求道・隠棲を希望するものはいつの時代でもいたであろう。

しかしながら大方の人々は、日々生き抜くために全力を注ぎ、生活の安寧や家人の生命維持に心を砕いていた。資料【g】で秀才と称された主人公が子を他姓の家の養子として売るのは、食べるため、子を生かすためである。それでは、守るべき家族の範囲とはどのようなものだったのか。いわゆる礼教的理念がいう男系血脈の継承をどのように表わしているのか。前掲の雑劇に現れた家族は全て夫婦が核となっている。同一宗族が数世代同居し、祖父母のもとに結婚した兄弟がともに暮らす場面はない。(39)それは舞台という小さい世界に話をまとめるために、多くの登場人物を配するわけにいかないからとも言える。しかし彼らのセリフからも、家の存続や運営に男系一族が関与していることを示すものはない。(40)礼教的理念にそった家族については、資料【c】・【d】のように事実としてよりも「あるべき姿」として語られている。資料【c】では、甥の存在を無視する妻に、本来の後継者は夫の甥であると夫は説く。一方、妻は理念を知りながら破っているのではない。情のままに家中の人を遇しているだけである。その情とは、血を分けた娘やともに暮らす婿への情愛であった。それを認めているのか、夫もはじめに財産を分散して管理させるときに、婿、妻、自分自身の間で行った。娘ではなく、婿とあるのは婿が一家の経済的な運営にかかわり、娘と一体として見るからであろう。後に「おまえは劉家の金を使って、張家の墳墓を祭った。我々二人はそれに腹を立てているのだよ」[41]と、娘夫婦を非難するが、承継者は甥であると妻が認めた後のことである。それまでは彼自身が容認したからこそ娘夫婦は劉家の財産を使えたのだ。すなわち彼らの家族の観念は、夫婦と血のつながる娘による家族であった。

なおこの雑劇の下敷きではないかと思いたくなる事件が元末の文人陶宗儀の『輟耕録』に見える。[42]それは至正十五年（一三五五）の事件である。戴君実なる富者の妾が男子を産んだが、嫉妬深い戴の妻は家から彼らを追い出し、また戴の娘も財産を分与することを嫌い、その子を虐待し殺した。その後、戴の家では跡継ぎができず、また娘は子を産んでも育たなかったことを、陶宗儀は因果応報としている。資料【c】でも、跡継ぎの見込みがなくなったと思った劉禹が親族を大事にしなかったことを同じように因果応報として反省している。

2　妻（妾）の権限

資料【b】では、夫の死後、夫の代理としての妻の仕事をひとつひとつ挙げ、家の外部と関わる機会がいかに多いかをいう。接待のほかに具体的にどのようなことをするのかはわからないが、いずれにしても妻には夫の代理をする才覚や能力が必要であった。資料【c】では、夫の生前でも、家業に関わっている。後に礼教的な家族理念を説いている夫すら妻にも財産の一部を一旦は委託していることがそれを示している。娘夫婦だけを身内として扱ってきた妻を責めるが、彼自身も一家における妻や娘そして婿の役割や働きを認めていたのである。実際に、男系の血脈よりも、家計をともにし、かつ運営に預かる家族の結束が強いことが少なからずあったのだろう。

それでは法及び裁判の案件からはどのような妻の姿が見えるだろうか。『通制条格』に、夫である田総管が遠方に行っている間に妻が娘の結婚を決めたが、後に夫がそれを破棄したために訴えられた至元六年（一二六九）の裁判例の中で「娘を嫁にやり、妻を離縁するのは祖父母・父母が決めることである。父が亡くなれば、母が結婚を決める。

彼らに依らないで、嫁にやり、妻を離縁してはならない。もし決めるべき者が後で知っても、三ヶ月越えれば、ただせない」(43)という。この判例では法にいう条件があてはまり、夫の意向で結婚（あるいは婚約）の破棄が認められた。(44)しかしこの夫のように官僚は遠方に派遣されることがあり、また商人も遠方に行くことがまれではなかった。すぐには夫の意向を問えない状況も生じる。この妻のように子女の婚姻を取り決めざるを得ないことも起こる。また期限を過ぎれば、夫でも破棄できないということは、妻が子女の結婚を決められたことになる。それ故に、先方は婚約が成立したと思い、夫による破棄を契約違反として訴えたのである。(45)このように一家における夫の主導権は絶対であったとしても、時と場合によっては、妻は夫の生前でもその代理をするだけの権限があり、それを社会も納得していたと解せる。

孛朮魯翀が礼部尚書の時（一三三三年）に次のような事件を扱った。ある大官の死後、実子がいない妻が土地を全て僧寺に寄進した。妾が生んだ子がそれを不当だと訴えた。翀はその妻に、「貲産を夫の子に残さないと、あの世で夫に合わせる顔がなかろう」といって諫め、撤回させた。(46)妻には夫の子に対する養育義務があること、夫の死後、妻に財産の管理権はあっても処分権はないという法を根拠にした判決ではない。一方、妻には夫や自らの死後の祭祀を夫の子に託す気がなく、自らの信仰を貫こうとしている。また同族との関係も窺えない。またここには、妻が一家の主《あるじ》として夫の財産を自由に処分したこと自体を問題にした表現も見られない。

汪澤民が岳州（現湖南省）知事の時（一三一五年頃）に誣告と判決した訴訟があった。それは、当地で最も富裕である李氏一族の一人が死に、その兄が死んだ弟の財産を奪おうと、一族を巻き込んで、弟の妻が姦通していると訴えたものである。(47)妻には夫の死後代理として財産管理の権利はあるものの処分権はなかったことが当然とされていれば、誣告するまでもなかろう。しかし実際には、同族、同胞の兄弟でも経済単位が異なると、管理や処分は同族に相談することもなく、妻の一存でできたのではないか。それ故に、冤罪事件をでっち上げ、妻を一族から追放しようとしたのではないか。

夫とともに家内を取り仕切っていたのは妻だけではなかった。正妻の死後、子を産んだ妾が正妻存命中からの養子(しかも少なくも四十歳以上)である夫の甥を放逐しようとした裁判例が『元典章』にある。妾が養子を追い出したのは「家私を掌管した」[48]後であり、夫の実子の生母というよりも家計を預かる「主婦」としての地位を得た結果、家での発言権が強まったようである。家の経営が同族というよりも夫婦を中心になされていたことを裏付けている。

3 家系の継承

見てきたように、雑劇の世界だけでなく、現実の社会を示す資料からも、家族の中で妻の権限・権威が少なからずあったことが推察できる。その理由の一つは、家を維持する上で最も大きな力になっているのが妻だからであろう。そのような状況では、祖先崇拝や継承が男系家族のみとする観念は定着しにくい。資料【C】では、妻は娘夫婦が家を継ぎ、自分たちの墓守をしてくれると思っていた。そもそも一般に祖先崇拝の認識がなかった地域もあったようである。劉一清は「萬回哥哥」に、「臨安の居民は祖先を祀らない。ただ毎歳臘月(十二月)二十四日に、各家で祖先やなくなった者の名を書き、それに供え物をするだけである」[49]と記述している。ここでいう祖先以外の「なくなった者」とは、ともに生活をしてきた者であろうか[50]。

至元二十九年(一二九二)に福建廉訪司から福建行省が受け取った文書に、「旧例に照らして、子がない人は、同宗の昭穆相当の者を子として養い、もしそのような者がいなければ、同姓の者を養うものとする」とある。南方では継承者である養子を選ぶ際に、実子や孫があっても妻のお気に入りを養子に迎える例が少なからずあったためである[51]。しかしこの規定は次に見るように厳格に取り締まられなかった。儒戸(儒者として戸籍に登録された家)の萬永年なるものが、「叔父の正当な継承者は自分であり、今の継承者はかつて叔父が買い、後に萬善達と改姓して養子にした者である」と訴えている。この訴えに対して、はじめは、萬善達は適正な養子でないので、財産の一部を与えて養子を解消すべきという判決が下った。しかし中書省は、「江南ではこのような例は多い」ということで、正統であるべき萬永年ではなく、叔父自身が決めた善達の継承を認めた。(52) 法規定よりも慣習が優先された判決である。また萬善達が承継者として認められた理由として、至元二十七年（一二九〇）の戸籍に子として登録されていること、叔父である萬珙と永年の父とは別の家計を営んでいたことがあげられた。同じ経済単位の成員か否かが継承者や継承決定者になるための条件であった模様である。ちなみに訴えは、前掲の規定発布後になされている。

また次のような判例がある。自分の息子こそ夫の死んだ兄の正当な継承者であるという訴えが出された。継承者となっているのは義兄の妻の甥であるが、義兄の生前から養子になっており、至元二十七年の戸籍にも登録され、差役の義務も果たし、養父に対する喪に服している。また兄が養子として彼を迎えた時、兄弟はすでに戸籍を別にし、かつ弟である原告の夫は生前の兄に養子の正当性を問いただしていない。それ故に原告の訴えは取り上げられなかった。(53) この判決も先の規定発布の後の大徳三年（一二九八）であるが、礼教にもとづく法規程の違反については何ら言及していない。この二例ともに「すでに別籍である」ことが指摘されている。同じ戸籍内で決定したものを別籍のものは関与すべきでなかったことを示す。それが社会の通例であったのではないか。このように前掲の法例で禁止している「もっぱら夫婦の私心で決めている」ことが許されていた。

男系を同じくするか否かを問題にしないのは南方だけではない。華北を対象とする至元九年の禁令に、「富家に一子しかいない場合には、婿養子に出してはいけない」(54) とある。すなわち男系の相続という観念が稀薄であったため富家でも時には一人子すら婿養子に出すこともあった。それ故に、資料【g】のように買った他姓の子を養子にする雑劇を見ても、観衆は不自然さを感じなかったのだろう。

4　財産の相続

継承を争う最も大きな理由は遺産を相続したいがためであり、養子が法に外れて決められたという訴えの多くは口実だったと思われる。上述した判例では法を基準にせず、夫妻の意向が尊重されているのは、家産は夫婦で作り上げてきたと理解されているからであろう。また資料【c】のように妻と娘婿に家産の一部を管理させようとしたのは、もともと妻と娘夫婦が家産運営の一端を担っていたからである。夫亡き後、妻に財産の管理をゆだねているのはそもそも家産が夫婦によって作られたとの観念があったからではないか。至元十八年（一二八一）に出された父祖の財産分与の訴えに対する判決の中に、「家財を分けるとき、官や軍に従ったときに得たもの及び妻が得た財物は均分の対象ではない」とある。(55) そしてともに財を築いたのでなければ、夫の兄弟に分与する必要がないという。「妻が得た」というのは、結婚の時に持ってきた持参金か、それとも結婚後にそれを元手にして蓄財したのか、あるいは夫とともに家業を運営していたことをいうのかわからない。しかしいずれにしても夫の生前から妻が財産の管理、運営に関与していたことを窺わせる。(56)

娘しかいない家に婿を迎えるという婚姻の是非は古くから問われていた。しかし元朝政府にとっては、その是非よりも家業が維持され、それにより国家への義務すなわち差役や納税が遂行されるか否かが重視される。老後の扶養と税役の履行のために養老女婿として婿を迎えることはむしろ喜ばしいことであった。婿を招く結婚の規程が詳細にあることもそれを示している。(57) 結婚後に妻である娘が亡くなった場合に、妻の父は婿を再婚させて役の義務を続行させよという規定がある。(58) また「跡継ぎがいないことは大きな問題であるが、婿が死んでも、娘がいるのであれば、また婿を迎え、老後を託すことができる」(59) ともいい、そこには礼教的倫理の守節の観念も見えない。また、十三歳で父を亡くした娘について、官がその農地を管理し、娘が成人した暁に女婿を迎え、差役に当たらせるとある。(60) 政府にとっては差役の義務をする戸の消滅を防ぐことが最大の関心ごとであった。(61) また家の継承は同族男子という観念が必ずしも強くなかったことが女婿による継承を勧める政府の言をうけいれやすくしたのではないか。[62] 同居している養老女婿が岳父の酒の密造を訴えたときに、「家を継いでいるのであり、息子と異なることがない。実子の時と同じに岳父本人が自首した扱いにする」[63]とある。また中統五年の条格に、「もし母が寡婦で、子が幼いとき、母はその田宅・奴婢などを理由なく売ってはいけない。……どうしても売る必要があれば、所属をとおして申告して、必要が認められれば売ってもよい」[64]とある。ここにいう所属とは当該の戸を管轄している官庁である。ここでも一家の家産運営に同族の親族の存在や意向は触れられていない。

資料【g】に、「どうして［りっぱな］顔回が早死にし、［盗賊の］盗跖が命長らえ、［実子を犠牲に弟の子を助けた］伯道に子がないのか」[65]といっているように、人々は善行をしようが悪を行おうが人生はなるようにしかならないことを知っていた。また『公孫汗衫記』に、「跡継ぎがいない、子供がいないからといって、大駝・細馬（駿馬）を犠牲にし、金銀の紙や銭で香を焚けばかなうのであれば、［世の中に］賢い孫や孝行な子女があふれよう」[66]と、占いや祈禱などでは子や孫が授かるわけがないと達観し、跡継ぎができないことをも覚悟している。生死は人知の及ぶところでないことを人々は承知していた。それ故に妾や第二夫人を持てない人々に、男系での継承のみを正当とする観念が生まれるとは考えにくい。たとえ法があっても、男系子孫による継承の規定を遵守したくてもできない人々があまりにも多かった。そのような状況の中では、礼教的な家の継承観念は生じにくい。むしろ日々の生活を維持するために、家業をともに運営する妻の発言権は必然的に大きくなり、その中で妻とも血脈を同じくする娘と、その婿が重視された。雑劇も前述した案件もそのような現実を反映している。娘に財産分与・相続がなされたのは必然であったのではないか。南宋の女子分法は宋朝以前からの南方の習慣として見られているが、述べてきたような状況を考えると、南方に限らないと考えられる。[67] 資料【c】で、孝行に免じて、娘にも財産を分与する。この雑劇では、礼教的家族の継承を奨励しているので、娘が息子の命を助けたという功への恩賞のように娘にも財産を分与したようにいうが、実際には、正妻の一人子であり、婿とともに家業を助けてきたからであろう。

5 恩蔭の規程

それでは、男系維持の観念はどのようにして浸透したのだろうか。『詩経』に女児よりも男児の誕生を重視した詩があり、[68] 漢族社会の男尊女卑の観念を示す最も古い資料の一つとしてたびたびあげられる。この詩は確かに、家の継承に男児が必要であることをいうが、男子重視と男系血脈のみが正当な相続者であるという理念は直接にはつながらない。また述べてきた限りでは、判例や雑劇から男系血脈継承への執着は感じられない。それでは男系の血脈の継続という理念はいつ生じ、どのようにして強化されるようになったのだろうか。本稿では、男の血筋を男子のみが継承するという理念の来歴を考察することはできない。ただ男系相続者の順位を厳格に規定している元朝の法を紹介したい。官僚の子弟に官位を授ける恩蔭の規定である。

恩蔭はまず、嫡長子が原則であるが、彼が重篤な病を持っている場合には、その子孫が受ける。それがいない場合には、同母弟、継室の子、次室の子、婢が産んだ子にし、子孫がいない場合には、兄弟及びその子孫、さらに伯叔及びその子孫に授ける。[69]

官僚になると各種の特権が得られる。科挙制度が従来に比べると不完全であった元朝では、官吏登用の道として恩蔭制度は重視された。吏員から官僚にもなれる元朝では、いわば胥吏階層もこの規定を知る必要があったと思われる。それ故に、吏員のみならず吏員を出そうとする有力者の家では正しい継承者か否かを問題にするようになったのではないか。[70] 資料【c】で、商売をしたがる甥に、劉禹は、「学問こそ志気を高めるものであり、商売は［それに比べ］取るに足らない。……学問をするものは、今は白い着物を着ていても（官僚でない一般人）、いずれ紫の衣をきるような身分（官僚）になれる」[71]といっている。商人として財を作った劉禹は秀才の甥が官僚あるいは吏員になることを期待し、甥が彼らの家を継承すべきであることを妻に説く必要が生じたとも考えられる。

三　雑劇に見える礼教的理念

たしかに男系による継承を遵守せざるを得ない者もいたが、大方の人々にとってはその必要もなければ、守ることが難しくもあった。実際には理念よりも社会通念に基づいた情による継承を認める判決が主流であったことはそのためである。それでは継承の規定だけでなく、ほかの礼教的な理念についてはどうだったろうか。男系継承に関係する妻の守節の義務なども元代ではかならずしも浸透していたといえない。資料【e】で、夫との離別に抵抗するが、そこでは守節と言うよりも夫婦の間の義を強調している。夫が妻を捨てて結婚しようとしたことを、夫の妻への義の欠如としてなじっている。資料【b】で、妻の再婚を心配する劉禹は「ひとたび主人が亡くなると、一家は離散する」[72]と言い、夫の死後、多くの妻が守節していなかったことを窺わせる。これが一般的な風潮であったのではないか。

一方では、紹介した雑劇の中には礼教的理念も語られている。孝が礼教的な理念か、より広範な道徳的な視点から生まれた観念かはわからぬが、これに言及しているものから見ておこう。資料【e】では、夫への義よりも孝が優先されている。資料【d】では、父と叔父を救うために犠牲になった子を孝子として扱う。資料【f】は、母の病を癒すために子を犠牲にした孝行が報われた話である。劇中で論語や孟子の書物に言及し、二十四孝の知識を示しており、「孝」の重要性を聴衆に教えることを主題にしていることは明らかである。資料【g】では、実父とは知らずに、父を殴打した息子を不孝の大罪で訴えようとした。二十年ぶりに巡り会った子を不孝の罪で訴えようとすることによって、理由の如何に拘わらず父を殴打することは大罪であることを知らしめたのだろう。

男子血脈の重要性について見ると、資料【c】では一折を使って、夫が妻や娘あるいは婿に諄々と諭すという形をとって、聴衆を感化している。男系親族によって継承されるべきという理念は誰もが持っている知識ではなかったからであろう。同じ資料の明刊本では、娘夫婦が実家である劉家の墓参りを夫の家の墓参りよりも先にしようとしたときに、社長（元朝では村を社という）が、夫の家の墓参りを先にすべきであると述べている。元代の社長の役割のひとつに生活態度を感化することがあり、その社長の言ということで、教化をしているとの印象をより強くしている。

また見てきた雑劇には、夫側の親族を大切にすべきとする文言も多く語られている。資料【c】では、劉禹は子のない不幸を嘆き、そのようになったのは父母に不孝であり、六親に不敬であった来し方を振り返り、兄弟は別れるべきでないと言う。資料【d】では、家族内の親疎は同一父母の血を持っているか否かで区分している。実子よりも実弟を近しい身内とし、妻やその身内を重視する傾向を批判している。親兄弟を大事にしない近年の風潮を嘆き、「かわいがるのは妻と子」「敬うのは妻の兄弟」「恐れるのは舅と姑」と、妻の親族に心が傾いている世情を非難する。また前掲以外の雑劇でも、孔文卿『晋文公火焼介子推』に、「今日父子の間に義慈の情がなく、兄弟の間に恭順の心がない」(73)とある。このようにまずは男系親族を尊重せよという。元朝政府も「その父母の病が重く、あるいはなくなった後に、医者を呼ばず、看病もせず、葬儀の時に財産分与で争っている」(74)といい、また至元二十一年（一二八四）にも、御史台は「あるいは同祖・同父の叔伯・兄弟・姉妹・子や甥などの身内でも、夫や妻がない者・孤児・老弱や疾患が有り自立できなくても扶養しないで、養済院に送り込む」(75)ともいって嘆く。ここでは妻の親族との関係については触れず、また男系による家の継承について言及していないが、父母や男系親族をないがしろにすることが多かったことが窺える。(76)

直接、家族法の理念ではなく、そもそも礼教的理念から生まれたものかどうかも不明であるが、火葬について触れておきたい。宋代の儒者、司馬光は火葬に反対している。しかし従来から火葬は行われていた。それを漢族の習俗ではないということで元朝は禁止した。(77)実際には火葬をしても不問にされたようである。(78)資料【b】で、「私が死んで、三日もたたないうちに、おまえは私を焼いた」(79)と、死んだ夫は妻に不平を言っている。生き返った夫は還魂したくてもすでに自分の遺体は火葬にされ、やむなく他人の肉体に入らざるを得なかった。ここではこれが道士となる道を選ぶきっかけの一つとなった筋書きであるが、このようにして火葬が好ましくないことを暗に示しているといえないか。

雑劇の聴衆はあらゆる階層の人々であった。どの作品がどのような環境で演じられたかはわからないが、資料としてあげた雑劇に登場する家族には屠業を生業するなどの商人階級があり、農村に土地を持っていても市中に居住する商人である。このことからその聴衆も同じような街住まいで、知識階級ではない人々も多かったと推察される。彼らは雑劇をとおして礼教的理念を知る機会に触れたと思われる。資料【f】で張屠が「私は論語や孟子を学んでいないけれど、孝や義について何度も聞いている」と言うように、書物を読む機会が与えられていない者も耳から礼教的な知識を得ていた。そしてその手段のひとつに雑劇があったのではないか。これが非文字社会への礼教的理念の伝達手段としての雑劇の役割の一つと考える。

おわりに

礼教的な家族像という視点から、虚構である雑劇における家族といわゆる伝記や裁判記録などの歴史資料に見える家族とを比較してみた。元代の庶民といえる人々は、礼教に基づいた男系による継承にこだわっていなかったことが、いずれからも見られた。そのせいか、礼教に基づく法があるにもかかわらず、裁判での判決ですら、規定を厳守させようとしていない。その最も大きな理由は、述べてきたように、多くの人々はそれを厳守できる環境になかったからである。男系の血脈から継承者を選ぶべしとする法があっても、守れるとはかぎらなかった。したがって、違反を訴える裁判においても、法よりも慣習あるいは当該者の情を重んじ、その結果、家計をともにやり繰りしてきた夫婦の間での決定が重んじられた。

一方、礼教的な規範については、時代が下がるにつれ強化されたといわれてきた(80)。事実、判決の際に、最終的には法や規範に準じなくとも、該当する法の有無に言及する傾向が多くなる(81)。そこに規範を重視しようとする姿勢が強化されていると見た。理念が非読書階級にも広まるきっかけについて、筆者は元朝における庶民を対象とする教育制度の成立をあげた(82)。また本稿で、恩蔭資格の順序が礼教における親族の親疎の基準に基づいていたことを示した。さらに雑劇において男系親族を尊重すべきことを教化していることばがあることに注目した。男系による家の継承は、非文字伝達に頼る人々にとって、直接縁のない理念であったかも知れない。しかしその理念は雑劇をとおしても浸透された。雑劇は民衆の思いの代弁者であるが、一方では、雑劇作家が理念を示す場でもあった。述べてきたように積極的に教化の意をもって書かれたと思われる雑劇もみられる。このように雑劇は非文字社会に礼教的な理念を伝達する役割を担った。理念が浸透する中で、それを決して守れない階層はどのように対応したのか、この理念とどのように折り合いをつけていたのか。兄弟の家の養子が正統でないという訴えに見たように、法を盾に訴えを起こすことも生じた(83)。彼らの生活に影響を与え、対応せざるを得ない状況に直面したこともあったろう。今後は法の効力の点からも考察したい。

注

（1）二〇〇種以上とも言われ、たとえば『全元戯曲集』（人民文学出版社、一九九〇年）には三九四種収録されている。
（2）金岡照光『敦煌の絵物語』（東方書店、一九八一年）五二～八九頁。
（3）金文京『三国志演義の世界』（東方書店、一九九三年）九三～九八頁。

（4）明刊本『拝月亭』に、お尋ね者の人相を描き、村々に掲げた事が見える。

（5）白話小説を歴史的資料として扱う問題点・研究史については、勝山稔の「白話小説に於ける歴史史料的価値の援用について」（『中国宋—明代における婚姻の学術的研究』東北大学出版会、二〇〇七年、第一章、三五～六三頁）を参照。元曲を歴史的資料として扱ったものとして、会澤卓司「元の雑劇における胥吏の姿」（『集刊東洋学』二九、一九七三年）・王星琦『元曲与人生』（上海古籍出版社、二〇〇四年）・劉麗文等『歴史劇的女性主義批評』（中国伝媒大学出版社、二〇〇五年）・高益栄『元雑劇的文化精神闡釈』（中国社会科学出版社、二〇〇五年）・張維娟『元雑劇作家的女性意識』（中華書局（北京）、二〇〇七年）・陳萬鼐『元代戯班優伶生活景況』（文史哲出版社、二〇〇九年）・廖敏『元代道教戯劇研究』（四川出版集団巴蜀書店、二〇一三年）・陳旭霞『元曲与民俗』（人文出版社、二〇一三年）などがある。また大澤正昭『唐宋時代の家族・婚姻・女性——婦は強く』（明石書店、二〇〇五年）、仙石知子『明清小説における女性像の研究——族譜による分析を中心に』（汲古書院、二〇一一年）を参照。

（6）雑劇については、王国維『宋元戯曲史』・青木正児『支那近世戯曲史』（弘文堂、一九三〇年）・吉川幸次郎『元雑劇研究』（岩波書店、一九五八年）・太田辰夫『中国語文論集　語学篇　元雑劇篇』（汲古書院、一九九五年）・田仲一成『中国演劇史』（東京大学出版会、一九九七年）・小松謙『中国古典演劇研究』（汲古書院、二〇〇一年）・井上泰山『中国近世戯曲詳論集』（関西大学出版会、二〇〇四年）などを参照した。

（7）『銭塘遺事』巻九、「丙子北狩」

（徳祐丙子）閏三月初一日、舟至長蘆鎮、土人云小燕京、蓋人烟輻輳、此地産鹽有鹽運司、鎮南有浮橋、妓樂雜劇宴待諸使。

（8）明刊本『呂洞賓花』・元刊本『老生児』などに見える。

（9）注（3）金著書、六七～七一頁。

（10）鐘嗣成著『録鬼簿』・夏庭芝『青楼集』などがある。

（11）周貽白「元代壁画中的元劇演出形式」（『文物』一九五九年一月）・山西省文管会侯馬工作站「侯馬元代墓発掘簡報」（『文物』一九五九年一二月）・丁明夷「山西中南部的宋元舞台」（『文物』一九七二年四期）・山西省考古研究所「山西省新絳南范庄、呉嶺庄金元墓発掘簡報」（『文物』一九八三年一期）・同上「山西遠城西里庄元代壁画墓」（『文物』一九八八年四期）・孫福喜・王自力「西安東郊元代壁画墓」（『文物』二〇〇四年一期）などを参照。

(12) 北宋の中葉から元代の地方行政制度における廟制については、高橋文治「崔府君をめぐって」(『田中謙二博士頌壽記念中国古典戯曲論集』汲古書院、二〇〇一年)を参照。

(13) 王褘『王忠文集』巻九、「謁周公廟記」に、

元末、天下が乱れ、儒者はみな解散し、書院は兵火に焼け、廟だけが幸いに残った。今、祠を守る者は道士である。……また正殿前に戯台があるが、巫覡・優伶の集るところとなっている。殿中に俗神・野鬼の像をならべ、極めて淫怪である。(元末天下亂、儒者皆解散、書院燬於兵、廟幸獨存、而今守祠者仍為道士矣。……又正殿前有戲臺、為巫覡・優伶之所集、而殿中列以俗神・野鬼之像、尤極淫怪。)

とある。これは洪武辛亥(一三七一)閏月二十五日に岐山県(現陝西省)の周公廟での様子を示したものである。元統三年(一三三五)に「岐陽書院」の額を賜った書院であり、その時には儒教的な理念に沿ったものが上演されていたのであろう。寺院の舞台については、「至正七年(一三四七)」の文字が記されている石楼殿山山寺(山西省石楼県)がある。

(14) 關漢卿・岳伯川は北京の玉京書会に属していた。ほかに元貞書会・武林書会があった(曹永義「宋元瓦舎勾欄及其楽戸書会」(張高評主編『金元明文学之整合研究』新文豊出版公司、二〇〇七年)。

(15) 元代に雑劇が盛んになった理由として、ほかに元朝統治階級が歌舞・戯曲を好んでいたことなどが挙げられる(鄭紹基主編『元代文学史』人民文学出版社、一九九一年、三八〜四五頁)。また宋代の作者について、①民間芸人②科挙に破れた失意の文士が雑劇などの作者になり、書会の知識人は通俗との中間に位置したという(応陽光「詩社与書会——元代両類知識分子群体及其価値取向的分野」『中山大学学報(社会科学報)』一九九六—三)。

(16) 元曲では幕は使用されず、一段を〈一折〉といった。また冒頭あるいは折と折との間に〈楔子〉といわれるつなぎが入ることもある。

(17) 明初の南戯による教化については、岡村眞寿美「戯曲による教化——丘濬『伍倫全集』を中心に」(『中国文学論集』二九号、二〇〇〇年)を参照。

(18) 『元史』巻一〇四、刑法志四、禁令、

諸て、民間の子弟、生業をつとめず、城市坊鎮で詞話を演唱し、雑戯をならい、聚衆淫謔するは、みなこれを禁治すべし。(諸民間子弟、不務生業、輒於城市坊鎮演唱詞話、教習雜戲、聚衆淫謔、並禁治之。)

とある。『通制条格』巻二七、雑令に「搬詞」・『元典章』巻五七、刑部、雑禁、「禁学散楽詞伝」には、百人もの人々が集

まり、詞をうたい、飲食したことを取り締まらなかった社長が罪に問われ、楽人以外の人々が散楽を習うことを禁止している（至元十一年（一二七四））。ほかに同書巻五七、「禁聚衆」・『元典章』新集、刑部、禁聚衆、「禁治集場祈賽等罪」では、夜に人々が集まり、唱和・祈禱することを禁じている。宗教的な集まりの中で、反体制的な思想が広まることを防備するためである。舞台は廟に付属していることが多く、芝居をとおして教理を伝え、そこから社会批判・反体制活動の発生することをおそれたためと考えられる。なお明清以降の雑劇に関する禁令・規定については、大谷敏夫「清代蘇州における行政と風俗――淫詞・賭博に関して」（『アジア文化学科年報』九、二〇〇六年）、村上正和『清代中国における演劇と社会』（山川出版社、二〇一四年）など参照。

(19)　宋代の雑劇の政治批判については、愛宕松男訳注「唐宋参軍戯科白録」（『愛宕松男東洋史学論集』巻二、第五章、四七五～四八四頁）を参照。

(20)　田中謙二は、「院本の主旨は「鑒戒」にあり、演劇によれば比較的に自由に社会批判も行えたのでは無かろうか」という（「院本考」『日本中国学会報』二〇、一九六七年。ただし『田中謙二著作集』第一巻、八〇～八一頁による）。

(21)　以上の雑劇はいずれも元刊本雑劇であり、以下も雑劇の題名は全て元刊本。

(22)　いわゆる前近代中国の男系による家・財産の継承、女の守節などの家族理念を、本稿では礼教的理念と記す。

(23)　田仲一成『中国地方戯曲研究』（汲古書院、二〇〇六年）一六～一七頁参照。また「しかし宗族内の冠婚葬祭などの祭祀儀礼に演劇が登場するのは早くても元代末期である」ともいう（同『中国の宗族と演劇』東京大学出版会、一九八五年、八九一頁）。

(24)　『紫山大全集』巻八、「贈宋氏序」

近代教坊・院本之外、再變而為雜劇。既謂之雜、上則朝廷君臣・政治之得失、下則閭里市井・父子・兄弟・夫婦・朋友之厚薄、以至以醫藥・卜筮・釋道・商賈之人情物理殊方、異域風俗語言之不同、無一物不得其情、不窮其態。

(25)　各版本の異同については注（6）にあげた諸著作のほか元雑劇の諸研究で指摘されているが、ここでは提示しない。

(26)　明刊本と元刊本を比較することにより、社会の変遷が見られるが、本稿では扱わない。

(27)　参考した訳注については、『元刊雑劇の研究――貶夜郎・介子推』（汲古書院、二〇〇七年）・『元刊雑劇の研究（二）――三奪槊・気英布・西蜀夢・単刀会』（同、二〇一一年）・『元刊雑劇の研究（三）――范張鶏黍』（汲古書院、二〇一四年）など多く、すべてを提示できないので割愛する。

(28)『馬丹陽三度任風子』(ただし徐沁君校『新校元刊雜劇三十種』による。以下同じ)
第三折〈曲〉我無福共你諧連理、你愛的是百年姻眷、我怕的是六道輪廻。/〈曲〉你道是嬌妻幼子和兄弟、我跳出七代先靈。

(29)『岳孔目借鐵拐李還魂』
第二折(正末云)大嫂、你婦人家那里得那恒常久遠的心腸。大嫂、我數你幾件兒、你便出門。/(旦云)你數幾樁兒我聽。/〈曲〉或是你祭祖先、逢冬來遇年。/(旦云)我不出去、着福童孩兒出去。/〈曲〉待賓客拜筵做筵。/(旦云)我也不出去、教孩兒出去把鍾、我在家里執料。/〈曲〉則俺那五服内男兒也不曾能够見面。則為你有人才多嬌態、不老相正當年、休失了大人家體面。/(旦云)我則再説兩樁兒便出門。我死之後。/〈曲〉你須索迎着門幾接紙錢。/(旦哀云)我和你單夫只妻、我不接、教誰人接。/(帯云)街市人説、岳孔目有個好娘子、從來不曾見。如今岳孔目死了、俺衆人都去看去。/(正末云)俺親眷你爺娘都肯了、則有你不肯哩。

(30)『散家財天賜老生兒』
楔子(正末云)有侄兒劉端、字正己、是個秀才、為投不着婆婆意、不曾交家來。/我有心待將這家私三分兒分開。一分婆婆、一分女婿、一分我有用處。

第一折〈曲〉是你主家的興心児妬色、做女的縱心兒放乖、為婿的貪心兒愛財。閃得我後代絶、便留的他殘生在、休想苦盡甘來。

第二折(云)想劉禹不孝父母、不敬六親上頭、折罰劉禹子嗣。

第三折〈曲〉誰肯築祭臺墳臺?誰再修石牆土牆?/〈曲〉這上墳是女兒侄兒?/(正末云)他是外嫁了的人、已後自入張家墳、如何主得我和您。/(正末云)有俺侄兒劉大、他都主得。/(曲)因甚弟兄兒女総排房、一個墳塋里葬、輩輩留傳祭祖上/(曲)姓劉的家業姓劉的當、您没埋怨爺娘。

第四折(帯云)這家私、女孩兒一分、侄兒一分、我孩兒一分。

(31)『楚昭王疏者下船』
第三折〈曲〉他道親的身安、疏的交命卒、四口兒都是親、那個疏?/〈曲〉咱兩個親子父、我和他一父母。他和我近、我和他親、你比他疏。交去水府、往地獄、兒尋娘去。能可交我無兒、怎肯交你先絶戸。

第四折〈曲〉見爺尫羸愁養兒遲、見娘殘病長回避、見兄貧寒似世人、見弟愚魯作奴婢/最軟的是房下子・脚頭妻、最敬的是大舅舅・小姨姨、見丈母十分怕、見丈人百事随。

(32)『閨怨佳人拝月亭』

第四折〈曲〉當初喒那堝兒各間別、怎承望這搭兒里重相見。／〈曲〉須是俺狼毒爺強匹配我成婚眷。不剌、可是誰央及休個蔣状元一投得官也接了絲鞭？我常把伊思念、你不將人挂戀、虧心的上有青天。

第二折（正旦做慌打慘打悲的科。云）阿馬、你可怎生便與這般狼心／〈曲〉較了數個賊漢把我相侵傍、〈白〉阿馬想波〈曲〉這恩臨怎地忘？……。覷着兀的般着床臥枕、叫喚聲疼、撒在他個沒人的店房。／〈曲〉兀的是俺親爺的悪黨、休把您這妻兒怨暢。

(33)『小張屠焚兒救母』

第一折〈曲〉你學取些賢孝心、我有寛宏量。休學那忤逆婆娘。／〈云〉大嫂、你學二十四孝咱。／〈曲〉我雖不讀論・孟篇、多聞孝義章。

第二折〈曲〉焚兒救母絶嗣了我、為親娘暴虎馮河。

(34)『看銭奴買冤家債主』

第四折〈曲〉元來是這廝、捉拿去告官司、你這般毆打親爺甚意思？……他也不是孝順孩児。

(35)酒井恵子は「孝子から節婦へ——元代における旌表制度と節婦評価の転換」（『東洋学報』八七—四、二〇〇六年）で、元代には孝行の理念が定着し、その行動が過激になったことを示した。

(36)『元史』巻一九八、孝友、高必達伝。

(37)『元史』巻一〇三、刑法志、「戸婚」、

諸願棄俗出家為僧道、若本戸丁多、差役不闕、……保勘申路、給拠簪剃、違者斷歸俗。

また『通制条格』巻二九、「給拠簪制」参照。清代での一人息子を出家させることを禁じた法については、小川快之「清代江西・福建における「溺女」習俗と法について——「厚嫁」「童養媳」等との関係をめぐって」（山本英史編『中国近世の規範と秩序』研文出版、二〇一四年）参照。

(38)鄭紹基主編『元代文学史』五〇～五二頁（人民文学出版社、一九九一年）。

(39)孟漢卿『張鼎智勘魔合夢』では、遠方に商売にゆく夫が、事が起きたときに、向かいに住む伯父とその息子を頼るよう妻にいうが、家計をともにしてはいない。また資料【b】には、寡婦の結婚に舅姑及び実父母が口出しすることをいうが、

宗族や親族の結束を示しているわけではない。
(40) 唐宋時代について、大澤正昭が小説を使って妻の家庭内での強さ、及び家族の大きさが五口であることを示した（注(5) 大澤正昭著書参照）。雑劇で見てきた家族、それと本節で述べる元朝の歴史的資料に見える状況と共通している。
(41) 『散家財天賜老生児』第四折
〈曲〉你使了劉家錢、却上張家墳、俺這兩口児好無気分。
(42) 『輟耕録』巻二十七、「戴氏絶嗣」。雑劇は現実にあったことを芝居仕立てにしたといわれるが、この事件に影響された雑劇かは不明である。
(43) 『通制条格』巻三、戸令、「嫁娶所由」、
嫁女皆由祖父母父母、父亡随母婚嫁。又嫁女棄妻皆由所由。若不由所由、皆不成婚、亦不成棄。若所由後知滿三月不理者、不在告論之限。
(44) 注(39)で紹介した雑劇に見られる。
(45) 本件の場合に、夫の不在について相手が知っていたのかは、判決から判断できない。
(46) 『元史』巻一八三、孛朮魯翀伝、
汝為人妻、不以資産遺其子、他日何面目見汝夫於地下。
(47) 『元史』巻一八五、汪澤民伝。
(48) 『元典章』巻一九、家財、「同宗過継與庶生子均分家財」は、江浙行省で起きた至元三十一年（一二九四）の案件であり、「唐證正妻王氏身故、次子唐禎生母葛氏掌管家私」とある。
(49) 『銭塘遺事』巻一、「萬回哥哥」。
臨安居民、不祀祖先、惟毎歳臘月二十四日、各家臨期書寫祖先及亡者名號、作羹飯供養罷。
(50) 礼教的家族像の一つに、何世代も同居する宗族がある。しかしひとつの家族は必ずしも同姓だけの集団ではなかったようである。唐州（現河南省）の趙毓の家は三世同居であったが、息子がいるにもかかわらず妹娘も夫を贅（入り婿）として迎え、同居していた（『元史』巻一九七、孝友伝、趙毓伝）。
(51) 『元典章』巻一七、戸部、承継「禁乞養異姓子」に、
體知得南方士民為無孕嗣、多養他子為義男、目則螟蛉。姓氏異同、昭穆當否、一切不論。人專私意、事不經久、及以

致其間迷禮亂倫、失親傷化、無所不至。不養諸弟從孫為子者、有不睦宗親、捨據族人而取他姓為嗣者、有以妻之姪為子者、有以後妻所攜前夫之子為嗣者、有因妻外通、以奸夫之子為嗣者、有由妻慕少男養以為子者、甚至有棄其親子嫡孫、順從後妻意而別立義男者、有妻因夫亡、聽人鼓誘、買囑以為子者、有夫妻俱亡而族人利其貲産、争願為義子者。……切照舊例、諸人無子、聽養同宗昭穆相當者為子。如無、聽養同姓。

(52) 同右「異姓承継立戸」、大徳四年文書。

(53)『元典章』巻十七、戸部、承繼、「妻姪承繼以籍為定」。

(54)『通制条格』巻四、戸令、「嫁娶」、

至元九年七月、中書省議得、民間富貴可以娶妻之家、止有一子、不許作贅。

(55)『通制条格』巻四、戸令、「親属分財」（至元十八年四月文書）、

本部照得舊例、應分家財、若因官及随軍或妻所得財物、不在均（原文「分」を改む）分之限。

(56) 前近代中国南方における女性の地位については、青木敦『宋代民事法の世界』（慶應義塾大学出版会、二〇一四年）第六・八章参照。

(57)『通制条格』巻二、戸令、戸例、「招召女婿」及び『元典章』巻十八、戸部、婚礼、「嫁娶聘財體例」参照。

(58)『通制条格』巻二、戸令、「戸例」、

（至元七年発布）（妻）亡……據丈人出備財錢別求與妻室及分訖事産津貼者、依舊同戸應當差役。

(59)『通制条格』巻三、戸令、「収嫂」（大徳五年文書）、

凡人無後者、最為大事、其趙胤初因無嗣、與女召壻養老、不幸壻死、頼有伊女可為依倚。合從趙胤別行召壻、以全養老送終之道。

(60)『元典章』巻一九、戸部、家財、「戸絶有女承繼」。

(61) 先に、出家の条件に差役など国家への義務を行う者がいるかどうかによるという法を見た（本文三一頁）。

(62) かつて女婿を認める現象は差役の単位を減少させまいとするモンゴル政権の意向から来ていると解釈した（拙稿「元朝の女婿について」『史論』四三、一九九〇年）。確かに、女婿を容認する判決文に、差役や税の遂行を第一にするためとあるが、これはモンゴル政権だけの特殊性とするのは早計であった。

(63)『元典章』巻五三、刑部、首告、「婿告丈人造私酒」（大徳七年文書）、

其告人王頭口、係劉通下財招到養老不出舎女婿、承繼戸門、與男無異、宜同自首。

(64) 『通制条格』巻三、戸令、「戸絶財産」(中統五年文書)、
若母寡子幼、其母不得非理典賣田宅人口、放賤為良、若有須合典賣者、經所属陳告勘當是實、方許交易。

(65) 『看銭奴買寃家債主』第四折
〈曲〉怎生顔回短命、盗跖延年、伯道無兒?

(66) 張国賓著『公孫汗衫記』第二折
〈曲〉那没子嗣、没根芽、焼大駝細馬、將金紙銀銭香火加、便賢孫孝子兒女多。

(67) 元代における女子の財産相続についての考察は稿をあらためたい。なお宋代の女子分法に関する研究は多いが、小川快之「宋代女子財産権論争について」(『上智史学』六〇、二〇一五年)は簡潔にまとめている。

(68) 『詩経』「鴻雁之行」、
乃生男子、載寝之牀、載衣之裳、載弄之璋……乃生女子、載寝之地、載衣之裼、載弄之瓦。

(69) 『通制条格』巻六、廕例、「承廕」(至元十九年文書)、
諸用廕者、以嫡長子、若嫡長子有篤廢疾、立嫡長子之子孫曾玄同、如無、立嫡長同母弟、如無、立繼室所生。如無、立次室所生。如無、立婢生子。如絶嗣者、傍廕其親兄弟、各及子孫。如無、廕伯叔及其子孫。

ほかに、『元史』巻八三、選挙志、銓法中および『元典章』巻八、吏部、「品官廕叙体例」参照。

(70) 青木敦は、宗法主義を守ることによって、官戸として特権を維持したという(「江西における文明の領域」『宋代民事法の世界』慶應義塾大学出版会、二〇一四年、第一〇章)。また杜芳琴は、宋代に娘に対して父から夫の家に移った理由として、神宗による「公主の下嫁したる者舅姑にまみゆる礼の詔」を出し、公主といえども義父母への礼を守ることを命じたことが、娘が父家よりも夫家を重視する傾向を一般にもひろめる契機のひとつとしている(「生育文化的歴史考察」『性別與中国』三聯書店、一九九四年)。

(71) 『散家財天賜老生兒』第二折
〈曲〉讀書的志気高、為商的度量小、……讀書的白衣換了紫袍。

(72) 『岳孔目借鐵拐李還魂』第二折、
〈曲〉一頭里亡過夫主、散了家縁、兄弟呵。

(73)『晋文公火焼介子推』第一折、
〈曲〉今日父子無義慈情分、兄弟喪恭友心懐。
(74)『元典章』巻一七、戸部、分析、「父母在許令支析」、
其父母疾篤及亡歿之後、不以求醫、侍疾喪葬為事、止以相争財産為務。
(75)『通制条格』巻三、戸令、「収養同宗孤貧」(至元二十一年文書)、
或有同祖同父叔伯兄弟姉妹子姪等親、鰥寡孤獨老弱殘疾不能自存者、亦不収養、以致託身養済院。
(76)官僚が妻子にあうために、母が病死したと偽って故郷にかえり、母を一人残し、妻子を赴任地に連れ帰り、罪に問われた。罪状は母を病死と偽った不孝・母の扶養をせずひとりのこしたことの不孝であるが、母よりも妻子を大事にする事例である。なおこの官僚は、名と職名からモンゴル人ともとれるが、不孝の罪を問われていることから見て、モンゴル名を詐称した漢人であると考えられる(『元典章』巻四十一、刑部　不孝、「揑克伯虚称母死」)。
(77)拙稿「元朝における儒学的理念の浸透と教育」(山本英史編『中国近世の規範と秩序』研文出版、二〇一四年)参照。
(78)『元典章』巻四一、不義「焚夫屍嫁斷例」に、服内に再婚した妻を裁いた例がある。しかし問題にされたのは服喪中の再婚であり、火葬については言及されていない。
(79)『岳孔目借鐵拐李還魂』第四折、
(云)我死了三日、你焼了我屍首。
(80)夫馬進「中国明清時代における寡婦の地位と強制再婚の風習」(前川和也編『家族・世帯・家門――工業化以前の世界から』ミネルヴァ書房、一九九三年)、拙稿「『元史』列女伝を読む」(『愛大史学――日本史・アジア史・地理学』六、一九九七年)参照。
(81)拙稿「「承継」判例から見た法の適用――宋・元・明代の比較から」(大島立子編『宋――清代の法と地域社会』(財団法人東洋文庫、二〇〇六年)参照。
(82)注(77)拙稿参照。
(83)同姓婚であるという理由で離婚を求めた判決で、「離婚をしたいために違法を申告した」として、訴えは認められなかった(注(77)拙稿八三頁参照)。

纏足・大脚・赤脚
──明清時代における婢のイメージとメディア──

五味 知子

はじめに

本稿は、明代・清代の足をめぐるイメージと、それにかかわる身分感覚が、メディアの言説の中でどのように結び付いていたかについて明らかにしようとするものである。前近代中国の女性の間で行われた纏足と、それを廃止しようとした近代の反纏足運動については、すでに多くの研究成果がある(1)。かつて、纏足は女性の足を奇形化することによって歩行を不自由にし、閉じ込めておくことを目的とした奇妙な風習として研究された。その中では、纏足は女性に対する抑圧の象徴とみなされた。近年になって、纏足の持つ民族的な意義や、女性文化としての纏足などの観点から見直しが行われている(2)。

先行研究の中では、纏足の実施状況に時代差・地域差・民族差・階層差があることもしばしば言及されてきた。しかし、そのような差異についての研究は不足している。史料不足もさることながら、その背景に、纏足を奇妙な慣習とみなし、それに興味が集中する現代社会ならではの見方があったと思われる。纏足に対する研究の集中は、中国における足と靴のイメージ全体を見ることをかえって難しくしてきた。本稿ではメディアの中の婢(3)の足を分析対象とすることで、纏足にとどまらぬ中国の足と靴のイメージについて明らかにしたい。

次に、婢を分析することの意味について述べる。婢の特徴は、男性の奴僕に比べて、身分的流動性が高かったことである。下僕と結婚して終生服役することもあるが、主人の妾に直されたり、他家の妻妾として嫁がせられる事例も少なくない。加えて、同じ婢であっても、雑用に従事する婢は、主人や女主人の身の回りの世話を専ら行う婢よりも、概して低く見られがちで、立場に差があった。婢を論じることは、女性特有の立場の流動性の問題に目を向けることにつながる。(4)

対象となる時代は明代・清代であるが、本稿の重点は清末にある。その理由は、清末になってはじめて、婢の足の具体的状況を明らかにするような記事が生みだされたこと、『点石斎画報』を通して、絵の中の足についても詳細な検討が可能になったことがある。清末の状況を理解するうえでも、明代・清代における纏足の流行についての理解は不可欠といえよう。

『図説纏足の歴史』(5)に基づいて、簡単に纏足の歴史を振り返ってみれば、南唐の窅娘《ようじょう》が踊るときに足に布を巻き付けたとされるものの、それは人々に模倣されたわけではなく、個の事例にすぎなかった。纏足の習俗は宋代にあらわれたと考えられているが、北宋では、まだあまり流行していなかった。南宋にいたっても、その縛り方は後代のものとは異なり、かつ、上流階層にしか行われていなかった。明代になると、纏足は各地で急速に発展した。朱元璋が浙東の丐戸《かいこ》（賤民）の女性に纏足を禁じたように、纏足は貴賤の指標ともなった。清朝の支配者は纏足を禁止したが、民間では纏足の風潮がやむことはなく、康熙七年（一六六八）には、禁止を撤回することになった。清代は纏足の最盛期といえるが、清朝を通じて、八旗の家の女性は纏足を禁じられていた。

次に、婢の身分の変遷についても、先行研究に基づいて概要をまとめる。(6)明代の規定では、奴婢は功臣に給賜されるものであり、庶民の奴婢所有は禁止されていたが、明中期以降、現実には官僚の家のみならず、庶民層も無期的労働力（「義男」「義女」「雇工人」と呼称）を保持していた。清初においても、庶民の奴婢保有禁止はなお一定の規制力を持っていたが、雍正五年（一七二七）になると、条件に合えば、庶民も公的に奴婢を保有することが可能になった。宣統二年（一九一〇）には、人身売買を禁止し、一切の奴婢の名目を廃止し、解放後の奴婢は雇い人（雇工）として扱うようになった。(7) 言いかえれば、法律上の奴婢制度はなくなったが、長期的雇用は依然として許されていた。

一　明清時代の小説における身分と足

初めに、小説というメディアの中の身分と足について分析する。取り上げる小説は『金瓶梅詞話』『紅楼夢』『児女英雄伝』『海上花列伝』である。小説は事実を描写した史料とは性質を異にする。それに留意しつつ、小説というメディアの中で、身分と足のイメージがどのように結び付いていたかを探ってみたい。

1　分析する小説の背景

ここで取り上げる四つの小説は、製作時期、作者の出身等の背景が大きく異なっている。(8)『金瓶梅詞話』は、明の万暦中期、十六世紀にできたと考えられている。作者は笑笑生という筆名で、山東の人である。『金瓶梅詞話』は『水滸伝』の中に見られる武松とあによめ潘金蓮の物語の一部を敷衍した形になっており、舞台となる場所は山東省の清河県、時代は宋の政和三年（一一一三）から靖康の変（一一二六）である。しかし、物語の時代が宋代なのは、『水滸伝』との関連と、時世をはばかるためであり、実際に描かれている時代は明の万暦年間のものである。ここから考えれば、纏足や婢などについての描写も、明の万暦年間の風習を反映しているものとみてよかろう。西門慶は、新興商人であり、贈賄によって官職にもついた。正妻、妾、下女、妓女など、多数の女性が登場し、身分差や服飾・纏足などについての記述も多い。

『紅楼夢』は、乾隆五十六年（一七九一）に初めて刊行された。作者は曹雪芹（本名は曹霑）といい、漢人で、家は八旗の一つ、満軍正白旗に属するが、身分としては「包衣」である。霑の生誕は康熙五十四年（一七一五）またはその翌年頃という説が有力である。曹家は代々要職にあって康熙帝の信任も厚かったが、雍正帝にはうとまれた。雍正五年に頫（霑の父または伯父）が免職され、さらに、翌年、家産を没収された。『紅楼夢』の賈家が初めは栄華を極めるが、のちに没落していく様は、自身の体験を基にしている可能性がある。賈家は多くの婢をかかえ、婢の中にも様々なランクがある。纏足についての記述はほとんどないが、婢についての考察を深めるために有用である。[9]

『児女英雄伝』の作者の筆名は燕北閒人である。作者は鑲紅旗に属する家の満洲人で、姓は費莫氏、名は文康という。科挙には合格せず、資をもって理藩院郎中の地位を買い、地方で道台などをつとめ、丁憂（父母の死）にあって郷里に帰った。主人公である安公子のモデルは、道光二年に進士に挙げられた文慶と推定されているが、文康の家系である文慶は満洲人であり、安公子は漢軍八旗である。この小説ははじめ、鈔本の形で読まれていたもので、北京で活字本が出されたのは、光緒四年（一八七八）のことであるという。一般に、この小説は道光年間（一八二一〜一八五〇）の作と考えられており、北京地方の方言で書かれていることが特徴である。安公子の家は名門ではあるが、『紅楼夢』の賈家と異なり、経済的にはそれほど豊かではなく、贅沢をせず堅実に暮らしている。召使たちも代々仕え続けている者が多い。

『海上花列伝』は、雲間（松江を指す）の花也憐儂の著となっているが、花也憐儂は作者の筆名で、本名は韓邦慶（一八五六〜一八九四）である。父の韓宗文は挙人で、刑部の主事を務めていた。韓邦慶はなかなか郷試に合格しなかったため、父の友人のもとで幕客となり、河南省に数年間滞在した。光緒十七年（一八九一）には、北京に赴いて再び郷試を受験したが、不合格であった。その後は上海へ行き、ジャーナリストとして身を立てることにした。河南に赴く前にも上海に住んでいたことがあると推測されるため、この小説が書かれた時期が北京での郷試より前か後かは不明である。『海上花列伝』は彼の個人雑誌ともいうべき『海上奇書』に毎期二回ずつ連載される形で発表された。『海上奇書』の第一期が発行されたのは光緒十八年（一八九二）のことである。『海上花列伝』は書寓・長三と呼ばれる特級・一級の妓女、么二という二級の妓女、下層の娼婦である花煙間・野鶏、人家人（しろうと）と称するものなどの姿を描いており、上海の花柳界の裏面を表している。その中には、妓楼に勤める婢も登場する。一般家庭の様子はわからないものの、貧しい家庭出身の者が多い花柳界の女性たちと婢の比較材料として役立つ。

2　小説に見える婢の立場と足

婢と家

婢と家について見る。この際に着目すべき家は、主人の家と、自分の出生家族の家の二つがある。主人の家における婢について見てみると、婢には親やその前の代から同じ家に仕え続けてきた者と、外部から買い入れられてきた者の違いがあった。前の代から奉公している奴婢の間に生まれた娘は、初めから婢としての運命を背負っている。両親も奴僕であれば、戻りうる自分の出生家族の家というものは、最初から存在しない。そのかわり、長期間仕えている者は、家風に馴染んでおり、忠誠心も高いので、主人に大事にされる傾向がある。例えば、『紅楼夢』の「賈家のしきたりでは、主人の父母にも奉公した経験のある年とった下僕や婢は、主人の家の年の若い者よりは格が上として扱われ」[10]た。『児女英雄伝』の安家も、代々仕えている奴僕を大切にしている。他方、両親に売られて婢となれば、将来家族に買い戻されることも期待できる。

婢は自分自身の家族のことは優先できなかった。母が重病になったとき、宿下がりを許すことはあっても、長期的に喪に服すことはできなかった。『紅楼夢』の賈家は、奴婢をおろそかにせず、上級の婢は上質な衣服や食事を与えられ、尊重されていたが、主家の祝いの日に、母の喪に服し続けることは許されなかった。[11] 良民ならば何よりも重視された孝は、奴婢の場合は忠義に取って代わられたのである。

結婚や男女の関係についても、婢が自分の意を通すことは困難であった。家族に買い戻された場合、一般の女性のように、自分の両親や家族に嫁ぎ先を探してもらうことはできたが、そうでなければ、その身の振り方は主家に左右された。

主家に仕える婢には、妾にしようとする主人の意向を拒むことは難しかった。妾は主人の家の正式な成員なので、婢が妾になるのは出世と考えられていた。[12]『紅楼夢』でも、自分の夫の妾にしようとする婢について、「身分の高い人と付き合ったり、出世したりすることを望まない人がどこにいるでしょう。半ば主筋も同然の身分になろうとせず、婢でいたいというなら、将来小者と一緒にさせられるのが落ちだというのに」[13]と述べている。『児女英雄伝』の安老爺は落ち着いた人柄だが、息子の妾にすることにしたと申しつけた婢がはかばかしい返事をしないのを見て腹を立て、怒鳴りつけている。[14]

妾になることを拒んでも、それがもともとの主人への忠誠心から出ていると考えられれば、忠義な婢として賞賛されることもあった。『児女英雄伝』でも、先の婢が自分の仕えてきた安老爺夫人と別れることになるのがつらいからだと述べると、安老爺の怒りがとけている。『紅楼夢』でも、先述の婢は今の主人である後室に仕え続けたいと主張し、受け入れられた。婢が妾になることは光栄なことと考えられたが、もとの主人に仕え続けたいという願いは、忠誠心の表れととらえられたからである。

婢は妾に格上げされても、仕事を免除されるとは限らず、その扱いや身なりも他の妾ほどにはならないこともあった。例えば、『金瓶梅詞話』の婢あがりの妾である雪孫娥は台所仕事の監督をしなければならず、身なりもいくらか他の妾より劣っている。[15] ただし、子どもを産めば、婢あがりの妾であっても、前より尊重されるようになる。その子どもは、まず正妻に孝を尽くさねばならないが、実母は家の中で一定の地位を占めることができ、死後も実子から祀ってもらうことが可能になる。[16]

婢の結婚・寵愛を得ること

婢が妾になるケースについて前述したが、婢の結婚には主として、主人の妾、下僕の妻、他家の妻妾になるという三つのパターンがある。[17] 婢には、主人のお手がつくことがあったが、妾に直されるか、妾にはならなくても、主人以外の権威ある者（女主人、主人の母等）の認可が得られるか、あるいは認められないかによって、境遇は異なった。妾として認められれば、先述のように、主家の正式な一員となることができる。それに次ぐのは、妾としてのお披露目は経ていなくても、皆に主人のお気に入りであることが認められ、受け入れられた存在になることである。小説の中のお手付きの婢のイメージも、女主人たちから認められているか否かによって、大きく左右された。『紅楼夢』の主人公、宝玉の部屋付きの婢、襲人は宝玉のお手付きであり、それは後室や奥方をはじめ、皆に認められているが、公にお披露目されてはいない。それでも、宝玉の部屋へやってきた者は、賈家の一員であっても、婢である襲人に対して遠慮している。[18]

小説の中では、主人の手がつくと、その婢や下僕の妻は、主人や女主人の意向で、雑用を免れたり、綺麗な衣類を買い与えられたりした。足に目を向けてみれば、新たに纏足を始めることもあったし、そもそも纏足の女性のほうが、主人に目をかけられやすかった。『金瓶梅詞話』の宋恵蓮は下僕の妻だが、足が極めて小さく、西門慶に寵愛されるようになった。[19] すると、西門慶は宋恵蓮に雑用をさせるのをやめ、女主人の世話をもっぱらさせるようになった。[20] また、西門慶が潘金蓮の承諾を得て、婢の春梅に手をつけると、金蓮も春梅に対する扱いを換えた。「それから、金蓮は春梅を取り立てるようになり、鍋や釜の仕事はさせず、部屋で床をのべたり、布団を畳んだり、お茶をいれたりさせるだけにして、衣服やアクセサリーなどは、自分の特に大切にしているものを選んで与え、両足も小さくくるませました」[21]。両足をくるませる、つまり纏足をさせることが、婢を取り立てることの表れだった[22]。ただし、宋恵蓮や春梅は妾である金蓮の黙認を得ていても、正妻の認可は得ていないので、その立場は公認を受けている者とは異なった。主人の手がついた女性の中でも、その家で権力を持つ女性の認可を得ているかいないかが分かれ目となったといえよう。

主人に婢を庇う力もなく、女主人から嫉妬されれば、婢にはさらに悲惨な境遇が待っていた。善書の中でも、婢に手をつけることの害悪として、女主人が嫉妬してひどく鞭打つという理由が挙げられている[23]。『金瓶梅詞話』の中でも、潘金蓮は二番目の主人の家で、もともとは女主人に大切にされていたが、主人がひそかに手をつけたことを知った女主人から、ひどく叩かれた[24]。その後、潘金蓮は女主人の意向で売り飛ばされてしまう。春梅も、西門慶の死後、潘金蓮の密通の手引きをしたという理由で、転売されてしまうが、このことは周りの人から批判も受けた[25]。主人が庇うことのできる間は良くても、主人なき後の家には居づらくなったのである。正式な妾ではなくても、皆に認められていた襲人さえも、主人である宝玉の出家後は他家へと嫁がされてしまった。妾とお手付きの婢の間の差異は、主人なき後の処遇にはっきり表れるといえよう。

婢を妾にすれば、主家と婢の双方に利益があった。主家は、外から妾を買い入れる手間を省くことが可能である。そのうえ、長年仕えている婢はその家に馴染み、しきたりをよく理解しているという利点があった[26]。婢の側は、先述のように、妾となることで、主家の一員になり、賤の身分ではなくなる。

他方、婢を下僕の妻にすれば、主家は彼らとその子孫を代々使うことができ、自分の家の習慣を熟知した忠実な奴婢を得ることができるが、婢は賤しい身分を脱することができない。『紅楼夢』では、妾になることを拒む婢に対して、次のように説いている。「主人の妾になれるのにならず、婢でいたいと望むのだね。二年か三年したら、小者といっしょにさせられ、奴隷のままになるのに」[27]。この言葉からは、小者との婚姻が婢にとって、特に幸運とはみなされていなかったことがうかがえる[28]。

他家の妻妾になった場合には、その家の経済状況や、どのような立場で迎えられたかによって、婢の運命は大きく左右された。『金瓶梅』の春梅のように、妾として大家に迎えられ、男児を産んで、力を握ることもあった。正妻となったとしても、貧しい家に嫁げば、裕福な家で婢をしていた時以下の食事・衣類などしか手に入らず、必ずしも喜ばしいものとは思われなかった。

婢の仕事内容と立場の違い

小説から見ると、力仕事を含む雑用に従事する婢と、主人や女主人の身の回りの世話を任されている婢のイメージには差があった。雑用に従事する婢は足が大きく、体格もよいことが多い。『紅楼夢』では少し頭の働きが鈍く、雑用しかできないものの、後室から可愛がられている婢を、次のように描写している。「生まれつき肥えていて、顔もふくよか、大脚をしていて、力仕事もてきぱきと手際よくこなします」[29]。『児女英雄伝』においても、台所仕事をする婢は大足であった[30]。

雑用に従事している婢は、手が汚れているとみなされて、主人にお茶を淹れたり、着物を着せたりするような仕事をさせてもらえないこともあった[31]。逆に、主人・女主人の身辺に仕える婢は、力仕事や汚れるような仕事を免除された。『児女英雄伝』の安家では、息子のお付きにする婢にはおまるを扱わせたり、足を洗わせたりしなかった[32]。『紅楼夢』や『児女英雄伝』では、賈家も安家も八旗だったためか、婢の足については描写されていないが、『金瓶梅詞話』を見ると、主人のそば近くに仕える婢は纏足をしていた可能性が高いように思われる。『金瓶梅詞話』の潘金蓮は小足を誇るが、九つのときに最初の主人の家に売られて音曲を習い、主人が死ぬと、母親に転売される。音曲用の婢ということもあって、二番目の主人の家でも、奥さんに大切にされ、炊事や拭き掃除はさせられなかった。

妓女と婢

妓女は、婢同様、貧しい家庭の出身で幼い時に売られてきた者が多かった。『海上花列伝』では、妓女たちが身の上を語り合っている場面があるが、いずれも子どものときに両親がなくなって親族などに売り飛ばされたという。(33)妓楼を運営する女性は、七つか八つの子どもを買ってきて、十六歳まで育ててから、妓女として商売をさせると述べている。(34)子どもを買ってきた妓楼は、その子が美しい女性に育ち、将来稼げるようにと努力するが、纏足もそのひとつである。(35)纏足を請け負う脚婆を招いて妓女のために纏足をさせるやりて婆もいたし、みずから纏足をすることに秀でているやりて婆もいた。(36)

纏足の開始に適した年齢は、普通五歳から六歳である。(37)北方の黄河流域や四川省ではやや早く、特に山西省では四、五歳の時に始めることが多かったが、南方地区ではやや遅く、太湖流域では七、八歳のときに始めることが多かった。(38)妓楼が七つか八つの子どもを買ってきた場合、特別に小さい足にしようとするならば、その縛り方は過酷なものとなりえた。年長の妓女に対しても、足をさらに小さくさせようと厳しく縛らせることもあったらしい。『海上花列伝』の中では、稼ぎが少ないため冷遇されている妓女、珠鳳があまりにきつく足を縛られて、指まで失ってしまっている。(39)妓女になる女性は貧しい家に育って、纏足を始める年齢が遅くなりがちだったためか、その形が良家の娘とは異なることもあったようだ。『金瓶梅詞話』では、潘金蓮が妓女の脚を見ながら以下のように言っている。「あんたがたくろうとの人の型は、こんなふうにただ先がまっすぐ尖ってるだけなのねえ。あたしたちみたいにちんまりしてないわ。あたしたちのは、平均に尖ってるんだけど、あんがたがのは踵のほうが大きいわ(40)」。

他方、纏足をしなかったり、縛り方がゆるくて足が大きかったりしても、妓女に仕える婢になることは可能だった。清代の上海の青楼の妓女はみな足がかぼそかったが、それに仕える婢は纏足をしていないか、縛り方が粗略であった(41)。『海上花列伝』では、異民族風の衣装をまとった妓女に対して、客が纏足をやめて、満洲人のようにしたほうがいいと勧めると、彼女は「それは結構ね。でも、大きな足でよそに行ったら、大姐（下働きの女性）になるよりほかはないわ(42)」と答えている。妓女になるには、纏足が必須だったことがうかがえる。婢となるか、妓女となるかは、何歳でどこに売られたかという要素に左右されることが大きかったが、足もまた一つの鍵となった。

小説中のイメージでは、足が女性の身分や育ちを象徴する重要な要素として扱われていたといえるだろう。

二　『申報』の広告中の婢

1　広告に見る失踪した婢

新聞『申報』から、実在した婢の足と靴の描写について検討する。『申報』は一八七二年四月に創刊された(43)。創始者はイギリス人のアーネスト・メイジャーであるが、主編や主筆には中国人の文人を雇用しており、読者の大半も中国人であった。『申報』にはニュースや評論などのほかに、広告が掲載された。広告欄には、商品を宣伝するような記事もあれば、身元不明者や、失踪した人についての情報を求めるものもあった。

本稿では、『申報』が創刊された一八七二年から一九〇〇年までの失踪した婢に関連した広告を分析した。広告は繰り返し掲載されることも多いが、重複を避けて人数を数えてみれば(44)、合計一〇七人の婢について、広告が出されていた(45)。失踪した婢の情報を求める広告の一例を紹介する。

婢が一人いなくなった。十七歳で、名は杏英という。江北人で、背が低く、足は大きく、顔は四角い。藍色のシャツとズボンを着用している。もし、見つけて、珊記碼頭の仁美里果字の九号門牌に送り届けてくれれば、報酬を惜しまない。(46)

失踪した婢を探そうとする広告は、おおむね本例のように、名前、年齢、容貌、衣服、出身地や訛、謝金、広告主(婢の雇い主)などの詳細な情報を含んでいる。婢を探すことが目的なので、これらの情報は、事実を反映していると考えられる。年齢について見ると、年齢が不明な一人を除いた一〇六人の平均年齢は十三・二歳、最も若い婢が七歳、最も年上の婢が二十一歳である。長年にわたって特定の家に仕えてきた年配の婢が失踪することは少なかったのであろう。

足については、しばしば記載があり、人を見分ける手掛かりとして重要視されていたことがうかがえる。脚小・小脚・半小脚等、小がつく者は九人、赤脚・赤足・赤大脚など赤がつく者は十三人、大がつく者(赤大脚は重複を避けるため除く)は二十人である。

「赤脚」「赤足」「赤大脚」は何を指すのだろうか。「赤脚」を『大漢和辞典』『中日大辞典』等の辞書で調べてみると、裸足と記されている。ところが、『申報』の広告の一〇七人の婢のうち、「赤脚」とされながら、鞋についても記述がある者は四人におよんでいる。清朝の劉家謀(47)の『観海集』中の詩、「赤脚苦」の注を見ると、「小脚は縛脚といい、大脚は赤脚という(小脚曰縛脚、大脚曰赤脚)」とある。とすれば、赤脚で靴を履いているという表現は、布を巻かず纏足をしない足で靴を履いていると意味なのではないかと思われる。大東文化大学中国語大辞典編纂室の編した『中国語大辞典』では、赤脚の意味をはだしとし、普通靴下や靴を履かないことを指すが、靴下だけ履かないことを指すこともある、とする。劉家謀の別の詩集『海音詩』に含まれた詩の注は、「大脚は赤脚といい、小脚は縛脚という。

婢は皆、大脚で裸足である（大脚者曰赤脚、小脚者曰縛脚。婢皆大脚跣足」）」とする。[48] 赤脚を大脚の意味としているが、婢は皆、裸足であるとも述べている。また、『申報』に載せられた遺体の身元捜索記事を見ると、前後の記述から見て、全裸の遺体の足も「赤脚」と書かれていることから、本当の裸足も「赤脚」と表現されていることがわかる。婢の「赤脚」が靴を履いているものの纏足をしていない足を指すのか、裸足を指すのか、あるいは両者がともに赤脚と表現されているのか、断定することはできないが、少なくとも纏足をしていないと判断することができる。すなわち、足について「赤」、「大」、「小」などの表現をされている者のうち、纏足者が九人、非纏足者が三十三人と、纏足をしていない婢が四分の三を占めている。

大脚や裸足がともに「赤脚」と表現されうるのはなぜなのか。私見では、どちらも「隠されていない」ところが共通している。纏足が隠されていればこそ、人を引き付けるものになったことはしばしば指摘されている。裸足や縛られていない足である大脚は、隠されてもおらず、飾られてもおらず、したがって、異性を引き付けるような美しさに欠けるものとみなされていたのではないか。

また、興味深い表現として、「半小脚」「半大脚」「中脚」「円脚」などがある。これらは途中から纏足した足や纏足をやめた足、あるいは纏足をしても十分小さくならなかったり、尖った形にならなかったりした足を指すのであろう。これらは、婢の成長過程における身分的上下動や経済的上下動、家庭環境や主家の待遇の変化等を表しているものと考えられる。すなわち、没落した良家の娘が婢となって纏足をやめたり、婢が主人に気に入られて途中から纏足を始めたりという変化が、足に表れたのである。「大脚」や「小脚」ではなく、「四寸」「五寸」「七寸大」など、具体的に足の大きさを示すものもあるが、これらもまた、理想とされる三寸の纏足よりは大きい。七寸であれば、まったく纏足をした経験がない可能性が高い。そのほか、「両脚ともに四本指である」というように、大きさには触れないものの、婢を見分ける手掛かりとして、足の情報を提供している広告も見受けられる。

足同様、靴や靴下も、識別のために重要と考えられていた。婢の靴や靴下については多数の記述があるが、赤などの華やかな色ではなく、黒や青などの、地味な色の靴が多い。一般的に、青色の靴は年配の女性が履くことが多く、年頃の女性は緋色の刺繍靴を履いていた。(49)『申報』の広告中の婢は年若いが、身分が低いために、地味な色の靴を履く者が多かったと考えられる。(50)婢は美しい靴を作るための材料を手に入れることが難しかったばかりではなく、年配の女性と同じように、異性を引き付けるべきではない存在とみなされ、装飾が少なく、地味な色の靴しか着用できなかったのであろう。

これらの婢は、なぜ失踪したのだろうか。広告には、婢が失踪した原因や状況が詳細に書かれたものは少ない。買い物に行った際、いなくなってしまった、というように、はぐれたり道に迷ったりした可能性を感じさせるものもあるが、(51)二人の婢が同時に逃げ出した、などと「逃去」という言葉を用いて、はっきり逃亡を示すもののほうが多い。(52)少女を保護したという記事の中には、主人に虐待されて逃げ出した婢も含まれている。(53)全身傷跡だらけであった、痛打されて耐えきれなかった等の記述は、主人・女主人が婢をむごく扱うことがあったことを示唆する。以上の内容をまとめると、失踪した婢には纏足ではなく、地味な靴を着用し、良い扱いを受けていなかった者が多い。

2　上海の纏足と婢の足

1では、広告に見る失踪した婢の足を分析し、四分の三が纏足をしていなかったことを明らかにした。非纏足者の割合が多い印象を受けるが、これは上海の特徴なのだろうか。あるいは、失踪した婢の多くが、良い待遇を受けていなかったからなのだろうか。

纏足の地域差について触れた研究では、北方のほうが纏足が盛行していたとしている。(54)蘇州・松江一帯については、銭泳（一七五九～一八四四）が『履園叢話』の中で、同地の小脚はとても大きいと述べている。(55)蘇州の女性は脚をあまり小さく縛らず、もっとも小さい場合でも、五、六寸はあったという。(56) 加えて、蘇州地区の纏足状況は都市と農村の差がかなり大きく、城外の農村の女子は纏足をしなかった。(57) また、南京の富貴な家はいわゆる「大脚仙」を婢として雇ったが、彼女たちは近くの六合などの農村の出身で、纏足をしているものの、縛り方が粗略なので、かなりの大きさであった。(58) これらの記述から、上海の女性の纏足は比較的大きかったと考えられる。さらに、農村出身者がしばしば婢になることも考え合わせると、上海の婢に非纏足者、あるいは纏足をしていてもあまり小さくない者が多かったことは納得できる。(59)

婢の足が大きいこと、あるいは小さいことにはどのような意味があったのか。婢と纏足について、先行研究は次のように記している。(60) 貴族や金持ちの邸宅では、多くの婢を抱えて普段は仕事も少なかったため、はなはだ纏足を重んじていた。しかし、非常に貧しい家庭の出身である下層の女性や婢は、父母がおろそかにしたり、仕事をせざるをえなかったりしたために、纏足をしなかった。生理上は健全といえるが、このことはそれらの女性に非常に大きな精神的苦痛をもたらした、という。つまり、富裕な家では纏足をすることが多く、逆に仕事の多い家では纏足をすることができなかったというように、仕える先によって婢の足の大小が左右されていた。また、出身家庭の状況によっても異なった。

纏足は女性の魅力であると考えられていた。明清時代の人々の観念では、纏足は容貌と同じくらい重要であり、容色が並みであっても、かぼそい足であれば、「美人」と称された。(61) さらに、小さい足と性は緊密に結びついており、(62) 靴や靴下も特殊な意義を賦与され、特に纏足用の靴は、女性の肌着のように厳重に秘蔵された。(63) したがって、纏足をした婢は、女主人から主人を誘惑する存在とみなされ、虐待されることもあった。(64) 逆に、主人の気に入りとなり、女主人からも許しを得れば、妾になることもできた。

これらを考えあわせると、『申報』の広告中の婢に非纏足者が多かったのは、上海という地域の特徴と、良い待遇を受けず逃亡した婢であるからという両方の理由のためといえるだろう。『申報』の人探し広告においても、婢を探すうえで、足は重要な要素とみなされていた。また、足や靴の描写から、婢の出身や主家における立場までもうかがうことができた。

三　『点石齋画報』中の足とステイタス

ここでは、『点石齋画報』の画像における足を分析する。『点石齋画報』は『申報』を発刊していた申報館が一八八四年に創刊した画報であり、一八九八年をもって終刊となった(65)。原則として、陰暦で毎月六のつく日に発売され、一冊は八葉九図で構成されていた(66)。『点石齋画報』の絵師の多くは上海や蘇州の年画描きであった(67)。ニュースソースは『申報』などの有力新聞に掲載された記事に依拠したものが多く、文章は絵師が書くこともあれば、絵師とは異なる人物が書くこともあった(68)。

『点石齋画報』の足の図像は絵師のイメージを示したものである。なぜなら、先述したように、題材は有力新聞の記事に基づいていることが多く、絵師が実際に取材したケースは少なかったと思われるからである。そのうえ、対象となった事件を絵師が実際に目撃していたとしても、妓女の新装や演劇における男装等、靴や足に注目が集まる場面を除けば、一人一人の足や靴を観察して描く余裕はまずないであろう。加えて、靴や足が比較的丁寧に描かれるのは、家庭内のもめごとを主題とした記事であるため、その場に絵師が居合わせた可能性はほぼない。したがって、『点石齋画報』中の女性の足の図の大半は観察ではなく、絵師のイメージに基づくものである。

『点石齋画報』中の足の図は、かなり詳細に描かれている。『点石齋画報』の絵の中では、纏足は尖った足先か、土ふまずが極度に食い込み、つま先と踵だけが地面についた形状で表現されている。一方、先が丸く、平底で大きいのは纏足をしていないことを示している。男性の多くは先が丸く、平底の大きな靴を履き、乞食や山野で狩りをする男性などは裸足で描かれている。

図1　癸集「於意云何」『点石齋画報――大可堂版』（上海画報出版社、2001年）

図2　辛集「亀嫖亀」『点石齋画報――大可堂版』（上海画報出版社、2001年）

典型的な婢のイメージは図1のようである。その服には飾りや刺繡がなく、色も地味なことが伝わってくる。靴は平底で、先も丸く、纏足ではない。妓女につきしたがう婢（図2）でも、尖った足先がちらりと見える妓女に対して、婢の足は尖っておらず、纏足していないことがわかる。絵師のイメージの中でも、上海の婢の多くが纏足をしていなかった（あるいは、十分小さく尖った形の纏足にはしていなかった）ことがうかがえる。ところで、第二節では、『申報』の広告中で、婢の足が「赤脚」と表現されることがあるが、それが裸足なのか、纏足をしていない足を指すのかが不明であることを述べた。『点石齋画報』大可堂版の第一冊と第二冊をチェックしてみると、裸足の婢は描かれていない。そこで、裸足を描くことは、猥褻だとされ、忌避されたのかという疑問が出てくる。この疑問にこたえるため、他の図を見れば、男性の裸足ばかりではなく、火災現場から救出される西洋女性の裸足や、日本兵に纏足靴を脱がされた中国人女性たちの裸足などが描かれている。そのため、婢は裸足であると考えながら、猥褻になるのを避けようとして、故意に靴を履いた姿で婢を描いたとは思われない。絵師の考えでは、大脚の婢は多いが、裸足ではなかったのである。

一方、男性にとって魅力的と思われた婢の足は尖り、小さく描かれている。図3は主人の息子たちに言いよられながら、身を守った婢であるが、その足は著しく小さく、先が尖っている。男性が性的魅力を感じてふざけかかる婢のイメージは纏足であったのである。図4は寵愛を受けて妾となったが、天井から吊るされて、

図3　戌集「俊婢全貞」『点石齋画報——大可堂版』（上海画報出版社、2001年）

図4　丁集「主翁虐婢」『点石齋画報——大可堂版』（上海画報出版社、2001年）

主人から虐待を受けた二人の婢である。服装は地味で、髪飾りなども見えないものの、足先は細く尖っている。同じく、絵師が、男性を引き付ける婢は纏足をしているだろうと考えたことが示されている。

具体的な図像は紙幅の関係もあり、掲げないが、八旗の女性を描いた図では、女主人も婢も纏足をしていない。代わりに、高底の靴を着用している。「はじめに」で述べたように、八旗の家の女性は纏足を禁じられていた。もっとも、清末には八旗の女性の間で「刀条児」という新しい纏足方式が流行し、纏足とは異なるものの、足を変形させることが流行した。(69) また、八旗の間でも、漢軍八旗の中には、娘に纏足を施した者もいた。(70)

以上のように、『点石齋画報』中の婢の図は、仕事内容、仕える先や主人への気に入られ方によって、足のありかたが異なるという先の分析と一致していた。

おわりに

第一節では、小説中の婢や婢の足のイメージについて検討し、同じ婢とはいっても、仕える家や、仕事内容の違い、主人の手がついたかどうか、あるいは妾に直されるかどうかによって、大きな違いがあり、それが足のありかたも左右したことを明らかにした。また、妓女と婢は同じように貧しい家庭の出身であることが多いが、妓女は纏足でなければなれず、婢はそうではないというイメージを持っていたことを示した。第二節では、『申報』の広告に見る失踪した婢の足を分析し、四分の三が纏足をしていなかったことを明らかにした。その原因としては、上海の女性の纏足が比較的大きかったことや上海近郊の農村の女性があまり纏足をしなかったことに加えて、逃亡した婢は良い待遇を受けていなかった可能性が高いからという理由が挙げられる。第三節では、『点石齋画報』の図像の中の女性の足について分析し、多くの場合、婢は纏足をしていない姿で描かれたものの、男性が引き付けられた婢であれば、小さい足や尖った足先で描かれたことを示した。
　纏足が広く普及していた明清時代においても、纏足をしていなかった女性が数多くいた。清代の八旗の家の女性であれば、纏足をしていなくても、身分は高かった。しかし、民間の家においては、足が大きいことは身分が低いことの証であった。同じように賤しい身分で服役する男性の奴僕と比較して、女性である婢は主人の意向によって、身分が大きく変動する。その身分的流動は、婢の足に象徴的に表れた。婢の「半小脚」、「半大脚」、「中脚」、「円脚」は、婢の人生の流転を示しているといえよう。

注

（1）代表的なものを挙げれば、高嶋航「天足會と不纏足會」（『東洋史研究』六二巻二号、二〇〇三年）、高嶋航「教会と信者の間で——女性宣教師による纏足解放の試み」（森時彦編『中国近代化の動態構造』京都大学人文科学研究所、二〇〇四年）、呉存存［鈴木博訳］『中国近世の性愛——耽美と逸楽の王国』（青土社、二〇〇五年）、東田雅博『纏足の発見——ある英国女性と清末の中国』（大修館書店、二〇〇四年）、高洪興［鈴木博訳］『図説纏足の歴史』（原書房、二〇〇九年）、など。

（2）坂元ひろ子『中国民族主義の神話——人種・身体・ジェンダー』（岩波書店、二〇〇四年）、ドロシー・コウ［秦和子訳］「中国・明末清初における纏足と文明化過程」（アジア女性史国際シンポジウム実行委員会編『アジア女性史——比較史の試み』明石書店、一九九七年）、ドロシー・コウ［坂本葉子訳］「中国の衣服と体のイメージ——十六世紀から十九世紀におけるヨーロッパ人の旅行記から」（中国女性史研究会編『論集中国女性史』吉川弘文館、一九九九年）、Dorothy Ko, *Every Step a Lotus: Shoes for Bound Feet*, Berkeley: University of California Press, 2001.（邦訳：ドロシー・コウ［小野和子・小野啓子訳］『纏足の靴——小さな足の文化史』平凡社、二〇〇五年）、Dorothy Ko, *Cinderella's Sisters : a Revisionist History of Footbinding*, Berkeley: University of California Press, 2005. Dorothy Ko, "In Search Footbinding's Origins"（鄧小南主編『唐宋女性与社会』北京大学盛唐研究叢書、上海辞書出版社、二〇〇三年）。

（3）日本語訳では女中、下女、腰元、原語では丫鬟、丫頭、婢、婢女、使女など様々な言葉が用いられるが、小説の訳文の引用部分を除き、本稿では婢を用いる。
（4）下僕とは異なる婢の特色に注意を払った研究として、王雪萍『十六～十八世紀婢女生存状態研究』（黒龍江大学出版社、二〇〇八年）、および五味知子「明清時代の錮婢にかかわる社会通念」（『東洋文化研究』一六号、二〇一四年）がある。
（5）注（1）高洪興書。
（6）小山正明『明清社会経済史研究』（東京大学出版会、一九九二年）、および、高橋芳郎『宋─清身分法の研究』（北海道大学図書刊行会、二〇〇一年）。
（7）洪喜美「近代中国知識分子的人道関懐──以婢女解放為例的探討」（『国史館学術集刊』二期、二〇〇二年）。
（8）各小説の背景や訳文については、以下の訳本を参考にした。小野忍・千田九一訳『金瓶梅』（平凡社、一九六二年）、伊藤漱平訳『紅楼夢』（平凡社、一九七二年）、奥野信太郎・常石茂・村松暎・田森襄訳『児女英雄伝』（平凡社、一九六一年）、太田辰夫訳『海上花列伝』（平凡社、一九六九年）。各小説の原文は笑笑生作『滿盧珍本金瓶梅詞話』（出版社・出版年不詳、早稲田大学図書館蔵）、《古本小説集成》編輯委員会編『脂硯齋重評石頭記（庚辰本）』（上海古籍出版社、一九九〇年）、《古本小説集成》編輯委員会編『児女英雄伝』（上海古籍出版社、一九九〇年）、《古本小説集成》編輯委員会編『海上花列伝』（上海古籍出版社、一九九〇年）に拠り、常用字体に直し、句読点を施した。
（9）纏足について触れている箇所は全体で二箇所にとどまる。
（10）賈府風俗、年高伏侍過父母的家人、比年軽的主子還有体面（『紅楼夢』四三回）。
（11）例えば、『紅楼夢』の花襲人は宝玉付きの婢の中でも、最も重視されており、宝玉の母や祖母も襲人を高く評価している。しかし、その襲人でさえも、母の死後間もない時に催された主家の祝いには着飾って参加しなければならなかった。それは良民ではない奴婢の守るべき折り目であるとされていた（『紅楼夢』五一回を参照）。
（12）夫人も認める中、主人が手を出そうとしても厳しく拒否した婢は、変わった婢として表現されている（『西湖二集』巻一九「俠女散在殉節」。小川陽一「明代小説の奴婢像」『東北大学教養部紀要』三六号、一九八一年、三一四頁）。また、凌濛初の『初刻拍案驚奇』には善人である劉元普が婢に手をつけ、妊娠したので妾に直したという話が収められている。この婢にとって、妾となったことは幸運として位置づけられている。
（13）那一個不想巴高望上、不想出頭的。這半個主子不做、倒愿意作個丫頭、将来配個小子、就完了（『紅楼夢』四六回）。

(14)『児女英雄伝』四〇回。
(15)『金瓶梅詞話』一四回。
(16)滋賀秀三『中国家族法の原理』(創文社、一九六七年)、第六章第一節「妾」を参照。
(17)注(4)五味論文、五頁。
(18)宝玉の一族の賈芸は、宝玉の部屋を訪れた時、襲人にお茶を注いでもらうことさえ、遠慮しようとしている(『紅楼夢』二六回を参照)。
(19)『金瓶梅詞話』二三回。
(20)『金瓶梅詞話』二二回。
(21)婦人自此、一力抬挙他起来、不令他上鍋抹灶、只叫他在房中、鋪床畳被、逓茶水、衣服首飾、揀心愛的与他、纏的両隻脚小小的(『金瓶梅詞話』一〇回)。
(22)逆に、纏足を解かせることは格下げを意味した。小説中の事例を一つ挙げれば、役人が任地で身の回りの世話をさせるために買った女性を妾として扱っていたが、故郷に帰ると奥さんが激怒して、彼女を婢扱いにした。そのときに、粗末な着物に着替えさせるほかに、纏足の布を解かせている(『警世通言』巻二〇)。
(23)注(4)五味論文、一五頁。
(24)『金瓶梅詞話』一回。
(25)『金瓶梅詞話』八五回。
(26)例えば、『紅楼夢』では、婢を妾に直そうとする女主人が、よそから新規に買い入れた者と比べて、家で奉公してきた者は頼りになると述べている(『紅楼夢』四六回)。
(27)放着主子奶々不作、到愿意作丫頭。三年二年、不過配上一個小子、還是奴才(『紅楼夢』四六回)。
(28)ただし、婢を一生服役させて結婚させないことと比べれば、相手が下僕であれ、嫁がせることが善行だと考えられていた。注(4)五味論文、二二頁。
(29)只因他生得体肥面闊、両隻大脚、作粗活簡捷爽利(『紅楼夢』七三回)。
(30)又有個四十余歳鮎魚脚的胖老婆子也(『児女英雄伝』二八回)。
(31)『金瓶梅詞話』では、主人のお手付きでもあり、潘金蓮の身の回りの世話をする春梅が金蓮のお気に入りであり、雑用をする秋菊はいつも罵られたり、打たれたりしている。秋菊がお茶を淹れてくることも、西門慶には気に入らなかった（『金瓶梅詞話』七六回を参照）。

(32)「あの子は十二の時から母屋で働くようになって、その年だけはお父様もいろいろに使ったけれど、翌年に髪をのばすようになってからは、おまるを運ばせるどころか、足さえも洗わせなかったの。（這丫頭自従十二歳上要到上屋裏来、只那年你公公碰着還支使他、到第二年他留了頭了、連個溺盆子都不肯叫他拿、甚至洗個脚都不叫他。）」（『児女英雄伝』四〇回）。

(33)『海上花列伝』五二回。

(34)『海上花列伝』四四回。

(35)『海上花列伝』四五回では、やり手婆が妓女に養育の恩を思い起こさせようとして、お前に纏足をしたり、髪を結ってやったりしただろうと述べている。

(36) 注（1）呉存存書、二五一頁。

(37) 注（2）ドロシー・コウ『纏足の靴』、七四頁。

(38) 注（1）高洪興書、九〇頁。

(39)『海上花列伝』三二回。この部分から、指がもげるほどの厳しい縛り方は、妓女を大切にしている証というよりは、一種の虐待と考えられていることがうかがえる。

(40) 你毎這裏邉的様子、只是恁直尖了。不相俺外邉的様子趫。俺外邉尖底停匀。你裡邉的後跟子大（『金瓶梅詞話』五八回）。

(41) 鄒英「葑菲閑談」『采菲録』続編。注（1）高洪興書、二四六頁。

(42) 故是好煞哉。只好撥來人家做大姐哉（『海上花列伝』八回）。

(43) 初めは『申江新報』という名称であった。

(44) 一つの記事に二人以上の婢についての情報が掲載されているケースもあるため、記事数とは一致しない。

(45) 先行研究によれば、一八九九年、一九〇〇年、一九〇一年、一九〇二年、一九〇三年の五年間の『申報』中に、失踪した女性を探す広告は合計一一〇件あり、その中の五十三件（四八・一八パーセント）が婢を探すものであった（張暁霞・顧東明「晩清婢女的社会地位及生活状況——以《申報》一八九九～一九〇三年尋婢広告為中心考察」『牡丹江師範学院学報（哲社版）』二〇一〇年六期、六一頁）。

(46) 今走失婢女一口。年十七歳、名杏英。江北人、身短、脚大、面方。藍布衫褲。倘見者送珊記碼頭仁美里果字九号門牌、重酬不吝（「尋婢」『申報』一九〇〇.五.三〇、九七四〇号、七頁）。
(47) 道光年間の官僚。
(48) 詩の中における婢の脚の描写については、汪毅夫「赤脚婢、奶丫頭及其他――従晩清詩看閩台両地的錮婢之風」（『福州大学学報（哲学社会科学版）』二〇〇七年一期）に詳しい。
(49) 注（1）呉存存書、四三三頁。
(50) 『金瓶梅詞話』では、西門慶の下僕の妻である王六児はふだん黒地の無地の靴を履くことが多かったが、西門慶の情婦になるや、たちまち緋色の靴に履き替えて寵愛を保とうとするようになった。注（1）呉存存書、四三三頁。
(51) 『申報』一五〇〇号、六頁。
(52) 『申報』五七八五号、五頁。
(53) 『申報』二二三七号、「幼女可憐」、『申報』二二四四号「虐待婢女」など。
(54) 纏足の風潮は、北方各省でもっとも盛んであったが、北方との体格差のゆえもあり、纏足の大きさは広東がもっとも小さかった。注（1）高洪興書、一二三〜一二四頁。
(55) 注（1）高洪興書、一三三頁。
(56) 注（1）高洪興書、一三三頁。
(57) 注（1）高洪興書、七六〜七七頁。
(58) 注（1）高洪興書、七六頁。
(59) 『申報』広告中には、時に婢の出身地や訛が示されている。その出身地・訛は潮州、台湾、直隷、天津、広東、江北、鎮江、湖北、湖南など、多くの地域におよぶが、出身地や訛が記されていないことのほうが多い。上海出身や上海訛ではなく、見分けの手掛かりとなる場合にのみ記されているものとみえる。一般的には、上海および近郊エリア出身の婢が多かったと推測できる。
(60) 注（1）呉存存書、三八五頁。
(61) 注（1）呉存存書、四一二頁。
(62) 注（1）呉存存書、四二二頁。

(63) 注(1) 呉存存書、四二九頁。
(64) 「ある日、髪をとかし、おしろい塗って、足を纏むと、奥様が男たらしの化け物と罵った」(『繍谷春容』内閣文庫蔵本、巻三下層「丫鬟賦」、小川陽一「明代小説の奴婢像」『東北大学教養部紀要』三六号、一九八一年、三一〇頁)。
(65) 中野美代子・武田雅哉編訳『世紀末中国のかわら版——絵入新聞『点石齋画報』の世界』(中央公論新社、一九九九年)、九頁および一七頁。
(66) 注(65)中野・武田書、一七～一八頁。
(67) 注(65)中野・武田書、二六頁。
(68) 注(65)中野・武田書、三〇頁。
(69) 注(1)高洪興書、六三～六四頁。
(70) 八旗漢軍の家庭の様子を描いた『児女英雄伝』の中でも、親戚には纏足をしている者がいるということが描かれている(『児女英雄伝』一二回)。

(付記) 本稿はMEXT科研費16K21592による研究成果の一部である。

『圖畫日報』にみる清末上海の働く女性たち

前山　加奈子

はじめに

『易経』の「家人の卦」から出た「男主外、女主内（男は家の外、女は家の内）」という前近代中国のジェンダー規範を表わす文言は、男女の本来居るべき空間を説いた。そこから男性は屋外、つまり世間／社会に出て、或いは世間／社会との繋がりをもって、自分自身と家族のために報酬を得る労働をする。一方、女性は屋内、つまり家庭の中に居て、出産育児、家族の世話、家事を担って、報酬のない労働にいそしむ。このような図式が固定化してジェンダー役割の普遍的な概念となった。と同時に、慣習的な「閨範」として「足不出戸（家の敷居を出ず）」という言葉も存在し、また「内」「後」「閨」の文字が女性に付けられて、女性が「家の中の存在」であることを強調した。(1) それは役割のみならず、「外」に対してその存在を明らかにしない、「個」として認識させない、ということでもあった。(2) こうした空間におけるジェンダーは、役割分担の傍らで見逃されやすいが、かなり重要な視座になりうると思われる。

前近代の中国社会においては、「家の敷居を出ず」は、(3) 上層の女性には厳しい規範であったが、清末に至ると西洋文明・文化の受容とともに「女学」が取り入れられ、女子教育が広まるにつれて、さまざまな家庭や社会の軋轢を超えて「外」に出る女性が次第に多くなっていった。その時代の変化を当時広く読まれた『圖畫日報』（一九〇九〜一〇年）等に見ることができる。しかし一方では、同じ『圖畫日報』に、通学するために「外」へ出る若い女性に対する一般庶民の反応が、如実に描かれているが、そこからは決して女性を自由に無条件に「外」に出したわけでも、又すべての人が女子の学校教育を前向きの視点で捉えていたわけでもないことが分かる。(4)

アヘン戦争、洋務運動を経て海外留学の機会は女性にも訪れ、国内においても女塾、女学の設立によって、上層の女性の中には近代の学校教育を享受できる者も現われ、その結果、新しい社会には新しい女性の身分職業が誕生した。女教習、女学生、女医、女性実業家である。(5)一九一九年の「五四」時期以後になると、新文化運動の多元的・多様的な広まりの中で、女性解放も大きな進展を見せた。教育を受けた女性たちは社会に出て、「職業女性」と呼ばれる女性の新しい階層を形成するようになった。彼女たちは教師、医師、役所や銀行などの公的な機関の職員、電話交換手、またデパートなどの店員となって、「新女性」と称されるようになる。

しかし女子教育の恩恵を享受できず、もとより困窮した生活の中で家族の庇護も得られない下層の女性たちはどのように生活を維持していたのだろうか。自立自活し、時には家族の生計を支えるために、「外」で働かなければならない女性たちは纏足もされず、儒教規範の束縛も少ない。「外」に出ることがさほど問題視されない下層の女性たちは、「貞淫邪正」を考慮する暇もなく、自分の生きる糧を懸命に、「自由に」求めざるを得なかったはずである。

そのような疑問を抱きながら、答えを『圖畫日報』の「營業寫真（生業《なりわい》の写生）」欄から探り出してみたい。そこには清末の、女性も含めた中下層の一般庶民の生業が多く描かれている。この「生業の写生」欄の中から、働く女性を描写している五十点を選んで、そこに描かれた画像と解説として添えられた竹枝詞を通して、(6)当時の女性の生業の状況や社会との接点を見てみる。女性たちの働く様子やそれに対する世間一般あるいは作者の視点が、その中で明らかになるように考察を進めてみる。

一　清末の「画報」とその研究について

清末に創刊された画報は、全般的に、識字率が高くない時代にあって、読者の視覚に訴えた。解説文は識字者に読んでもらうため、聞きとりやすいものに工夫されている。上海においては一八七五年創刊の『小孩月報』から一九一一年の『時事新報星期畫報』までに三十種類の画報が刊行された(7)。

陳平原は、『図像晩清『點石齋畫報』』序文で、「図像を史料とする」ことを一つの研究方法として設定し、従来の文字史料に図像史料を加え、その意義付けを明確にした。当該研究での先駆けと言えよう。以後、これらの画報から当時の文字史料に探し出せない一般庶民の社会生活状況や文化思想面を抽出しようとする研究が、近代史研究者の中で次第に多くなってきている。中でも『點石齋畫報』を取り上げた論考著述が多く目に留まる。周知のように、陳平原と夏暁虹による論考や注釈はすでに当該領域における一定の評価を得ているが、それに続いて、黄孟紅や姚霏の論文がある。後者は P. Burke が提起した図像の「日常生活中の婦女」研究における重要な意義を踏まえて、「図像から史料：図像学方法の運用」として上海女性と都市空間を論じている。他に主題ではないが、羅蘇文は『近代上海　都市社会と生活』中で、当時の画像を多く取り入れ、効果を上げている(8)。

また論考ではないが、「幻想文学に対して特別興味をもっている(9)」と陳平原が評した中野美代子は、陳平原より早く『點石齋畫報』に注目して、武田雅哉と共に『世紀末中国のかわら版　絵入新聞『點石齋畫報』の世界』（福武書店、一九八九年）を編訳している。そこでは陳平原の取り上げ方とは違う、中国人が「摩訶不思議な世界」に「驚愕・興奮」する画像を取り出して、世紀末上海の人々の「世界像」を紹介した。武田雅哉の『中国乙類図像漫遊記』（大修館書店、二〇〇九年）は「酒を飲みすぎた人びと」と「モクセイの香り(10)」の二つの章で、やはり一般庶民の日常生活の中で失笑や憤りを買うものを集めている。文字によっては、到底、表現不可能と思われる当時の社会生活や人々の価値観を窺うことができる。

二　『圖畫日報』とそれに関する研究

1　『圖畫日報』について

本稿では、清末上海で刊行された三十種類の画報の中から、『圖畫日報』を選んで史料テキストとして見ていきたい。復刻版には、上海図書館所蔵の善本を定本として一九九九年に上海古籍出版社から出版された『影印 圖畫日報』（全八冊）と北京愛如生数字化技術研究センター作成のデジタル版があるが、本稿では前者を使用する。なお本文及び図には『影印 圖畫日報』の冊号と頁数を記す（例：第一冊第二三六頁を一—二三六とする）。

『圖畫日報』は一九〇九年八月十六日から一九一〇年八月（日付不明）までの間、上海の環球社から毎日、つまり日刊として刊行されていた。計四〇四号。毎号十二頁で、連載小説以外は殆どの頁が一、二枚の画像とそれに対する簡単な解説文からなっている。発刊の趣旨説明が記載されていないため、その意図は不明であるが、「中日両国の人士による共同刊行であった。」[11]

『圖畫日報』の全号にわたって掲載された欄は、「大陸の風物」「時事ニュース画」「新知識の雑貨店」「絵図社会小説」である。前半は、「上海社会の現象」「当代名人紀略」「中外新列女伝」「他市ニュース画」「本市ニュース画」「生業の写生」など時事ものや社会問題に関連する欄が多いが、後半では連載ものが多くなり、「庚子国恥記念画」「上海曲院の現象」「アヘン中毒の現象」「俗語画」「一筆画」などの欄が続いた。

また写生画で描かれている「上海の建築」や「上海の著名な商・金融業施設」欄には、後に取り壊されたり写真撮影されていなかったりしたものが多い。「上海社会の現象」や「生業の写生」欄は、当時の上海或いは中国の一般庶民の日常生活を知る上で貴重な史料として扱えるだろう。

各頁の上部の欄外には広告文があり、その内容のほとんどは漢方薬の広告だが、中には企業や日本人の医院、歯科医院、旅館などの宣伝広告もある。枠内の絵は「漫画」形式で描かれている。

辛亥革命前夜は、社会政治闘争が次第に激しくなり、民衆の時事政治や国家の前途に対する関心が高まり、時節の政治に切り込む画報は、非常に多くの読者を得た。『圖畫日報』はこのような時期の代表的な刊行物である。(12)

馮金牛の説明によれば、『圖畫日報』の特徴は日刊であること。時事性があって常に「漫画」形式で社会の悪習や官界の暗闇を風刺し、国家の多難さや時局の危うさを示して警世した。また多くの紙幅を割いて当時の社会生活や民間の習俗を描写するという社会性を有した。新興産業従事者や現実社会に生きる人々も実写している。史料価値の視点からも描かれた画像や解説文には写実性があり、信憑性が高い。特に上海の新旧の建築物や民間の習俗、文化生活などには、すでに失われてしまったものが描かれていて史料的価値が高い、という。さらに西洋列強の中国侵略を取り上げた「庚子国恥記念画」欄の思想性、「アヘン中毒の現象」欄などの警醒的な知識や科学性、「迷信」批判などに見られる進歩性を挙げることができる。(13)

更にその特徴を挙げるならば、各欄目において豊富な新知識を読者に与える一方で、読者が関心をもつ問題に対して、作者は自分の意見を投げかけて、読者のより深い考えを引き出そうとする意図が見える。解説文には硬さと柔らかさを兼ね備えて、題材も広く、他の史料などに捜すことができないものが多い。(14)

『圖畫日報』の特徴は当然のことながら画像と解説文にあるが、多くの作者はペンネームを用いているため、経歴など詳細が不明である。その中で注意を引かれることは「絵画部」に伊原太郎、「撮影部」に福井三島という日本人と推察される名前が載っていることである。(15)

2 『圖畫日報』に関する先行研究

『圖畫日報』に関する日本での先行研究は、管見によると多くない。福田忠之の研究ノート「清末上海のグラフ雑誌『圖畫日報』（一九〇九～一九一〇）に関する一考察」（神奈川大学日本常民文化研究所非文字研究センター『年報非文字資料研究』七、二〇一一年）及び沢本郁馬「『圖畫日報』影印版のこと――附：『圖畫日報』所載小説目録」（清末小説研究会『清末小説から』五七、二〇〇〇年）「『圖畫日報』影印版のこと　二」（『清末小説から』七四、二〇〇四年）がある。福田は上海図書館所蔵の『圖畫日報』を詳細に調べているところから、その史料紹介は必見であろう。

中国国内においては、前述した清末の図像研究で第一人者の陳平原が『図像晩清『點石齋畫報』の外』（東方出版社、二〇一四年）の中で、『點石齋畫報』との比較関連で取り上げている。徐小蛮「『圖畫日報』及びその文化史料」（『出版史料』二、二〇〇二年）は『圖畫日報』の全般的な紹介をしたうえで、「生業の写生」欄中の出版・販売に関係する部分を取り上げ、その特性を述べている。

女性を主題として『圖畫日報』を扱ったものには、陳衍和・林玫君・陳麗娥「清末上海『圖畫日報』〝女界〟運動片影初探」（『成都体育学院学報』四〇、二〇一四年）、葉至玲「清末上海妓女の生活形態――『圖畫日報』を例に」（『史苑』六七、二〇〇七年）、朱麗娥「清末上海の女性身影――『圖畫日報』を中心に」（『青春歳月』二〇一三年三月下）などの論考がある。

陳衍和・林玫君・陳麗娥の共同論文は、『圖畫日報』中に多く描かれている「団体」としての「女界運動」の図像に注目して、他の画報との区別をしている。そしてニュース性のある事件と公共空間における「上海女界の多様化した活動」を纏足、教育、体育運動の側面から取り上げている。また庶民の巷での話題を豊富に取り上げている『圖畫日報』には、妓女に関する記事が多いが、葉至玲論文はこの点に着目してその生活実態を論じる。朱麗娥の論考は『圖畫日報』の中から当時の上海女性の実態を垣間見ようとしたものである。

図１ 女性の過去、現在、将来（『圖畫日報』第10号９頁、『影印　圖畫日報』第1冊117頁。以下、後者のみを1-117のように記す）

図２ 女性の変化（昔、今、将来）（1-141）

三　『圖畫日報』に描かれた女性たち

『圖畫日報』に取り上げられた女性の内、最も多いのは妓女であるが、上述した葉至玲論文が専論としてあるため、ここでは取り上げない。

前近代において「家の外」に出る機会を制限された上層の女性たちは、やむなく「外」に出る必要に迫られた場合、男装して予想される非難や被害に備えることもあった[16]。アヘン戦争後、欧米各国の侵入によって、商人やキリスト教宣教師など外国人の生活習慣が徐々に上海などの港町から一般市民に伝わり、若い女性が「外」に出ることに対して次第に抵抗感が少なくなっていった。当時の上海を中心とした女性の生活実態は、諸方面で新旧入り混じり、変化の激しい社会の中で種々さまざまな様相を呈し、それらは「新知識の雑貨店」や「上海社会の現象」欄に多く取り上げられ、如実に描かれている。

「新知識の雑貨店」欄の寓意画「女性の過去、現在、将来」（図1）では、過去の「旧式の旗袍を着て家の中から簾を通して外を見るだけ」から現在の「新式の服装やおしゃれな小物（日傘やポ

図4　女も敏捷に脚踏車に乗る（3-43）

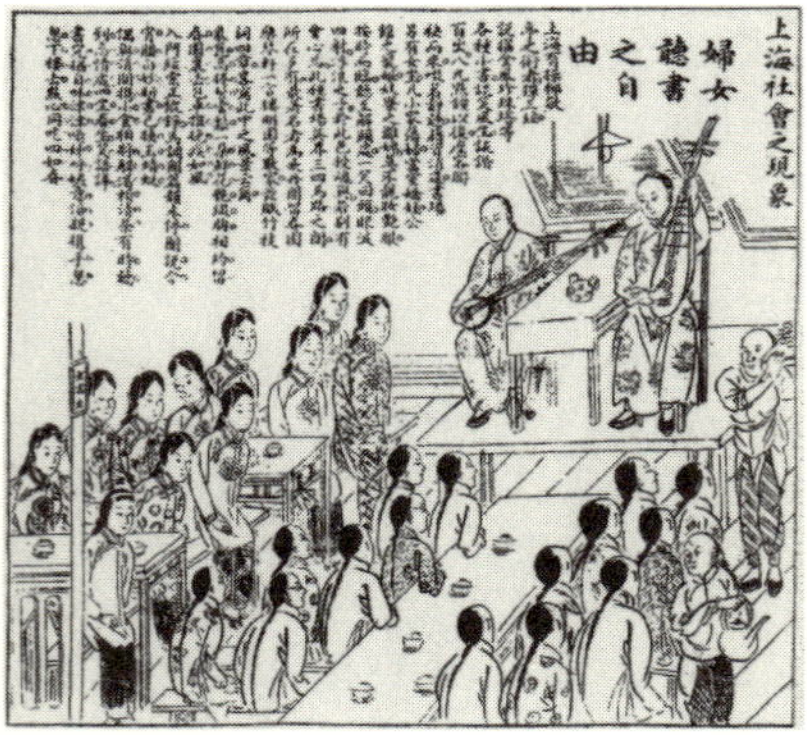

図3　女性が自由に講談を聴く（2-151）

図5　女党の勢力（1-359）

シェット）を持って人力車で外出できる環境」、そして将来の「男性と連れ立って、男性と同様な服装で往来を闊歩できること」を一枚の絵に描き出している。また同じ寓意画の「女性の変化（昔、今、将来）」（図2）では、「昔」の二人の女性は纏足の足を話題にし、「今」の二人はともに書を読み、「将来」の二人は銃を肩にして勇ましい直立姿になっている。不自由な纏足から闘う女性へ変わることを予想した絵である。

また女性たちの日常の変化を多方面から見たものとして、「上海社会の現象」欄に次のようなものがある。「女が自由に講談を聴く」（図3）は、娯楽の場所に女性の席が用意されていて、女性が「外」に娯楽を求めて出かけることが可能になったことを知らせる。「女が手軽にポシェットを手に外出する」（二—五九五）や「女も敏捷に脚踏車に乗る」（図4）は、外出の際の新しい洋風のポシェットや脚踏車（後の自転車のこと）が流行して、手軽に便利に利用されていることを描き出している。さらに「時事ニュース画」欄では「女党の勢力」（図5）や「女工と製糸工場」（三―二四〇）などで、女工たちが工賃の不払いや不足を工場経営責任者に対して訴え、陳情要求する画像が出ている。(17)

これらの諸階層の女性たちは、特定された思想や思惑の下で取り上げられたものではなく、現実の社会生活の中で目についたものをそのまま直截的に切り取って描かれている。この点においても、中国女性史に反映できる史料的価値を見出すことができるのではないだろうか。

四　『圖畫日報』の「生業の写生」欄に描かれた女性

「生業の写生」欄は創刊号から第二二八号（影印版では五―三三二）まで、毎号八頁目に連載された。「生業の写生」欄には「俗名三百六十行」とサブタイトルが付けられているが、三百六十行とは数多くのさまざまな職業生業を意味する言葉である。ここで実際に取り上げられた業種は四五六種、その内働く女性に関連したものは五十種で、その五十種をおおまかに「物作り二十七種」「物売り十三種」「雑業十種」に三分類した。そのほかに「買い物する女性」「見物する女性」も描かれていて興味をそそるテーマではあるが、ここでは働く女性に特定して見ていくことにする。

1　物作り

物品の生産や製作に従事する女性を、さらに次のように三分類してその仕事の内容と状況を窺う。①働きに出る女性たち　②家内工業的な作業をする女性たち　③家庭内で手作業をする女性たち。この分類は主として前述したジェンダー空間としての「家の外、家の内」を意識したものである。

①　働きに出る女性たち

新しい近代という時代の到来によって、若い女性たちは働き手として要請されるようになった。女性たちにとってその労働環境や条件が必ずしも良好なものとはいえないことは前掲の「女党の勢力」（図5）から明らかに見てとれる。次の「生糸選《よ》り娘」の竹枝詞にも工場で働く若い女工の辛い気持ちが込められている。

湖絲(18)阿姐年紀輕、祇揀湖絲不打盆(19)、揀絲究比打盆好、不使纖手受苦辛、
却怕天寒上工早、春宵苦短日易曉、小房子裏匆抽身、星眼朦朧廠中到

湖糸選りねえさんは年若く、糸選りだけで打盆はしない。糸選りは打盆よりまし。柔らかい手が荒れたりしない。でも寒い朝早くのお勤めは厭だ。春の宵は短く、短い日はすぐ明ける。小部屋で身支度、ねむい目に星がぼんやりしている内に工場に着く。（図6）

次は茶屋で茶葉選りをする結婚前の娘。茶葉選りは採ってきた茶葉の中に混じっている茎や花殻、ゴミなどを取り除く作業である。仕事がなく無収入よりはましだというほどの安い賃金だった。(20)

莫道女子無行業、天天茶店揀茶葉、揀粗揀細任人嘲、臉泛紅霞笑生靨、
茶葉如何可定婚、祇緣茶樹忌移根、阿奴尚未將茶受、可有郎來議結親

女に生業がないなんて言わないで。毎日茶屋で茶葉を選って働いています。大きい葉小さい葉、人に怒鳴られ、頬は赤らみます。茶葉次第で結婚が決まる。（中略）あたしにはまだいい男が結婚話をしに来てくれない。（図7）

三番目に挙げるのは、アヘン戦争後、洋務運動の中でも早期に設立された近代工業の先駆的なマッチ工場で箱詰め

をする女工。

火柴匣子紙糊貨、祇要玲瓏不必求堅固、匣中滿把火柴裝、各廠俱將女工雇、

女工作事最聰明、裝得火柴一截平、不少不多剛正好、宛如手内有天秤

マッチ箱に紙を貼る、きれいに貼りさえすればよい。箱満杯にマッチを詰めるが、どの工場も女工を雇う。女工は手作業が上手。マッチをきれいに平らに詰めて、多くもなく少なくもなく、まるで手に天秤を持っているようだ。（図８）

また第九十七号（二―五六〇）には繭の糸取りや羽毛工場での鶏毛選りをする女工などが、辛い作業に耐えながら安い労賃のために働いている。しかし、ここでは紗廠と言われた近代的な紡績工場で働く女工はまだ登場していない。次の②で挙げるように、女性たちは依然として家内工業的な作業に従事している様子が描かれている。後に「家の外」に巨大な女性空間を形成するようになる綿紡績業は、「工業化の開始が遅れたので、女工数は辛亥革命前には

図６　生糸選り娘（2-500）

図７　茶葉選り娘（2-500）

図８　マッチの箱詰め女工（4-536）

まだそれほど多くない[21]」。

②　家内工業的な作業をする女性たち

工業化が進んでいないない時代においては、ほとんどの産業が小規模の家内工業であったため、家族労働への依存度が高かった。棉打ち（二—一七六）、綿繰り（三—四四〇）、機織り（四—九二）などの綿紡績関連の作業は、家内工業として、女性の手に多くが委ねられていた。また他に「錫箔の艶出し」（五—三三二）作業も女性が担った。さらに男性家族とともに、或いはその補助役として、「製本（紙の折りたたみ、糸とじ）」（三—五二四）、蠟燭の芯作り（四—四四）などの作業も見られる[22]。

③　家庭内で手作業をする女性たち

衣類に関連するものでは、伝統的な刺繍、また男性の作業の補助的な「靴の縁かがり」（四—五一二）や「毛織り帽の縁かがり」（四—五一二）という軽い作業が描かれている。それに対して次の靴下の底布を切る作業は、力のいる辛い労働である。

襪底多發女工剪、毎日可剪千百片、剪刀軋軋指頭疫、磨得指尖起老趼、
老趼應從足趾生、女工偏向指尖成、熬辛剪得錢無幾、况値錢荒愁煞人

靴下底は女工に切らせる。毎日沢山切る、鋏でざくざく指が痛い。指先にタコができる。足にできるタコが、女工の指先にできる。辛抱しても労賃は幾らもない。（図9）

農村女性の麻紡ぎも伝統的なものだが、心底疲れる夜なべ仕事である。

郷村婦女夜績蔴、祗為欲將生計巴、瓦燈一盞暗禿禿、擘得蔴多眼欲花、
織成蔴布向人歎、此布近來銷場減、華人大半服洋紗、因甚全無愛國念

村の女は夜なべで麻紡ぎ、ただ家計の足しにと。薄ぼんやりの瓦燈（陶製のランプ）が一つ、紡ぎ疲れると目がかすむ。織り上げた麻布は褒められるが、近頃売れ行きが減った。中国人の服の大半が機械紡ぎの綿糸になった。全く愛国の思いがないためだ。（図10）

家庭内で手っ取り早くできる食べ物の加工には、女性家族の協力が求められている。竜眼の皮剝き（二—四六四）、タケノコの細切り（四—一八八）、もち蒸し（四—一八八）、豆腐作り（五—四四）と、さまざまな物を扱っていることが

図9　靴下の底布切り（3-236）

図10　麻 紡 ぎ（5-212）

分かる。

また女性向けの小物を作る手仕事もある。作っている物は髪ネット（三―九二）、付け髪（ヘアピース）（四―八〇）、口紅（三―九二）。そして珠の穴あけ作業（四―一五二）など。画像の様子からは作業を楽しんでいる風情がうかがわれる。恐らく最下層ではなく、中層くらいの女性が手内職として行なっていたのだろう。

2　物売り

「生業の写生」欄に取り上げられた女性の生業の中で、物売りはおよそ半分を占めている。この物売りは所謂天売で、店舗を構える類ではない。屋外での商行為であるため、商品の重量と移動手段によって売るものが限定されるためだろうか。女性一人だけの物売りでは、ジャスミンなどの花、真珠宝石類、塩、布、宝くじ、サンザシ飴、干したひまわりの種（二―二〇〇）、といった小物を扱っている。それらは重量が軽く、風袋が小さく、その上比較的収益率が高いと思われる品物である。ちなみに重量のあるニンジン（三―三八〇）、二十日大根（三―三八〇）、みず菜（三―五三六）、豚肉（四―一七六）、バナナ（一―三九二）などの小売りは男性と共に描かれている。

ここでは女性の物売りを、当時の社会状況に即して、①新しい時代の波に乗る女性たち　②旧来の慣習や社会の隙間で生きる女性たち、の二つに分類してみる。

①　新しい時代の波に乗る女性たち

清末、西洋文明が次第に生活領域にまで入ってくるようになったが、この新しい時代の風が吹いてくる中で、庶民の女性たちはどのように影響され、対処していたのだろうか。時代の大波に呑みこまれ、翻弄され、為すすべもなく時代に流されるだけだったのだろうか。『圖畫日報』は下層庶民の女性たちがしたたかに新しい時代を生きようとしている姿を描き出している。

花売りは、どの時代どの地域においても女性や子供の独占領域だが、ここで描かれているのは香りの良い花を手提げ籠に入れて、繁華街や酔客相手の花街ではなく、洋館の並ぶ高級住宅街で、買い手を探しているものである。

賣花賣花聲細長、珠蘭茉莉夜來香、筠籃一隻手中挽、出入公館與宅堂、

喊啞喉嚨少人買、祇因小姐奶奶多改文明妝、文明妝飾辮一條、不須花朵插鬢旁、

明朝多紮花球鈕子花、賣給文明女子送與文明郎

花はいりませんか〜、花売りの声がする。チャラン・ジャスミン・イェライシァン。手提げに入れて、お屋敷に行っては、のどを張り上げるがめったに買ってくれない。お嬢様や奥様方は文明オシャレになったから。文明飾りというのは、花を髪に飾ったりはしない。明日は花を束ねてボタンに作り、文明男子に贈るよう文明女子に買ってもらおう。（図11）

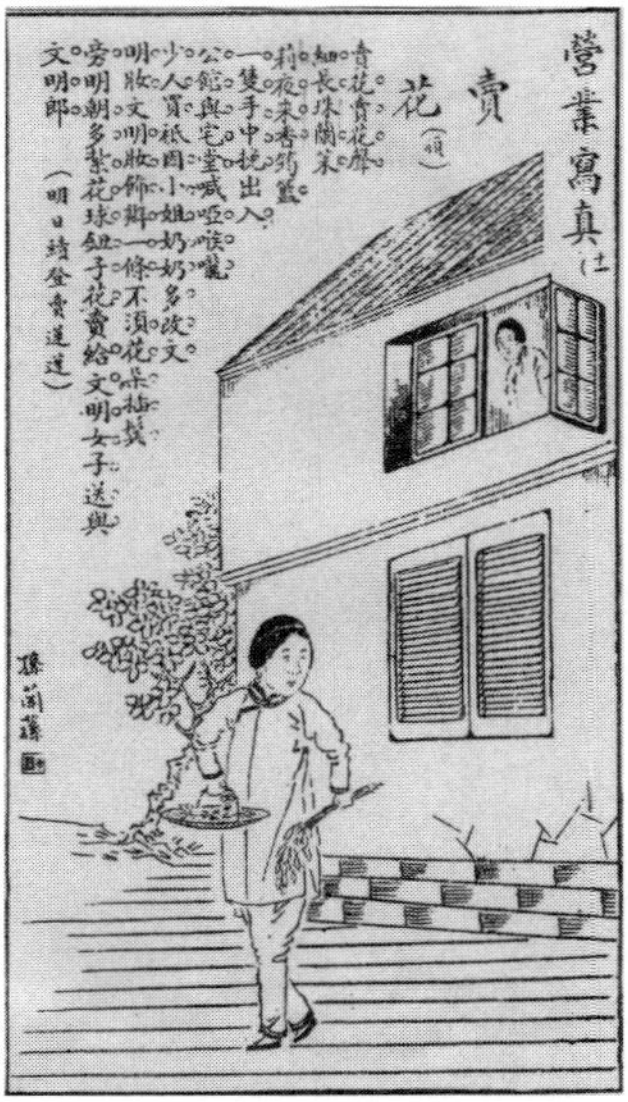

図11　花売り（1-68）

花売り女は花が売れなければ、何とか売れる算段をしなければならない。時代が変わったのだ。ハイカラな文明オシャレ、文明飾り、花ボタン（図3で胸元に付けている）[23]、文明男子に文明女子と、買い手が文明的になったのなら、売り物にも新しい「文明的な」工夫をこらそうとしている。また村の女も新しい時代に合った布を売ることを考え出す。

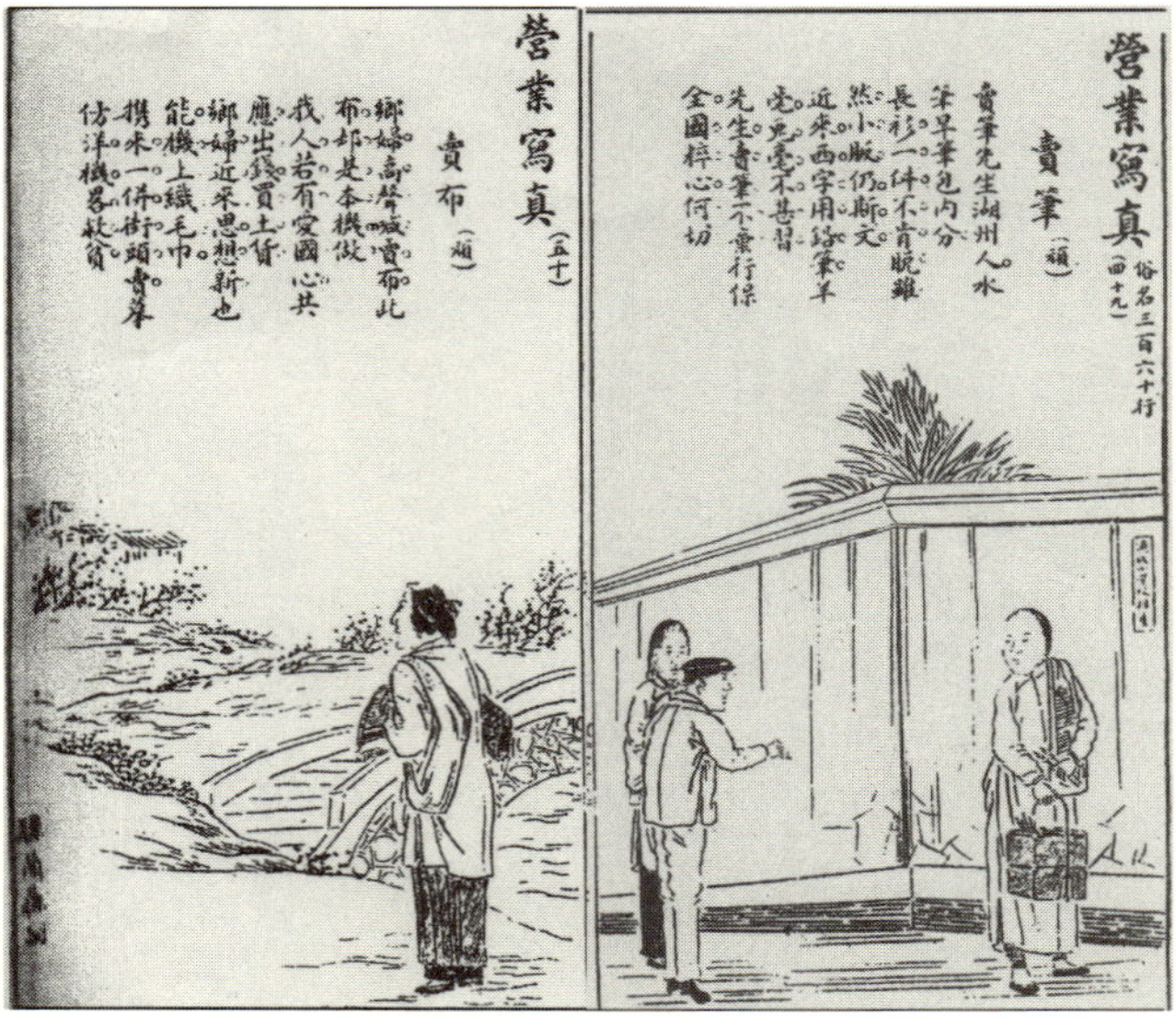

図12　左　布売り、右　筆売り（1-296）

郷婦高聲喊賣布、此布却是本機做、我人若有愛國心、
共應出錢買土貨、
郷婦近來思想新、也能機上織毛巾、携來一併街頭賣、
摹仿洋機略救貧

村の女は声張り上げて布を売る。国産の機織りで作ったもの。愛国心があるなら国産を買うべき。村の女は近頃新しい考えで、手ぬぐいも機で織って街で売る。外国の機に倣って救貧するのだ。（図12左）

この村の女は単なるふつうの布を売っているのではない。従来の機を使って、しかも時流を読んで西洋の日用品である手ぬぐいを織って、街に売りに出ているのだ。[24] 愛国とは「国産の機」で織って西洋に真似て金を稼ぐことだという。新しいものに向かっていこうとする女性を描いているが、興味深いのは、これと対照的な男性の物売りの様子が同じ頁にあることだ。

賣筆先生湖州人、水筆旱筆包內分、長衫一件不肯脫、雖然小販仍斯文、
近來西字用鉛筆、羊毫兎毫不甚習、先生賣筆不棄行、保全國粹心何切

筆売り先生は湖州の人、水筆（墨を含ませている）、旱筆何でもあり。長衫一枚脱ごうとしない。小商いでも優

雅なもの。近来西洋の文字は鉛筆で。羊やウサギの毛は使わぬ。だが筆売り先生は商いをやめない、国粋心を捨てられようか。(図12右)

新しい商いを積極的に試みる村の女に対して、商いの内容はもちろん服装も旧態依然のもので改めようとしない男性。洋装の男性に何と言われているのか、窺いかねるが、時流に乗らず頑固に旧来の小商いを続ける様子が風刺されていることが見て取れる。次の「サンザシ飴売り」には、男性の売り手とともに年配の女性も負けずに売ろうとしている様子が描かれ、竹枝詞には時代を反映した言葉が見られる。

山査開胃又消食、祗恨味酸不好吃、一有餳糖偏覺甜、況復價廉眞買得、
山査顆顆似紅頂、穿成串串成奇品、豈是近多賣官鬻爵人、紅頂纍纍賣不盡

サンザシは食欲が出て消化を助けるが、ただ酸っぱいだけで不味い。水飴をつければ何とか甘くなる。安値の声が出れば買得だ。サンザシの実は帽子の赤い玉のよう、串に刺せば珍品になる。近頃は官爵を売る人が多く、帽子の赤い玉の方は山積みで全く売れやしない。(図13)

図13　サンザシ飴売り(2-392)

サンザシ売りは特に女性の占有領域というわけではなく、若い男性の競争相手もいる。サンザシは何とか頑張れば売れるが、帽子の頂の赤い玉(清朝の官位の上位を示す)は、誰も買わない。清末には旗人の生活が困窮状態に陥り[25]、売りに出した高い身分を表わす官帽の赤い玉も

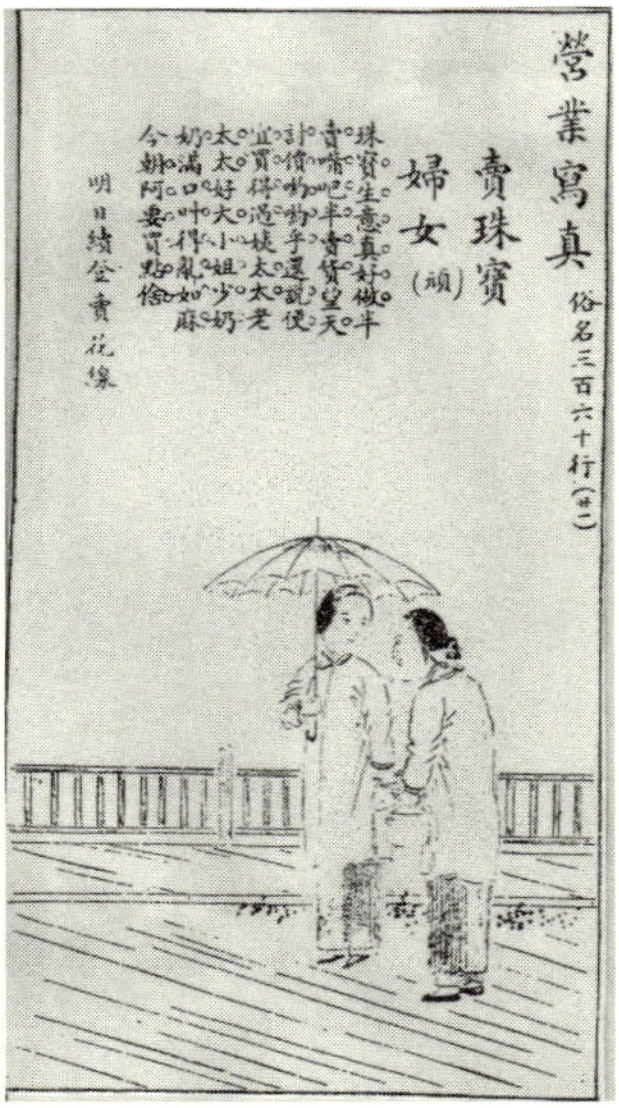

図14　真珠宝石売り（1-128）

街頭で売るサンザシのようには売れない、と比較されるようになってしまった。

②　旧来の慣習や社会の隙間で生きる女性たち

話し上手な女性は、口を「資本」に掛け値の高いものを売る。知り合いを頼りにネットワークを作って、下層男性には容易にできない中上層の家族に接近して、したたかさを発揮する。先ず挙げるのは金持ちの女性を相手にした「真珠宝石売り」である。

珠寶生意真好好做、半賣嘴巴半賣貨、望天討價喲喲乎、還說便宜買得遇、姨太太老太太好、大小姐少奶奶、滿口叫得亂如麻、今朝阿要買點倄

宝石売りは良い商い。口八丁手八丁、天に頼って掛け値する。たまたま安く買えるともちかけると、奥様方、お嬢様方、すっかり我を忘れて言う、今日は何か買わなければ、と。（図14）

売り手は半分口頼み、半分品物頼みだが、あれこれ値段の交渉で、相手もいろいろな立場環境の女たち。老いの若いの、奥様からお妾さん、お嬢様からお嫁さん、女性同士の気安さから次々におしゃべりしているうちに商いが成立する。口達者な女性にとっては良い稼ぎだ。同様に、女性の口上手がさらに生かされるのが次の「宝くじ売り」である。

先生買張發財票、嬌聲嚦嚦耳邊叫、頭彩尚在莫錯過、包賣票子包對號兜、票向來男子多、誰曉近來有女魔、宅堂公館多跑到、搜括資財可奈何

先生宝くじを買いましょうよ、と甘い声が耳元でささやく。一等賞はまだ残っているからチャンスです、一括売りで保証しますと。宝くじ売りは、以前は男が多かったものだが、近頃は女が屋敷までやって来て、財産を搾り取るとは、どうしたものか。（図15）

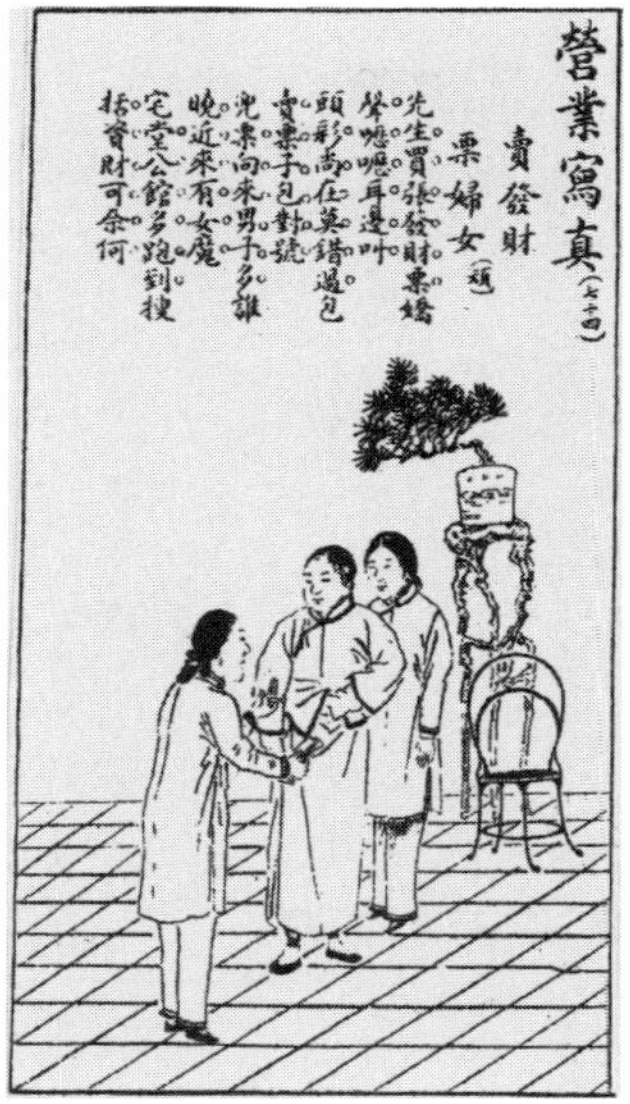

図15　宝くじ売り（1-440）

従来男性が売り子だった「領域」に、女性が半分色仕掛けで侵入していく状況を、竹枝詞の作者は快く思っていないのだろう。詐欺行為まがいだと警告を発している。

次の塩売りは下層女性の手堅い商いのひとつ。いかさまどころか違法でも、女性の確実な生きる糧であった。

鄉婦貧窮將鹽販、賣鹽賣鹽沿街喊、一斤祇賺幾文錢、犯法違條要吃飯、
鹽綱不振私販多、槍船林立起風波、寄語緝私須把私梟捉、莫捉賣鹽鄉下婆

図16　塩 売 り（1-236）

貧しい村の女は塩を売る。塩はいらんかね～街で叫ぶ。一斤売って僅かなカネ稼ぎ。法を犯しても食べなきゃならない。塩綱（塩船運送）不振で闇売り多く、槍鉄砲の大騒ぎ。密売塩の取り締まりだって、村の塩売り女は捕まえやしない。（図16）

３　雑　業

以上の分類に入らない、物を媒介とせず、持ち前の特技や演技によって稼ぐ生業を、次のように三分類する。①経験的特技を生かす女性たち　②遊芸に従事する女性たち　③ジェンダー的特技を生かす女性たち。

①　経験的特技を生かす女性たち

「生業の写生」欄には、自分の経験を元手に良くも悪くも世間に出て、口八丁手八丁で懸命に何とか生きる糧を得ようとする年配女性の様子が、軽妙に描かれている。それらは非科学的で、人の心理的弱みにつけ込んだ詐欺的行為だと非難されることが多いが、彼女たちは非難や批判も意に介さず社会の片隅でしたたかに生きているのである。

医学が進んでいない時代には、原因が解明されていない病気が多く、人々は治癒できるものなら何でも試してみようと、伝統的な民間医療者に頼っていた。その中には十分な医学的知識がなくとも、経験を「資本」に生業とすることができる者もいた。次の「ひきつけ治し婆さん」は、そのような民間医療者の一人である。

推驚老太婆、實在搶花多、急驚慢驚隨口説、居然自命小兒科、
不但推驚兼切脈、糊糊塗塗用驚葯、吃了不死造化多、小命一條真拾着

ひきつけ治し婆さんは、実にたぶらかしが多い。急性とか慢性とか出まかせを言う。自称自任の小児科で、脈

もとり、でたらめ加減でひきつけ薬を飲ませる。飲んで死ななきゃ運が良い。小さい命が救われる。（図17）

一旦悪くなると自然には治癒されない虫歯に、当時も多くの人が悩んだことは推測できるが、次に挙げる生業は現在の社会には見られなくなった「歯虫とり」である。[26] 清末にはすでに男性の歯科医は存在していて、街頭ではこの「歯虫とり女」の商売敵となって、店を広げている。

阿要捉牙蟲、捉去牙蟲牙不痛、阿要捉牙蟲、滑頭牙蟲蠕蠕動、
西醫發明齒科學、牙痛無蟲却有藥、西洋鏡被拆穿、從此騙錢騙勿着

歯の虫を退治しますよ、捕まえりゃ痛くない、ホラ、捕まえた、ずるい歯の虫がムズムズ動く。西洋医学は歯科学を発明、歯痛は虫のせいじゃなく効くのは薬。いかさまがばれたら、騙し取ろうにも騙せなくなる。（図18）

次の「産婆」は、古くから女性に委ねられた、数少ない領域の専門職である。

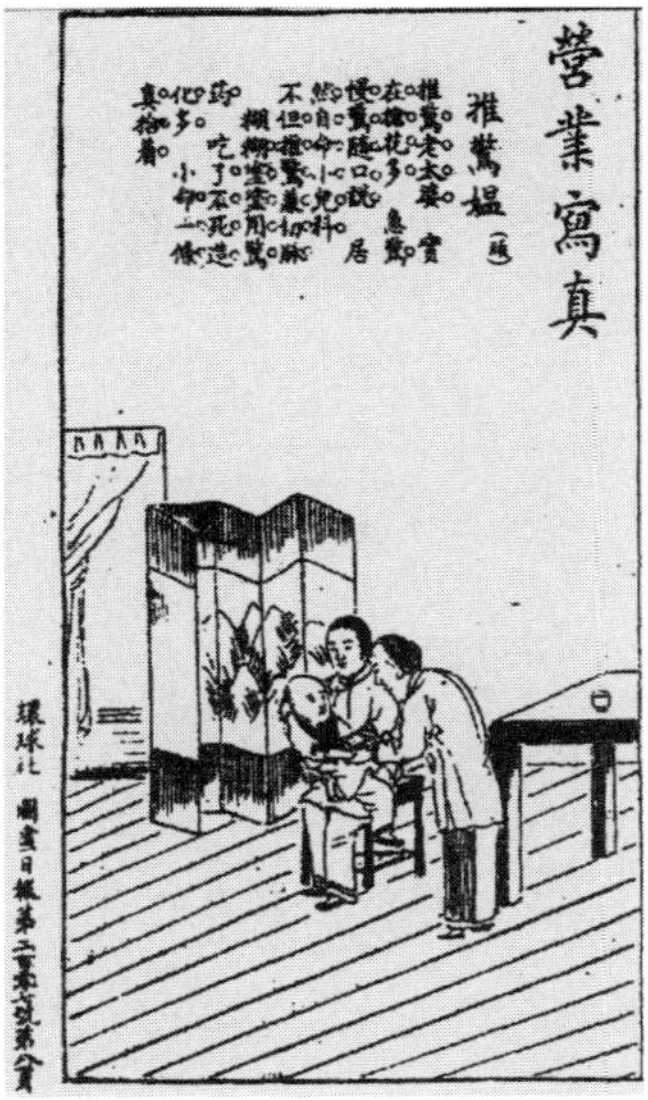

図17　ひきつけ治し（5-80）

図18　歯虫とり（1-236）

図19　産婆（4-596）

積祖收生手段好、難産能將産母保、半夜三更喊出門、
風雨雪落也要到、
最好生意養私孩、幷替無恥婦女硬打胎、傷天害理都不
怕、一心祗要洋錢來

代々赤子の取り上げがうまい、難産でも良く産婦を救う。真夜中でも声がかかれば出かけ、雨風を厭わず駆けつける。一番金儲けができるのは私生児で、無知の女に堕胎させ、天理に背くも怖くない、ただひたすら金が欲しいだけ。（図19）

ここでは経験を積んだ「取り上げ婆さん」を先ず職業人として讃え、その腕の良さと昼夜、状況をかまわず駆けつける優れた即応性を挙げる。次に世渡り上手として、法を犯すことも意に介さず、闇の堕胎処置をして、したたかに稼いでいる現実を揶揄している。

これら以外にも、旧い習俗や迷信性による行為を生業とする者がいる。たとえば死者の霊を呼び戻す巫女である女性の霊媒（一―五六〇）は、男性の占い師（一―五六〇）と同様、旧社会から続く代表的なものである。祈禱や霊媒、占いなどは広義のメンタルケアとして、当時の女性たちに受け入れられたのだろう。

前近代社会の中で女性が自分の生業をもつことは困難であった。しかし、ごく少数の女性は限られた範囲ではあったが、このように「家の内外」のジェンダー空間を利用して、自分の意志で自由に活動していた。それはあくまでも、中上層の規範に縛られた家庭の女性ではなく、下層の女性たちである。前述した民間医療行為を生業とする女性は、所謂「三姑六婆[27]」と呼ばれ、産婆を除いたほとんどが、まやかしやたぶらかしの類と見られた。清末にいたってこれ

らの「三姑六婆」に類する生業は、それぞれの竹枝詞の文言に見られるように近代化、文明化、西洋化された視点で批判され風刺揶揄されながらも、社会の片隅でなおも存在し続けていた。しかし以後、西洋医学の受容が進み、近代医学教育の恩恵に浴した男性が医療分野の中心となり、旧来の民間医療の再編成などが行われていく。それに伴って、これらの下層女性の生業は非難蔑視され、徐々に近代的な医師や助産士に再編されていった。姚毅『近代中国の出産と国家・社会――医師・助産士・接生婆』（研文出版、二〇一一年）では、近代化の過程における産婆をめぐる諸問題に焦点を当て、ジェンダーの視点から医療従事者を分析考察している。

②　遊芸に従事した女性たち

「三姑六婆」が年配女性の領域だとするならば、若い女性にとっての生業を計る場所は、にぎやかな商業地域や享楽場所であった。『圖畫日報』の刊行された時期には、商業界の店員や接待係に若い女性の姿はまだ見られない。唯一、享楽・娯楽場所が彼女たちに生業として与えたものは妓女であった。「家の外」の世界では、『圖畫日報』においても妓女が多く登場している。「家」や社会の規範の外に置かれた妓女は、特にこの時代においては、進取の雰囲気の恩恵を十分に受け入れられる環境に居た。ほかに、アヘン館や茶館などで下働きや給仕として女の仕事があったが、(28)いずれも「生業の写生」欄に取り上げていない。また歌舞音曲に従事する女性芸人も同様に描かれていない。(29)女性の曲芸師として「綱渡り」と「はしご抜け」（ともに四―三六八）が取り上げられているが、どちらも纏足での曲芸であることを強調している。

③　ジェンダー的特技を生かす女性たち

繕いものや洗いものは下層女性の独占的な生業であった。彼女たちは、「家の内」でのジェンダー役割分担である

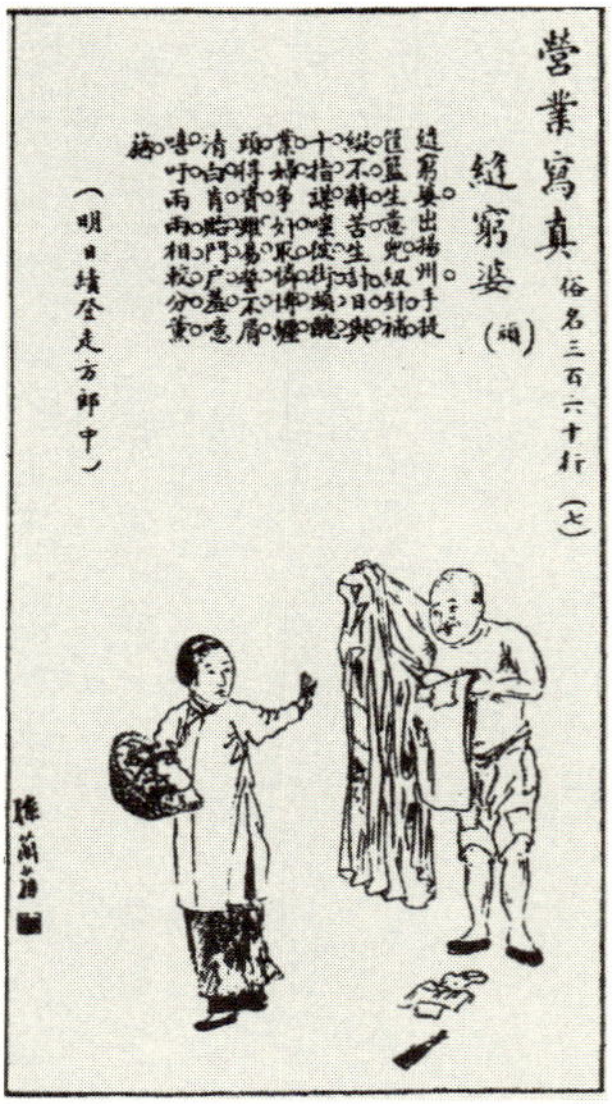

図 20　繕いもの（1-44）

図 21　洗いもの（4-500）

衣服の繕いや洗いを、「家の外」で行うことによって生業とした。繕いは針と糸さえあれば街角でも座ってできる。また洗いも農村から出てきて何の元手も頼り所もない女性にとって、何とか生計を得られる生業であった。当時の上海等の街角の写真にも[30]、繕いものをして小銭を稼ぐ貧しい女性の姿が見られる。

縫窮婆、出揚州、手提筐籃生意兒、紉針補綴不辭苦、生計日與十指謀、嗤彼街頭醜業婦、
争奸取憐博纏頭、得資雖易誓不屑、清白肯貽門戸羞、噫嘻吁、兩兩相較分薫蕕

繕い女は揚州から、籠を手にして仕事する。針刺しつぎ当て、苦労を厭わず。暮らしを十の手で図る。街角の醜業婦をあざ笑う、働かずに哀れを受けて心付けを貰うことを。金を手にするのが易しいからと身を汚したりはしない。門戸の羞じを残すのは明らか。あ〜あ、両方を比べて善と悪とに分けてくださいよ。（図20）

毎日替人洗衣褲、得錢好把飢寒度、又須擔水又提漿、貧婦自嗟苦難訴、
冬天洗衣手欲僵、夏天洗衣汗如漿、羡煞鄰家有錢女、四時新製好衣裳

毎日人のために衣服を洗い、飢えと寒さをしのぐ。水汲み糊付け、貧しい女は苦難を訴える。冬は寒さで手がこわばり、夏は汗でべっとり。隣の金持ち女が羨ましい、一年中新品をあつらえている。（図21）

添えられている竹枝詞には、「外」での辛い仕事をせず楽をして金稼ぎをする売春婦を軽蔑し、働く必要のない豊かな暮らしをしている女性たちを羨む気持ちが代弁されている。一方、同じ下層女性でも、次の、腕に特技をもつ髪結いや顔剃りは、中、上層家庭に出入りして、仕事や人間関係を巧みにこなす。人を雇える裕福な家庭の中国女性を怠け者と揶揄しているのは、竹枝詞の作者が啓蒙主義的な男性ではないかと推測される。

梳頭傭、手段工、替人梳頭真玲瓏、又光又快又時路、梳好西家又梳東、
中國婦女真懶惰、説起梳頭暗歎苦、自己有手不肯梳、情願出錢把人雇

髪結いは腕が良い。すっきり髪を結う。つやつやすべすべハイカラに、あっちの家こっちの家で髪を梳く。中国女は怠け者。髪を結うのは辛いというて、自分の手で結おうとせず、金を出しても人を雇いたい。（図22）

図22　髪 結 い（4-80）

図23　顔 剃 り（4-500）

喜嬪帶剃面、第一嘴靈便、看見老爺太太笑迷迷、請安恭喜將錢騙、
有時剃面不操刀、祇將布線拔毫毛、手輕贏得闔人喜、毛面開光白更嬌

喜嬪かみそりを持ち、第一声はすばしこい、爺さん婆さんにニコニコと、ご機嫌伺いながら金を騙し取る。顔剃りにカミソリ使わず、布線で産毛を抜き、そっと閨の人を喜ばせる。（図23）

おわりに

『圖畫日報』の各頁は、見る者にアヘン戦争後の中国大陸に、西洋文明の波がひたひたと押し寄せてきたことを知らせる。この押し寄せてくる西洋文明を一般庶民にまで知らせ浸透させようという意図、或いはすでに浸透している状況を描き出している。その一例として、清末にはジェンダー空間が変わり始め、前述したように『圖畫日報』はその変化を「女性の過去、現在、将来」という寓意画にしている。過去の女性は簾の奥で、現在の女性は人力車でお出かけ、将来の女性は流行の金縁メガネをかけて男性と同じ服装で一緒に往来を歩く。また「男女七歳にして同席せず」とされたものが、「外」の娯楽場で、男女別に座席が分かれてはいるものの、同じように楽しむ光景が描き出されている。

このように『圖畫日報』には「家の内外」での女性を多く取り上げているが、それはみな家庭や社会の中で、問題視されたもの或いは話題性のあるものに限られる。新聞という時事性とニュース性を求められる媒体での史料であるから、ごく平凡なありふれた日常生活を直截的にそこから見出すことは困難であろう。しかし本稿で取り上げた「生業の写生」欄は、実際の生活を維持するための生業側面から描き出したものである。そこでは空間としての「男は外、女は内」は、必ずしもジェンダー規範とされていない。下層の庶民にとって働くことは老若男女を問わなかった。

上層の女性は男性家族に依存して生活できるが、下層の女性は自分と同様に貧窮している男性に依存することはできない。元手となる「資本」は自らの身体（体力、女性性、容姿）と規範に束縛されない「自由」であった。彼女たちはこの「自由」を資本の一つとして「外」での生業を図ることができた。しかし他方で、社会における男性優位、「男女の別」の観念は、この「生業の写生」欄にも明確に現れている。生業の内容から、中心的な主作業、労賃が高いもの、力仕事、職人的な技能を要する「匠」は男の領域、ということが明らかに写し出されている。

また『圖畫日報』では、女性が新しい文明に積極的で、旧い風習に対しては変化を求める様子が描き出されているが、それと対照的に下層の男性像は「後ろ向き」「現状維持的」なものが多い。例えば女性の「布売り」は従来から使っている機で西洋の手ぬぐいを織って売るが、同じ「布売り」でも男性の方は纏足用の足を縛る布を売って、顰蹙を買っている。(31) 一般社会に対する風刺や諧謔の精神を効果的に出そうとした結果であろうか。

管見によると、従来の多くの中国女性史研究において、多様な生業で働く下層の女性を扱ったものは多いとは言えない。例えば、纏足解放（運動）は、中上層の女性に係るものであり、纏足してもらう余裕もなく「家の内外」の労働に従事した下層の女性には無縁であった。纏足解放と同様に「女学」の振興も、中上層の女性が対象であった。階層／階級を特定化して論ずることは、ややもすると見過ごされやすい。また家庭や社会の片隅で平凡に生きて、歴史の中に埋もれている女性を掘り起こし焦点を当てる作業は、史料の制約もあり簡単ではない。

同様に、従来の近代中国女性史の中では、工場の女工に関して、おしなべて新しい女性群の誕生と捉え、その労働者としての新しい社会的地位に注目し評価することが多い。だが邵雍の『中国近代婦女史』においては、女工の背景や当時の非難的な目を、画像とそれに添えられた竹枝詞から抽出して、新たな視点を加えている。(32) このように本稿でも試みた、画像を史資料とすることによって、従来見えていなかった女性像を見出し、歴史の中に紡いでいくことができるのではないだろうか。

注

（1）羅蘇文『近代上海　都市社会與生活』（中華書局、二〇〇六年）一四七頁参照。

（2）前近代において多くの女性は自分自身の名前をもたず、特定の男性にとっての母、妻、女（むすめ）としての存在でのみ認められた。

（3）上中下の階層区分については、李長莉『晩清上海社会的変遷――生活與倫理的近代化』（天津人民出版社、二〇〇二年）二八頁参照。また「上海婦女生活之調査篇」（『婦女時報』五、一九一一年）では女性を三階層に分け、上等社会のは「太太、奶奶、小姐、姨娘」、中等社会のは「経紀人家之妻女、開店娘娘、清節堂寡婦、（郷間的有把犁鋤之健婦）」、下等社会のは「傭婦、縫窮、船婆、漁婦、揀茶、調絲、負販（賣珠、販塩、賣菜、賣蛋）、隠婆、喜娘、師巫、算命、尼姑、妓女、丐婦」をそれぞれ挙げ、中下等社会の女性は自立自活を求めていることを説明する。

（4）「男学生調戯女学生」（『影印　圖畫日報』二―一〇七）や「冒充女学生之荒誕」（同書、一―三一九）等に見られる。

（5）注（3）「上海婦女生活之調査篇」。

（6）竹枝詞とは楽府「近代曲」の一つ。巴渝（現在の四川省東部）一帯の民間歌謡を、唐の詩人劉禹錫（七七二～八四二）が湖南省朗州に左遷せられ新詞に改作したものが始まりとされている。その面白い調子と音律の良さから流行。唐代にはもっぱら巴蜀（四川省）の風景を歌い、宋の蘇東坡（一〇三六～一一〇一）以後はその地の風土を、元の楊鉄崖（一二九六～一三七〇）になると男女の情事を歌いこむようになった。清末には西洋文明・文化に触れて、多方面で新しいものに対する驚嘆や感嘆を詠んだ「時事竹枝詞」が多く見られる。孫燕京『晩清社会風尚研究』（中国人民大学出版社、二〇〇二年）七六頁参照。七言絶句の形式と通俗的な言葉、軽快な音調がその特徴として挙げられる（『漢語大辞典』『中国学芸大事典』）。

（7）熊月之・張敏「晩清文化」（熊月之主編『上海通史 第六巻』上海人民出版社、一九九九年）四九四頁参照。

（8）陳平原・夏暁虹編注『図像晩清『点石斎画報』』（百花文芸出版社、二〇〇一年。東方出版社、二〇一四年）。陳平原の序文は「以「図像」解説「晩清」――『図像晩清』導論」（『開放時代』二〇〇一年五月）。黄孟紅「従『点石斎画報』看清末婦女生活形態」（未見）、姚霏「従図像看晩清上海女性與城市空間――兼論図像学在歴史研究中的運用」（『上海師範大学学報（哲学社会科学版）』四一―四、二〇〇一年）。Peter Burke, *Eyewitnessing : The Uses of Images as Historical Evidence*, N.Y. Cornell Univ. Press. 2001（楊豫訳『図像証史』北京大学出版社、二〇〇八年）。羅蘇文は注（1）。

（9）注（8）陳平原の序文。
（10）「モクセイの香り」とは糞尿の匂いのことで、人々の排便・排尿をテーマとしている。
（11）史和等編『中国近代報刊名録』（福建人民出版社、一九九一年）二二四頁。
（12）馮金牛「序」『影印 圖畫日報』一～二頁。
（13）注（12）馮金牛「序」四～七頁。
（14）注（7）熊月之・張敏「晩清文化」四八七～四九三頁参照。
（15）注（11）『中国近代報刊名録』二二四頁。
（16）注（1）。
（17）『圖畫日報』の刊行時期前後は、女工の工賃・雇用に対する争議が多く引き起こされた。羅蘇文『女性與近代中国社会』（上海人民出版社、一九九六年）三〇三～三〇六頁及び高暁玲「上海女工與近代上海社会」（邵雍等『社会視野下的近代上海』学林出版社、二〇一三年）参照。
（18）湖絲とは浙江省湖洲市特産の蚕糸で、白く柔らかで品質がよく、国内外に広く販売された。白絲ともいう。湖絲阿姐は製糸女工を意味した。揀絲とは良い生糸を選ぶ作業のこと。
（19）打盆とは煮繭索緒すること。製糸工場では十二、三歳くらいで盆工になり、一日中繭を煮て、糸口を取り出す作業をし、次に繰糸をおぼえる。末次玲子『二十世紀中国女性史』（青木書店、二〇〇九年）四五頁参照。
（20）郭松義『中国婦女通史　清代巻』（杭州出版社、二〇一〇年）八一～八二頁。
（21）注（19）『二十世紀中国女性史』五〇頁。
（22）男性家族の補助作業を担う女性は中層に属する。注（3）「上海婦女生活之調査篇」参照。
（23）当時流行っていた「花ボタン」は、生花や絹で作った造花を束にして大きな球状にしたもの。「上海社会の現象」欄の「男女共懸鈕子鮮花之時道」（三―二九五）に、文明男子や文明女子が胸元に付けた画像がある。
（24）旧式の機で布を織り、自分で売りに行く女性について、張源遠『性別與国家 晩清江浙地区女性公共人化研究』（中国社会科学出版社、二〇一三年）二〇一頁においても言及している。
（25）王琴『女性職業與近代城市社会』（中国社会出版社、二〇一〇年）三七～三八頁参照。
（26）「街頭抜牙」（沈寂・張錫昌編著『老行当』上海古籍出版社、二〇〇二年）四四頁、「街頭牙医」（同書）四六頁。

(27)「三姑六婆」の三姑とは尼、女道士、女占いをいい、六婆とは人買い女、病気治し女、仲人を生業とする女、巫女、やり手婆、産婆をいう。
(28) 注(1)『近代上海　都市社会與生活』一五一～一五二頁参照。『點石齋畫報』では、妓女のほかにアヘン館で働く女給仕や女中を描いている。
(29)『圖畫日報』は、妓女に関しては「上海曲院の現象」の特別欄、芸人に関しては「三十年来伶界之拿手戲」の欄を設け、連載して女伶(芝居の女役者)や女唱書(寄席の歌い女)の盛んなもて方も取り上げている。「女書場之熱鬧」(一―二五九)を参照。
(30)「縫補衣服」「補衣服」注(26)『老行当』六一、六七頁。
(31)「売寧波脚帯、売包脚布」(二―一〇三)参照。
(32) 邵雍『中国近代婦女史』(合肥工業大学出版社、二〇一三年)四二～四三頁。

近代中国の女子学生
——図像と回想による考察——

石川照子
須藤瑞代

はじめに

中国は列強の侵略に対し、清朝末期から改革に着手して生き残りの道を模索し、辛亥革命を経て王朝体制から中華民国という共和制国家へと生まれ変わった。その後も近代国家建設への苦難の道は続くのであるが、その過程で街の姿は変貌して各地に近代都市が出現し、新しい人々の登場を促すこととなった。それは女性たちも例外ではなかった。その「新しい女性」の代表の一つが、女子学生という存在である。(1) 彼女たちは、「生家から半歩足を踏み出しながら、まだ婚家を持たないモラトリアム期」にあって、「血縁のない同世代の少女たちが集団生活を送る場」、すなわち女子学校での生活という、当時としては特異な経験をした女性たちであった。(2)

こうした女子学生は、一九二〇年代にはその華やかで健康美にあふれた写真がグラビア雑誌に数多く掲載され、モダンガールのイメージと重ね合わされた。一方、彼女たち自身は自らの母や祖母とは異なる「新しい」女性となることを期待され、自らも模索していた。この他者によるイメージと自己によるイメージは、互いに関連しつつ、「新しい」女子学生像を構築し、またそれを変容させていった。

これまで、中国の女子学生については、女子教育研究の中で論じられることが多かった。中国の女子教育に関する研究は多いが、女子教育思想や教育制度等に重点が置かれる傾向が見られる。(3) 女子学校・女子学生に関しても、杉本史子による研究など(4)を見ることができるが、女子学生そのものに対する研究は、日本の女学生研究(5)の量と比較して相対的に少ない。日本の女学生研究は、その女学生たちが体現していた「女学生文化」とその社会的位置づけという文化史的観点からの考察が大きな特徴である。(6) しかし中国の女子学生については、特に五・四運動時期以降の各種政治運動・社会運動の主体としての女子学生に焦点を当てていることが指摘できる。(7)

そこで本稿では、中国の女子学生に対して従来の研究とは異なる分析視角をとり、「図像」と「回想」という二つの視点から、当時の女子学生を立体的に捉えることを試みたい。他者によって表象された図像としての女子学生像と、女子学生本人たちが卒業後に書いた自らの学生時代の回想――いわば「自画像」(8)――には、他者／自己による写真(図像)／文章(言説)による表象という相違点はあるが、両者は互いに関連しつつ当時の女子学生イメージを提起していたと考えられる。また、図像においても言説においても一九二〇～三〇年代前半と、一九三〇年代後半ではその表象に明確な変化が見られることに着目し、その要因と特質を明らかにする。史料としては、図像については上海で発行された雑誌『良友』画報を中心とし、回想については『婦女雑誌』および『上海婦女』を主たる史料とする。さらに、こうした「新しい」女性イメージが構築されていく陰で、彼女たちが現実に直面していた苦悩や葛藤の不可視化というプロセスも進行していたことにも着目し、「新しい」女子学生の多面性をさぐる一助としたい。

一　一九二〇〜三〇年代前半の『良友』画報の女性表象

1　女子学生という存在

本題にはいる前に、女子学生の出現した背景について確認しておきたい。

近代中国においては、十九世紀後半から欧米のキリスト教系女子学校がいくつか建設され、女子近代教育の先駆となった。[9] 梁啓超[10]ら初期の女子教育推進派の意見をうけて、一八九八年に経元善らが経正女学（のち、中国女学堂と改称）を上海に創設したが、変法運動の失敗のため短期的なものに終わった。しかし中国人による女子学校教育の推進は一定の流れとなり、一九〇二年に上海に愛国女学が設立されるなど私立の女子学校が各地に設立された。続いて一九〇七年には「女子小学堂規則」「女子師範学堂規則」が公布され、ここで、女性の公的な教育が正式に規定され、学校体系が導入された。こうした流れの中、女子学生数は徐々に増え、「表1」に見られるとおり、一九二〇年代初めには女子中学生と女子師範学校生の総数が約一万人に上っていた。[11] また、既に女子学生が入学していた教会大学に加えて、北京大学等の国立大学も女子学生を受け入れるようになっていった。[12]

こうした女子学生たちの家庭的背景は、多くの場合恵まれていた。女子学校は良家の子女のみを募集対象と想定しており、入学の条件として、本人も家族も清廉で一定の学業の基礎を身につけていること、条件に適合した保証人による保証があることを定めていることが多かったためである。[13]

一九二〇年代以降も、女子学生は数的には増加の一途をたどったのだが、養成された女子学生の質には疑問を呈する声もあった。たとえば、『婦女雑誌』編集者の章錫琛《しょうしゃくちん》[14]は、『婦女雑誌』の「女学生号」（特集号）の中で、次のように述べている。

表1　1922～23年女子学生人数分布一覧表（※教会学校をのぞく）

地区	女子中学校（校）	女子中学生（人）	女子師範（校）	女子師範学校生（人）	総計	
					女子学校数（校）	女子学生数（人）
京兆	5	823	2	271	7	1094
直隷	1	46	5	635	6	681
奉天	2	154	5	413	7	567
吉林	–	–	1	151	1	151
黒竜江	1	35	1	116	2	151
山東	1	92	2	365	3	457
河南	–	–	1	187	1	187
山西	–	–	5	813	5	813
江蘇	9	953	9	770	18	1723
安徽	–	18	2	402	2	420
江西	–	–	1	108	1	108
福建	1	111	1	177	2	288
浙江	1	120	8	541	9	661
湖北	1	186	1	136	2	322
湖南	1	86	9	771	10	857
陝西	–	–	1	50	1	50
甘粛	–	–	2	49	2	49
新疆	–	–	–	–	–	0
四川	–	–	6	498	6	498
広東	1	468	2	193	3	661
広西	–	–	–	–	–	0
雲南	1	157	2	40	3	197
貴州	–	–	1	38	1	38
熱河	–	–	–	–	–	0
綏遠	–	–	–	–	–	0
察哈爾	–	–	–	–	–	0
総計	25	3249	67	6724	92	9973

出典：喬素玲『教育與女性――近代中国女子教育與知識女性覚醒（1840～1921）』（天津古籍出版社、2005年）59頁の表の一部を抜粋。

中国の女子学生は、全国の女子の中の極めて少数である。実際、四万分の一にも満たない。[15] 現在この四万分の一の女子学生の大多数は酔生夢死的な非識字者となんら変わるところがない。我々は女子教育に対していかなる希望があるのだろうか。[16]

章錫琛が、このように嘆いたのは、同号で林文芳の指摘するように、現在の女子学生はただ「入学を求婚の第一歩として、結婚して奥様となることを日々渇望している（妾でもかまわない＝原注）[17]」ためであった。女子学生が、自らの生活の安定のみを目指すのであれば、国家に役立つ人材を確保すべく女子教育をした意味がない。そのため林文芳は、「女子学生自身が女子教育の破産を宣告している一つの表れではないか[18]」と苦言を呈している。

それでは、当時の女子学生の生活状況は、具体的にはどのようなものであったのだろうか。女子学校に職を得て二年になる人物は、女子学生たちの生活の様子について次のように述べている。

〔女子学生はおしゃれ好きで、おしゃれに〕最も熱心になるのは土曜日の午後です。ははは、おかしいですね。彼女たちは土曜日の午後と日曜日は、服装に気を配るだけではなく、ハンカチも真っ白に洗って、髪もつやつやにとかし（中略）白い靴を履いている人はもちろん真っ白に洗うし、もともと眼鏡をかけていないひとも、土日となれば眼鏡をかけます。ハイヒールも履くのです。[19]

また、彼女たちはご飯は少食だがお菓子をつまみ、男性と電話での長話も多かったとしている。若い男性が会いに来ることもあったが、面会者リストには「従兄弟」と書いてある場合が多かったという。交際相手と推定される男性を「従兄」などと申し出ることは、日本に留学していた中国人留学生の事例にも見られるため、[20] この場合の「従兄弟」も交際相手であった可能性が高い。この記事の執筆者も、「もしや女子学生にはとりわけ従兄弟が多いということなのでしょうか」とやや皮肉をこめて述べている。

こうしたおしゃれに気を遣い、「自由恋愛」を楽しむ態度は、当時上海を中心に登場していた「モダンガール」と呼ばれる若者群の行動として指摘されるものでもあった。当時、モダンガールへの批判の矛先は、彼女たちの①外貌面（チャイナドレス・ハイヒールなど流行ファッション）、②行動面（ダンスホール、男性の部屋などへ出入り）、③性・恋愛・婚姻面（嬌態、恋愛至上など）、④消費面（外国商品・化粧品など）の四点に向けられていた。[21] 女子学生の行動で問題とされたのも、この四つの側面に準じている。

このように見てくると、女子教育は中国の国家的近代化・富強に重要であるとする教育推進側の意図とは裏腹に、女子学生たちは自分の人生の快楽・安楽のみを求めているとみなされ、問題視されていたことが分かる。

2　『良友』画報に見る女子学生の表象

女子学生とモダンガールとの親近性は、女子学生の図像表象においても見出すことができる。[22]

一九二六年から一九四五年まで上海の良友図書印刷公司から刊行された『良友』画報には、数多くの女子学生が登場する。『良友』画報はグラビア雑誌であるという性格上、その記事の主体は写真であり、それにキャプションを付しているのが基本形である。この『良友』画報における女子学生の表象について、一九二〇年代から三〇年代前半までを概観してみよう。

まず、ほとんどの号を女性たちが彩った表紙は、『良友』画報の顔ともいえるものだった[23]（図1）。当時新しい娯楽の主役となりつつあった映画の女優や著名人の夫人たちと共に、女子学生が表紙を飾ることもあった。確認できるだけで一九二八年から三一年までの間に十人の女子学生が登場しており、特に二九年と三〇年はそれぞれ四人を数えた。彼女たちの所属する女子学校は、中西女塾、愛国女学、崇徳女学校、清心中学、東南体育学校、復旦大学など名門学

図１　『良友』の表紙を飾る女性（『良友』100、1934 年）

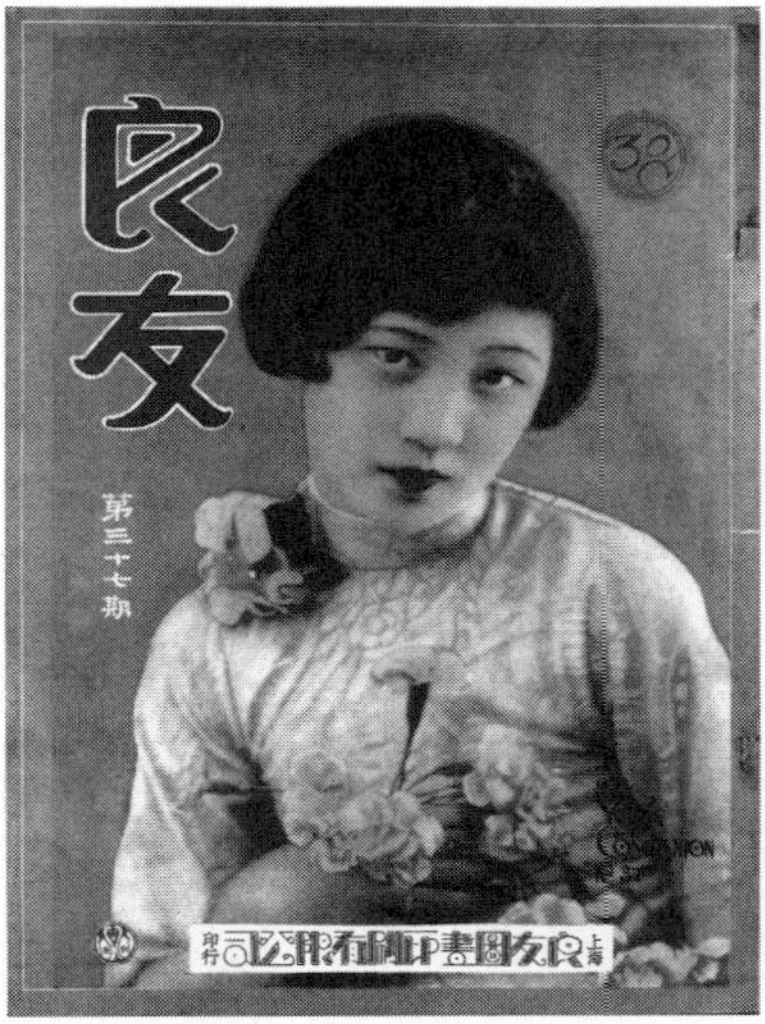

図２　上海崇徳女学校のミスキャンパス馬淑貞女史（『良友』37、1929 年、表紙）

校であった（図２）。

女子学生が表紙を飾ることができたのは、『良友』画報の編集者たちが、表紙を飾る一般女性たちを広く募ろうとしていたためであった。たとえば、一九三五年七月号の読者投稿欄に、友人の女性たちを撮影して表紙に掲載したいのだがという読者の質問が寄せられており、編集者側はそれを歓迎する旨の答えを示している[24]。しろうとはいえ、映画女優と共に「新しい女性」の典型であった女子学生が表紙を飾ることによって、編集者たちは『良友』画報が大衆消費社会をリードする新しい雑誌であるという印象を、強く際立たせる効果を期待したと推測される。

表紙以外にも女子学生たちは、「女皇、校花（共にミスキャンパスといった意味）」「名媛」「閨秀」という形で、あるいは女子学校の卒業式の集合写真という形で登場している。これらは、美しい女優たちの写真と同様、華やいだ誌面を演出するのに一役買っている。

女子学生の表象が女優たちのそれと異なる点としては、とりわけその「若さ」「健康美」がクローズアップされ

図4　ラインダンスをする女子学生（『良友』90、1934年、21頁）

図3　飛び板の上の体育学生（『良友』49、1930年、33頁）

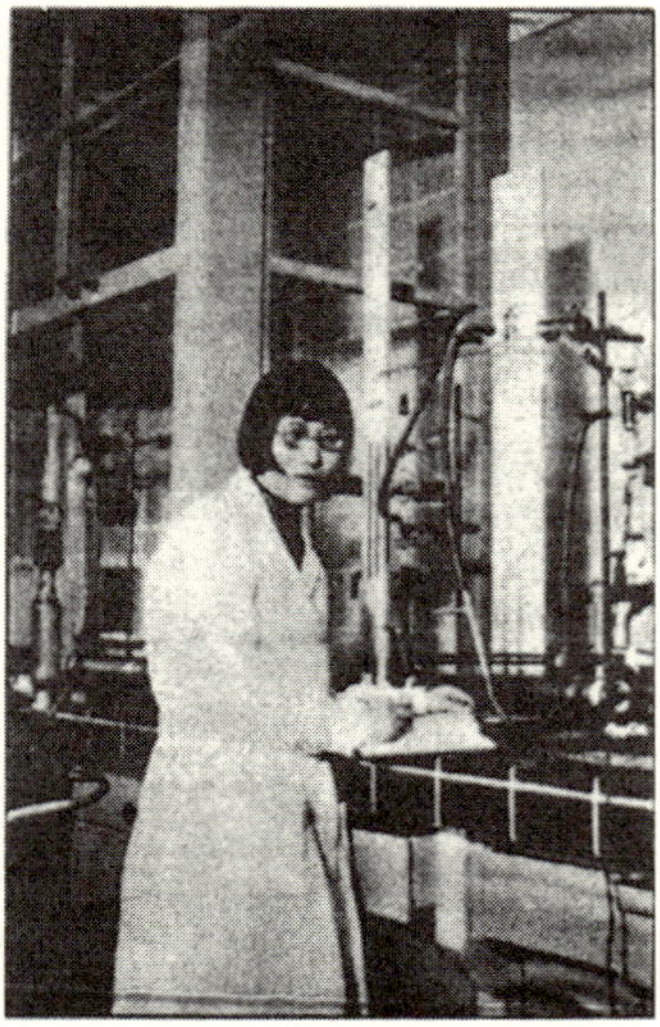

図5　化学実験室の謝女史『良友』51、1930年、30頁）

る傾向があったことを指摘できるだろう。『良友』画報に最も多く掲載された女子学生関係の記事は、体育・スポーツに関するものなのである。各学校や市等の地域主催の各種運動会・スポーツ大会や競技試合で躍動する女子学生たちの身体を、誌面は余すところなく伝えている。登場する種目もバレーボール、バスケットボール、ソフトボール、テニス、競走、走り高跳び、徒手体操、デンマーク体操、水泳、武道、ダンス等、実に多彩である（図3・4）。

のびやかに自由に動かすことのできる身体は、纏足によって拘束された旧来の女性とは全く違う「新しい女性」を表象するものであり、そうした姿こそ健康で美しいものだとして提示されている。[25] 前述したように、表紙にもスポーツ姿の女性たちがしばしば登場しているが、特に水着をまとった女性たちの表紙は多い。腕や脚をあらわにすることは、伝統的規範の中に生きた女性たちには考えられないことであったが、『良友』画報の女性たちは読者にその健康美を惜しげもなく見せつけたのである。

女子学生たちの身体による表現は、ダンスや演劇にも見ることができる。伝統的な舞踊、モダンダンス、団体演舞等で全身を使って、女子学生たちは若い自身の意志と想いを表現している。また、大学の劇団に属して、あるいは学校の遊芸会に出演して京劇・伝統劇、話劇・新劇、歌劇、英語劇を演じている記事もしばしば登場している。(26)

このように、一九二〇〜一九三〇年代前半の『良友』においては、女子学生はその若さと健康美を強調する表象がなされていたと言えるだろう。もちろん、こうした女性の「美」に焦点を当て、読者の目を引きつける写真が全てであったわけではなく、勉学に励む女性についての記事なども散見される(27)(図5)。

二　『婦女雑誌』にみる女子学生時代の回想（一九二〇〜三〇年代前半）

女子学生たちの若さと健康美は、いわば「他者」からの表象の対象となっていたが、それでは女子学生自身は、どのようにして「自己」を表象したのだろうか。同じく一九二〇〜三〇年代前半の時期に、元女子学生たちが雑誌に発表した回想にみられる「自画像」を見てみよう。

まず、『婦女雑誌』（一一—六、一九二五年）には、「女子学生時代の回憶」として、全十篇の回想が寄せられている（表2参照）。『婦女雑誌』は、一九一五年から一九三一年まで上海商務印書館から刊行された、当時としてはもっとも長期間にわたって刊行された女性向け雑誌であった(28)。全刊行期間中、女子学生を特集した号はこの号のみである。

回想執筆者は一九一〇年代後半から一九二〇年代初頭に学校生活を送ったと考えられる人が多く、卒業後三年以内が四名、十二年経過した人が一名、その他は正確には不明である。卒業後教員になった人二名、主婦になった人一名、再び学生となった人一名で、その他は明記されていない。

表2　「女子学生時代の回憶」記事一覧（『婦女雑誌』11―6、1925年）

作者名	タイトル	学歴	卒業後年数	現在の状況
SY	「一年前の生活」	中学校	1年	
一笑	「炉端の昔話」			
玖女士	「些細な印象（瑣細的印象）」		2年余り	教員と推定される
顧恵	「夢をもう一度」	県立女子師範学校	2年	上海愛国女学校文科に在籍
碧若	「四度の変化」	女子師範学校		
寒梅女士	「小学校から高等師範学校まで」	蘇州の女子師範学校、北京女子高等師範学校	2年半	一時期教員
菲菲	「落花（落花）」	女子師範学校附属小学校、W中学校、女子師範学校附属中学校に転校、W公学		
孤鴻	「西窓夜話」	私立師範学校、高等師範学校	12年	封建的家庭の主婦
孫愛絲	「昔のこと」	A校		
李誠齋	「手遅れ」	女子師範学校		

投稿者たちの記述の仕方は、自らの記憶に残るエピソードを列挙するもの、友人との対話の場面を想定するもの、物語形式のものとさまざまである。内容は、入学・進学、勉強、先生、学生生活、友達、卒業後および現在の状況などにわたっている。

これらの記事でまず目につくのは、彼女たちが家族の支えによって、勉学への希望を持って学生生活へと進んだという記述である。たとえば、寒梅女士(29)は、日本にいた父が手紙をよこして勉強を勧め、兄が蘇州の女子師範に申請を出し(30)、試験をうけて姉とともに合格した。旅立ちの日には、親戚や隣近所の人々がみな姉と私を見送ってくれたが、母に「今は全く時代が変わってしまった、おじょうさんたちも勉強に行くなんて。こんなに小さいのに、あ

なたはなぜ娘を遠くに行かせてしまうのですか」と言う人たちがいた。母は黙して語らなかったという。(31)

また、孤鴻は十二歳で学堂にはいったが、姉から手紙がきて城内の学堂に行くよう勧めてきたため、城内の私立師範に入学した。家族は旅立ちを見送ってくれ、名を挙げて帰ってくるよう励ました。日本にいた兄は手紙をよこし、卒業したら日本に留学するよう勧め、将来は国家のために力を尽くし、女界のために一筋の光を放つようにといい、日本では下田歌子がいかに熱心に教育しているか、ローラン夫人がいかに革命に従事したかなど、たくさんの話を書いてきたという。(32)

このように女子学生たちは、家族の支えのもと、真面目な向学心を持って女子学生としてのスタートを切ったのである。

続いて多くの記述が割かれているのが学生生活である。

親元を離れての学生生活は、最初は寂しいと感じた人もいたようだが、(33)基本的には楽しいものであった。碧若は、同じクラスで女子師範を受験した六人のうち一人だけ合格し、故郷を離れて都会の生活に入り、「愉快な雰囲気が私の周りに満ちあふれているようだった」と回想している。(34)一笑は、〔寄宿舎では〕みんな寝るのが嫌で寝ないでいて、学監が宿舎にきたのを聞きつけるとベッドに飛び上がって布団をかぶって寝たふりをしたエピソードを楽しく思い出している。いたずらが好きな子、遅刻ばかりの子もいたという。(35)

県立女子師範に入った顧恵は、友達とおしゃべりしたり、運動場で踊ってみたりと楽しかったことを思い出している。(36)孫愛絲は、手をつないで歩くなど、同級生同士でとりわけ仲良くなる人もいたと述べているが、これは日本の女学生の「エス」(37)と同じような、一過性の同性愛的な現象であったのだろう。(38)

学校の授業科目の中で、数学が嫌いだったとする女子学生は多かった。(39)SYの回想では、クラスメイトは数学の先生を見ると、悪魔にでもあったかのようにおびえた。あるとき数学のY先生が病気になったという話をきくと、女子学生たちはみな躍り上がって喜んだという。(40) 碧若は数学のテストの前の晩に劇を見にいって宿題をすっかり忘れてしまい、翌朝教室についたらみなテスト勉強をしていて仰天してしまった。しかたなく適当なことを書いて提出したら、さんざんなできばえで、翌日先生に怒られたと述べている。(41)

厳格な先生もいたが、親しみやすい先生もいた。ＳＹは授業にきたのに学生たちとおしゃべりに夢中になる英語の女性教師の先生を懐かしく思い出している。(42) また、孫愛絲の学校にいた「陳先生」には髪がなかったので、学生たちが「鮑二《ボール》」というあだ名をつけた。(43)

このように快活で楽しい学生生活をいきいきと思い出して語る彼女たちであるが、卒業後、および現在について筆が及んでいる回想では、そのトーンは一転する。李誠齋は、女子師範に行ったが学年があがるにつれて人数が減っていき、その退学の原因の多数は結婚であったとしている。彼女たちは不自由な境遇に入って家庭の奴隷となり、なんの発展もできない。李誠齋は、「無駄に食べて死を待つのみの生活に何の意味があるのか」と慨嘆し、人は自立すべきで、もっともっと学問を求めなくてはと思うのに、すでに卒業が来てしまって間に合わなかったことを激しく後悔している。(44)

寒梅女士は、一九一九年に設立された北京女子高等師範学校(45)の国文部に編入試験を受けて入学した。(46) その卒業のとき、彼女や同級生には、本省の女学がふるわないから自分で興したい、あるいは女学をこんなふうに改革してみたいなど多くの希望があった。しかし卒業してから今まですでに二年半が過ぎ、振り返ってみるとこの間に何を成し遂げたと言えるだろうか。「黄金時代の学生生活を再び味わうことはもうできないのだ」。共に遊んだ友人の「大半は妻となり母となり、その本分を変じてしまった。あのときの雄大な志はいったいどこに消えてしまったのだろうか」(47)と嘆いている。

孤鴻は、友人に語るという体裁をとって、自分は高等師範に進めたのだが、半年いただけだった、兵隊たちがしょっちゅう学堂に来て騒ぐため、解散せざるを得なくなったとし、このとき「私の一生の志はおしまいになってしまった。楽しい人生はここで終わりを告げ、憂いの人生がここから始まったのだ」[48]と語っている。この後、「悪運の神が私を専制的な家庭に送り込んでしまい」、十二年も囚人のような暮らしをして現在に至っていたのだ。「私の魂はすでに死んでしまった」と悲嘆に暮れる彼女を前に、その友人は声もなく涙を浮かべるばかりであった。

以上のように、『婦女雑誌』に掲載された回想の特徴として、いきいきとして楽しく希望に溢れていた女子学生時代の「自画像」とは対照的に、卒業したのちの現在については苦悩と不安に満ちたものとしてとらえていることが挙げられる。学生時代について、光り輝くまさに「黄金時代」として回想しているのだが、それは卒業後の苦悩と不安に満ちた時代から照射されることによって、より輝きを増して描かれているように思われる。

女子学生たちにとって、卒業後の進路選択は、初めての大きな壁であった。彼女たちには、結婚以外の選択肢をどのように模索すれば良いのかという苦悩が根深かったことは疑いえない[49]。彼女たちは、生家から出て、女子学生としての集団生活を送ることで一種の開放感と自己改革の意識とを持っていた。しかし、卒業によってこうした期間・場所から離れることはすなわち、夢や志を共有する相手を失ったことを意味する。そして、教員などの職業に就き得た事例をのぞいては、彼女たちの回収先はほぼ「婚家」以外に見つからなかったのである[50]。

彼女たちの現在の「自画像」が暗く悲しいのは、自らを、また同級生たちを新しい人生に導くはずであった女子学生としての経歴が全く通用せず、旧態依然たる結婚という落としどころ以外に活路が見いだせない絶望感の故である。まさにそれに直面している時期に、かつての女子学生としての生活を振り返って書かれた回想であったことが、強く作用していると考えられる。

また、私的な記録である日記などとは異なり[51]、ここで紹介した回想は全て、『婦女雑誌』編集者によって取捨選択されていることも、一定程度考慮に入れる必要があるだろう[52]。章錫琛ら当時の『婦女雑誌』の編集者であった人物の中には、教員として教育にも携わってきた人もいた。彼らは、雑誌の読者に含まれるであろう女子学生もしくは女子学生の家族に対して、あるべき女子学生の姿を提示するという目的をもってこの号の編集を行っている。(53) したがって、学生生活は楽しいばかりで、卒業後は「奥様」になって気楽に過ごしている、といったような女性の投稿は、あったとしても排除されている可能性がある。

しかし、そうした編集方針を考慮に入れたとしても、女子学生たちは、決して単なる結婚願望しかないおしゃれ好きな女の子ばかりではなかったことが、彼女たちの回想から見えてくる。彼女たちは確かに学生生活を楽しんでいたが、寒梅女士のように卒業後は自分たちの手で女子教育を推進したいという希望を抱くなど、学校で学んできたことを社会に役立てることを夢見ていたのだ。しかし結局そうした希望は叶えられずに、結婚して家庭に閉じ込められる結果になり、絶望感にさいなまれていた。彼女たちにとって女子学生時代とは、現在においては憧憬するしかなくなった過去の黄金時代だったのである。

『良友』における表象と比較してみると、『良友』も『婦女雑誌』も明るく美しく楽しげな女子学生というイメージで、一見矛盾はないように見える。しかし、そのまなざしには大きな違いがある。『良友』において、他者によってなされた図像表象は、女子学生の若さと健康美をアピールし、読者の目を引きつけ憧れをもたせるよう構成された表象であった。一方『婦女雑誌』における、元女子学生たち自らによる表象としての回想に現れる女子学生像は、もはや手の届かない自らの過去への憧れだったのである。

三　一九三〇年代後半の『良友』画報の女性表象

しかし一九三〇年代後半になると、表象にも大きな変化が見られ、単に明るく楽しいだけの女子学生イメージは大きく変容する。『良友』画報には、様々な政治・社会運動へ女子学生たちが参加する姿が報道されるようになる。特に九・一八事変（満洲事変）を経て日本の軍事侵略が本格化し、やがて日中全面戦争という事態に至ると、女子学生関係の報道で最多となるのは、こうした運動に参加する女子学生たちの記事であった。女子学生たちは、たとえば孫文総理逝去記念植樹、清潔運動、ガールスカウト、救護・看護活動、兵士の慰労、代書活動、農村教育、生産活動等へと、その活動の場を大きく広げていったのである。

特に冀察政務委員会設立の動きの中で、日本による華北分離の危機に反対して起こった一九三五年の一二・九運動の主体は学生たちであった。北京の学生たちから始まったデモ行進は東北部、そして全国へと広がり、全国主要都市で学生の集会、デモが行われた。三六年五月には全国学生救国連合会が上海で結成され、学生たちの運動は農村部も含めて、広範な階層へと広がっていった。その過程で大量に動員された警察や軍隊は放水、棍棒、大刀、銃剣で運動を阻止しようとして、多数の負傷者、逮捕者を出した(54)。そしてその中には、女子学生たちも含まれていた。『良友』一一三期（一九三六年）は六頁の特集を組んで、全国から運動に参加する学生たち、警察や軍隊と衝突して負傷し入院中の学生たちの様子を多数の写真によって伝えている（図6）。

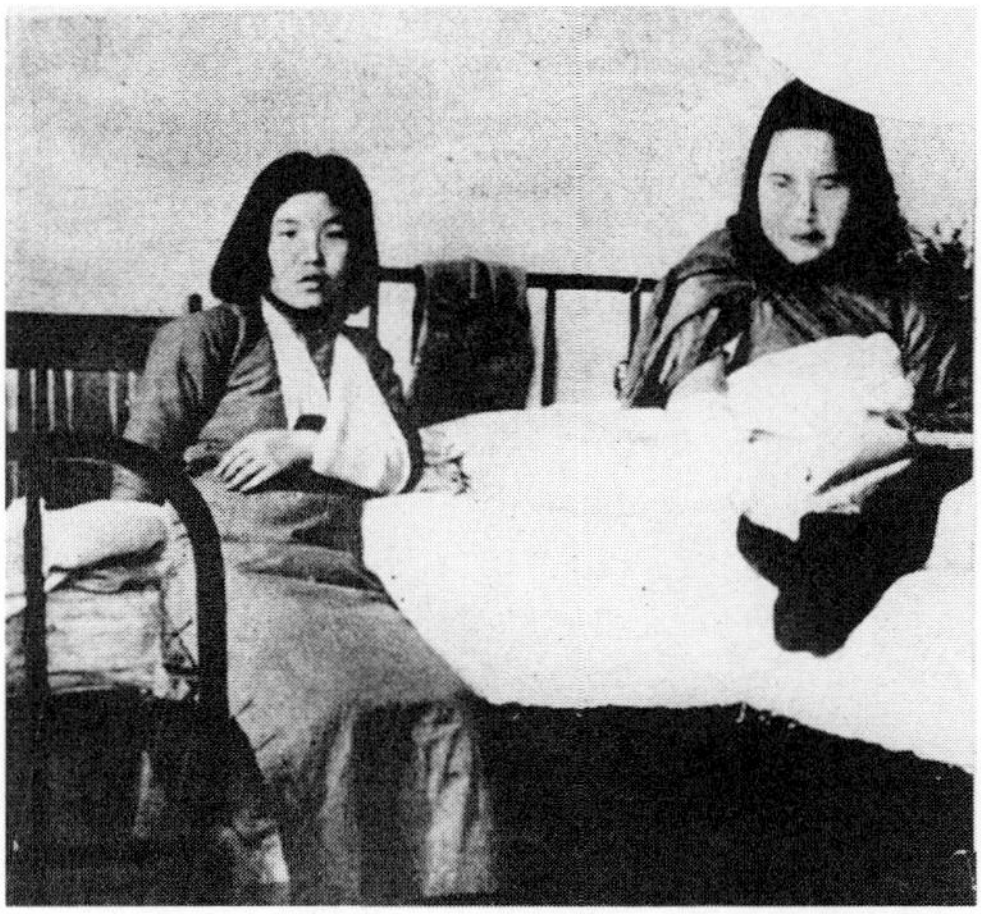
図6　デモで軍警と衝突して負傷した北平(北京)の学生（『良友』113、1936年、8頁）

写真はデモ行進の後に負傷した北平（北京）の女子学生たちの姿であるが、負傷者は百数十人に達したとされている。女子学生たちは運動の後方支援に留まらず、その最前線で男子学生と共に闘う存在として表象されている。

日中戦争が全面化すると、女子学生たちの運動参加の中心は救国活動となり、さらに軍事的役割も担うこととなった。

沿海部の学生たちの多くは学校の内陸移転に伴い中国内陸部に移動して、雲南、広東、湖北、広西、四川、桂林、昆明、重慶、延安等各地で現地の学生たちと共に抗戦救国活動に従事することになった。しかし辺境の地に行った者も含めて学生の本分である学問を忘れたわけではなく、「読書不忘救国」と題する記事や、(55)空襲警報の中でも防空壕で勉強を続ける昆明市の女子学生の写真等が掲載されている。(56)活動と勉強を両立する「読書救国」が、学生たちのめざすものとして示されたのである。

やがて、日本の侵略が深まり祖国が戦場と化してゆく中で、敵と戦うことが全民族挙げての課題となると、女子学生は国民の一員として武器を手に闘う主体として期待されることとなるのである。

日中戦争が全面化する直前において、女子学生たちは既に軍事訓練を開始していたが、(57)全面戦争開始後には桂林、広東、広西等で女子学生軍が組織され、機関銃訓練等各種の軍事訓練を受けた後、前線へと向かい実際に哨兵等の任務を果たしたのだった。(58)

そして『良友』は、「中国の旧式の女子はみな家があることしか知らず、国家があることを知らなかった。抗戦軍が興った後は、時代が人の思想を、家を捨て従軍するよう変えることとなり、女子軍を組織した当局は意外な効果というものを得ることになったのだった」(59)と記して、女性たちの活躍を評価した。さらに、

中国の民族解放闘争の中で、多くの女性たちは戦時の要求に対応する為に、苦難の中で自身を訓練しさらに多くの群集を訓練しに出かけた。「戦幹団」の女子学生隊が明確な例であるように、彼女たちは女性たちの伝統的

図７　戦う女性たち――「戦幹団」の女子学生（『良友』165、1941年、20頁）

> な桎梏から抜け出して、大きな時代の猶予できない責任というものを毅然と受け入れたのである。統一された意志と集中した力によって、軍隊の政治訓練を強化し民衆の武力を充実させ、武装した人々を作戦に配置させる指揮を執っている。それぞれが典型的な女性の新しい姿で自身の持ち場に現れて、抗戦建国の為に大きな仕事を背負っているのである。(60)

として、女性が軍事においてもその指導性を発揮することを強調し、旧来の女性性に基づく役割からの脱却を手放しで称賛している（図7）。

このように、一九三〇年代後半の『良友』画報の誌面には、それまでとは一転して祖国の為に率先して銃を執り勇ましく戦う女性たちといった姿が数多く掲載されるようになった。ここにはもう単に若さや健康美をアピールするような姿勢は見られない。武器を執り戦うという、女性性よりはむしろ男性性に傾いた姿が理想とされている。ここには、当時の女性たちが直面していたであろう問題をジェンダーの視点からとらえる記事は見られない。当時の女性たちが目指すべきは「戦う」姿であり、国家への貢献であるということを、読者に印象づけようという明確な姿勢が見いだせるのである。

四　『上海婦女』に見る学生生活の回想（一九三〇年代後半）

それでは、元女子学生たちの自己イメージにも変化は見られるのであろうか。『婦女雑誌』は一九三一年に停刊しているため、一九三〇年代に『上海婦女』に掲載された回想を例として取り上げたい。『上海婦女』は、一九三八～四〇年に刊行された、当時『新女性』『婦女生活』と並ぶ代表的な女性向け雑誌の一つであった。[61] その刊行時期は、上海が日本軍に占領された、いわゆる孤島時期（一九三七～四一年）と重なっている。

『上海婦女』には、第三巻第十一期（一九三九年）に「学生生活回憶特輯」が組まれているが、ここに掲載されているのは四篇のみで断片的な記述が多いため、一九三八～三九年の『上海婦女』に点在する元女子学生の学生生活に言及する記事を総合的に分析する。これらの回想の作者は、当時の知識人女性たちで、『上海婦女』の編集や執筆にも携わっている人物が多い。また、『婦女雑誌』掲載の回想と同様、一九一〇～二〇年代初めに学生生活を送った人が多いことが推測される。

彼女たちの回想の傾向として、自らの人生と国家的な出来事とを関連させつつ語る場合が多い。たとえば朱文央は、辛亥革命のあと、故郷の海塩に女子学校が創設され、このときから自分も学校教育を受けられたと述べている。[62] 白之も、一九一二年の双十節のあと試験を受けて三女師（同年設立の湖南省立第三女子師範学校）に入学したという。[63] 三女師の康校長は女権運動に尽力した唐群英の同郷の同志で、同じく日本で同盟会に入った人であり、学校の経営方針も改革的だったという。[64] 彼女たちは自らの経験を中華民国建国という中国近代史の大きな流れの中に位置づけており、学校の改革的方針についても肯定的に理解を示している。

学生生活についての記述も、楽しかったエピソードではなく、自分がまじめで先進的であったことを述べている場合が多い。たとえば一九一二年に普通師範に入った碧梧は、二人の姉妹と何人かの激烈な人物とともにいつも「風潮」[65]の中心だった。なにかというと教員、校長を追い立て、省政府に電報をうち、かごに乗って地方官に請願に行くなどしたという。また一九一四年に、衡陽に駐留していた袁世凱の軍が、ある夜に学校を取り囲んだ上、侵入してくるという事件があった。このときは、兵士が壁を乗り越えたときに、女管理員の劉先生がすばやくベルを鳴らして学生たちを起こしたので、彼女たちは倪嗣冲治下の安徽省で某女子学校の百余人が自尽した轍を踏まずにすんだと記されている。[66] このとき学校に侵入してきた兵士たちのいいわけは、学校の中に弾薬がかくしてあるというものだったという。[67]

このような兵士による女子学校侵入事件がどの程度発生していたのかは不明であるが、[68] 当時珍しかった女子学生への露骨な好奇のまなざしがあったことは、白之の次の記事にも見られる。白之は、一九一三年の双十節で、三女師の三〇〇人の女子学生が二〇〇〇人の男子学生とともに、国歌を歌いながら衡陽城内を行進した時のエピソードを次のように述べている。

学生は早起きして青い上衣に黒いスカートに着替え、八時に体操場に整列し、程先生が指揮して出発するのを待った。しばらくして程先生が現れて台に上がると、みな静まりかえった。なぜなら彼女は全身とびきり目立つ格好をして（中略）片手に赤い旗、もう一方の手に緑の旗を持って、我々三〇〇人の隊伍を率いて外に出た。外は人がひしめき合っている状態だった。（中略）校長が援軍を呼び、女子学生達は兵士たちの後ろについてようやく城内に入った。二〇〇〇〇人の男子学生と唱和して張謇作の国歌を歌った(69)。学生の隊列が城内を練り歩くと、数倍の群衆がくっついて歩き、その大部分が女子学生の両側にいた(70)。

女子学生にとって、国家的行事への参加は晴れがましいことではあったが、人々の好奇の目にさらされることでもあったのだ。

また、碧梧は、一九一六年に黄克強〔興〕、蔡松坡〔鍔〕が亡くなると省議会で二度の盛大な追悼会を開いたこと、一九一七年の五九国恥記念日では、あるクラスメイトが突然薬指を切って血で「毋忘国恥（国恥を忘るるなかれ）」の四文字を書いたことなども回想している(71)。

勉強については、朱文央は、徹夜も一夜漬けも大嫌いで、カンニングペーパーを持ち込むなんてもってのほかだったと述べている。ある地理の試験のとき、クラスメイトが朱文央に答えを書いた紙切れを回してくれたことがあった。しかし自尊心があったので、朱は結局その紙切れを開かず、時間がくるのをまって半分白紙の答案を出したという(72)。また彼女は、女子学生には得意科目の教師と親しくなるようなところがあるようだが、そうしたことは恥ずかしいとさえ思っていたと述べている(73)。中学時代には、よくクラスメイトに別のクラスの友達を訪ねに連れて行かれたが、話し出したら一時間以上にもなるので内心憤懣やるかたなかった。こんな話に何の意味があるのか、あなたがたは「時間泥棒」だと思っていたという(74)。朱文央の文章には、ユーモラスな表現も多いが、全体的に非常に優等生的な女子学生であったことが印象づけられる。

それでは、卒業後の自分自身については、どのような評価をしているのだろうか。朱文央は、教員などとしてキャリアをつみ、『上海婦女』にも多数の文章を寄せている人物であるが、彼女は友人から、「あなたは結婚して子供もいるけれど、そんなふうに見えないで社会活動をしている」と評されたという(75)。それに対し、朱文央自身は、自分の周りの環境がとりわけ良いというわけでもないし、自分の家事能力が超人的というわけでもないと謙遜して述べている。彼女の夫蔡叔厚(76)は文芸の素養もあり、自分の妻が社会で活躍することを望み励ましてくれる、当時としてはかなり先進的なタイプの男性であり、さらに子供たちにはそれぞれ女僕がつけてあって指図をすればよい状態でもあった。こうした彼女の記述からは、仕事と家事・育児の両立について、取り立てて困難がある様子は見当たらない。どちらもうまく切り回していることがうかがえ、仕事も家庭も完璧にこなす「模範的」な女性像を自ら読者に提示していると見ることができる。つまり、女子学生としての生活を終えたあと、苦労はあったとはいえ順調に教員としての道を歩み、キャリアを積みながら結婚・出産・子育てを行っていた自らの姿を示しているのである。

この朱文央の例が最もよく示しているとおり、『上海婦女』に掲載された回想の特徴として、読者として想定される女性たちに対して、「模範的」女性の半生——すなわち「自画像」を提示しようとする意識が強かったと考えられる。

こうした意識は、一九三〇年代後半に『良友』の図像表象で見られた女子学生イメージと矛盾しない。『良友』では、女子軍を繰り返し取り上げるなど、国家に貢献する女子学生イメージを分かりやすく、またより極端な形で表象していた。『上海婦女』でもまた、社会に役立ち自己実現する女性像を、自らの学生時代を振り返る形で表象していたと言えるのである。

おわりに

以上見てきた、女子学生についての表象・回想についてまとめると、「図8、9」のようになるだろう。

このように、他者による女子学生イメージと自己による女子学生イメージは、互いに関連を持ちつつ、時代の変化

図８　1920～30年代前半の女子学生イメージ

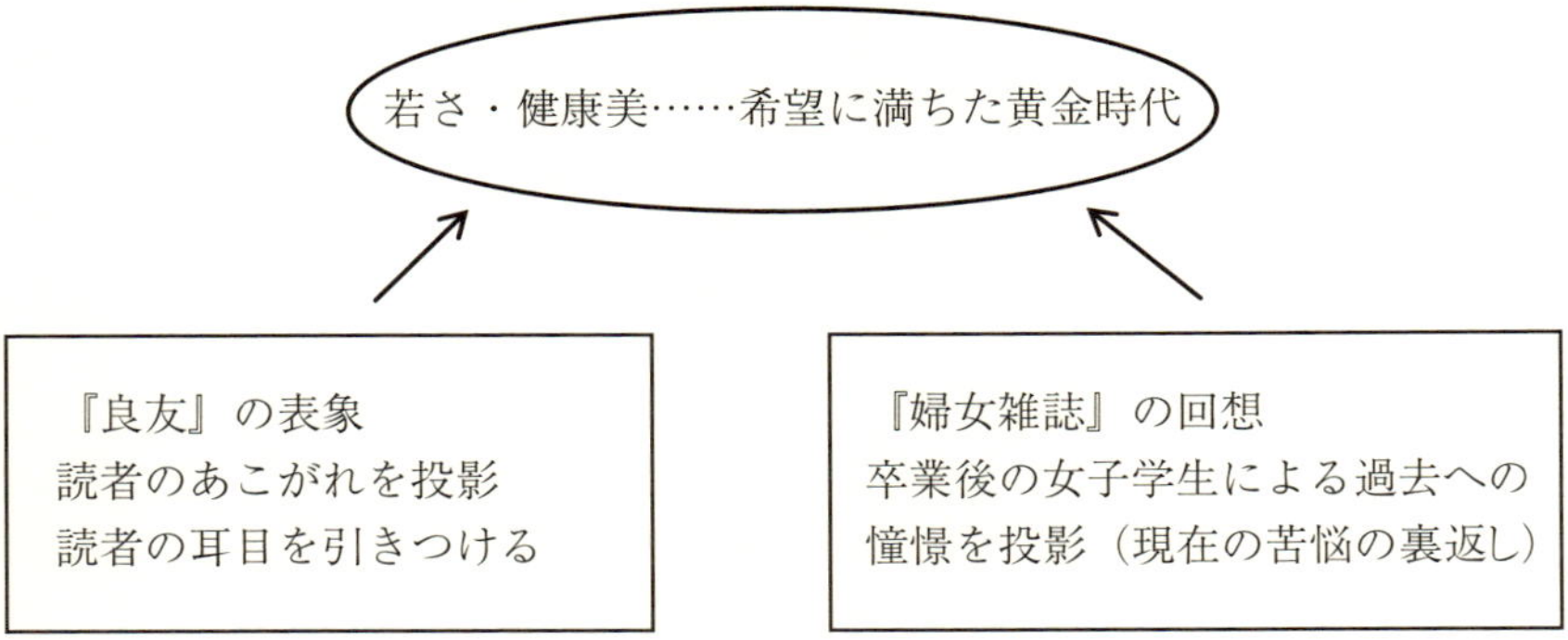

図９　1930年代後半の女子学生イメージ

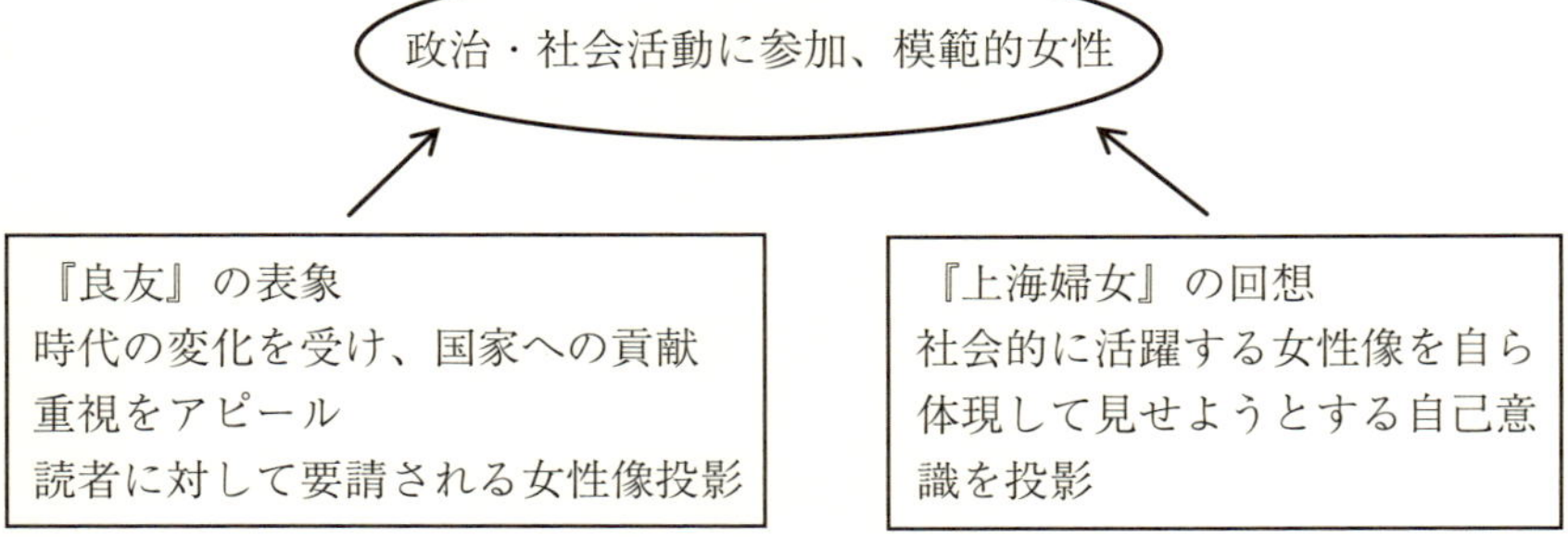

を受けてともに大きく変容していたことが分かる。

メディアは、その時代・国・社会が求める女性の生き方や理想像を敏感に受容して、受け手の期待に応える女性像を伝える。一方で女性たちもそのメディアを参照し影響を受けながら、自身の生き方や理想というものを検証し構築してゆく。すなわちメディアとは時代を映す鏡の役割を果たすと同時に、現実に生きている生身の女性たちへも影響を与え、現実の女性像を作り出すという機能もまた果たしていた。

『良友』は、一九二〇年代から三〇年代前半までは、若さと健康美を前面に押し出した女子学生像を提示し、読者の目を引きつけた。こうした写真を見た少女たちの中には、女子学生にあこがれ、自らもそうなりたいと思ったものも存在したであろう。三〇年代後半になると、『良友』の誌面の女性たちは、その国家への貢献ぶりをアピールする姿へと変化するが、読者に女性の理想像を提示するというスタンスは一貫していたと言える。

『婦女雑誌』の回想には、楽しい女子学生時代を「黄金時代」とする一方、卒業後の現在および未来については悲観的な文章が見られた。これは、気楽に女子学生時代を過ごしていては、卒業後結婚という道しかなく、悲惨な人生を送る可能性も大きいという警告的なメッセージが読者に対して発されていたとも言える。さらに『上海婦女』においては、つねに自らを高め続け、仕事も家庭も両立し、抗戦を常に意識した模範的女性であろうとする意識が、回想の書き手の中に存在していた。

こうした書き手の意識は、編集サイドの方針と親和性をもつ。『婦女雑誌』も『上海婦女』も、読者に対して社会的に活躍する女性のあるべき姿を提示しようと試みていた。この雑誌編集者たちの姿勢は、『良友』とも一致する。

しかしながら、こうしたメディアの方針のゆえに、最終的にとりこぼされ、不可視化されたものがある。それは、『婦女雑誌』の回想に見られた、女子学生たちが卒業後に直面した苦悩である。『良友』では、戦時下における女性たちはあくまで中国の国民であるということが強調されており、女性たちが現実に抱える問題をジェンダー視点からとらえるといった記事は見当たらない。戦時下という状況において戦いに勝利することが至上命題となり、すべてのモノや人がその一点の目的に向かって全力を尽くさざるを得ないという状況があった。

たしかに、女子学生のモデルとなるような人生を歩む女性たちも登場したが、実際は戦時下において国民として貢献を果たすために活動する裏で、女性たちの苦悩や苦労は表面に出しにくくなった。『上海婦女』に自らの学生時代や教員時代の回想を書いていた朱文央は、執筆から四年後の一九四二年に、まだ四〇代に入ったばかりの若さで急死している。(77) 仕事も家事・育児もしっかり切り回していた様子しか見せず、児童の健康大会なども企画し、『上海婦女』上で非常に活躍していた彼女であったが、その急死の裏には、彼女の文章に表れない苦労や疲労もあったことが推測されるのである。

注

（1）本稿では、女子中等教育に相当する学校（中学校、師範学校等）以上に入学した女性を「女子学生」と総称し、考察対象とする（女子小学生は含めない）。当時の女子学生の年齢は、学校によって入学可能年齢の規定が異なるなどばらつきが見られるが、大まかにいって十代から二十代の女性たちであった。女子学生の入学年齢については、喬素玲『教育與女性――近代中国女子教育與知識女性覚醒（一八四〇～一九二一）』（天津古籍出版社、二〇〇五年）、七一～七五頁参照。

（2）濱田麻矢「女学生だったわたし――張愛玲『同学少年都不賤』における回想の敍事」（『日本中国学会報』六四、二〇一二年）、二八三～二九八頁。

（3）中国の女子教育については、次のような研究書が刊行されている。盧燕貞『中国近代女子教育史――一八九五―一九四五』（文史哲出版社、一九八九年）、雷良波・陳陽鳳・熊賢軍『中国女子教育史』（武漢出版社、一九九三年）、注（1）『教育與女性』、崔淑芬『中国女子教育史――古代から一九四八年まで』（中国書店、二〇〇七年）、張素玲『文化、性別與教育――一九〇〇～一九三〇年代的中国女大学生』（教育科学出版社、二〇〇七年）、何玲華『新教育・新女性――北京女高師範研究（一九一九～一九二四）』（中国社会科学出版社、二〇〇七年）、万瓊華『近代女子教育思潮與女性主体身分建構――以周南女校（一九〇五～一九三八）為中心的考察』（中国社会科学出版社、二〇一〇年）、佐藤尚子・大林正昭編『日中比較教育史』（春風社、二〇〇二年）。また、女性史の中で女子教育についてとりあげるものとして、次のものがある。羅蘇文『女性與近代中国社会』（上海人民出版社、一九九六年）。劉慧英編『遭遇解放――一八九〇～一九三〇年代的中国女性』（中央編訳出版社、二〇〇五年）。中国女性史研究会編『中国女性の一〇〇年――史料にみる歩み』（青木書店、二〇〇四年）。関西中国女性史研究会編『中国女性史入門――女たちの今と昔』（人文書院、二〇〇五年）。中華全国婦女連合会編著、中国女性史研究会編訳『中国女性運動史一九一九～四九』（論創社、一九九五年）。夏暁虹著、清水賢一郎・星野幸代訳『纏足をほどいた女たち』（朝日新聞社、一九九八年）。李子雲・陳恵芬・成平編著、友常勉・葉柳青訳『チャイナ・ガールの一世紀――女性たちの写真が語るもうひとつの中国史』（三元社、二〇〇九年）。末次玲子『二十世紀中国女性史』（青木書店、二〇〇九年）。

（4）杉本史子「新文化運動後期における女子学校の「学潮」と女学生――『民国日報』とその副刊の報道を中心として」（『立命館文学』六一九、二〇一〇年、五〇七～五二五頁）。注（2）「女学生だったわたし」。注（3）『新教育・新女性』。また、フェリス女学院大学江上ゼミ訳「中国テレビ番組『二十世紀中国女性史』第四集「女学を興す」」（『中国女性史研究』一三、二〇〇四年、三八～五二頁）は、二十世紀初期に女子学生であった女性たちへのインタビューをもとに構成された中国のテレビ番組の日本語訳である。李小江主編『譲女人自己説話――独立的歴程』（三聯書店、二〇〇三年）は、民国期上海で学校教育を受けたか女子教育にたずさわった二十八名の女性と二人の男性のうち二十四名に、一九九八年十月から半年以上かけて三十数回にわたってインタビューを行った記録である。リンダ・グローブ著、小野寺史郎訳「中国女性史教育における伝記の使用について」（『近きに在りて』四八、二〇〇五年、三三～三七頁）は、『ワイルド・スワン』など中国系作家が英語で発表した自伝・家族史の著作を紹介しており参考になる。

（5）たとえば稲垣恭子『女学校と女学生――教養・たしなみ・モダン文化』（中公新書、二〇〇七年）、本田和子『女学生の系譜・増補版――彩色される明治』（青弓社、二〇一二年）。

（6）注（5）『女学校と女学生』および『女学生の系譜』、高橋康雄『断髪する女たち――モダンガールの風景』（教育出版、一九九九年）等。その他に佐伯順子「明治美人帖」（『NHK　知るを楽しむ　歴史に好奇心』NHK教育テレビテキスト、日本放送出版協会、二〇〇六年）、『東京人　特集・明治の女学校伝説』二三〇（教育出版、一九九八年）等がある。

（7）たとえば、注（3）『中国女性運動史一九一九～四九』一七六～一八〇頁。

（8）「自画像」という用語は、金井景子「自画像のレッスン――『女学世界』の投稿記事を中心に」（小森陽一・紅野謙介・高橋修編『メディア・表象・イデオロギー――明治三十年代の文化研究』（小沢書店、一九九七年、二八八～三一八頁）より示唆を受けた。

（9）「キリスト教と女性――西洋との遭遇」、注（3）『中国女性の一〇〇年』一一～一四頁。「キリスト教」、注（3）『中国女性史入門』二〇六～二〇七頁。

（10）梁啓超の女性論については、須藤瑞代『中国「女権」概念の変容――清末民初の人権とジェンダー』（研文出版、二〇〇七年）二七～五〇、二〇四～二三〇頁参照。

（11）参考までに、同時期の女子小学生数は四〇万三七〇六人に増加していた。注（1）『教育與女性』五九頁。

（12）「女子高等教育――大学の扉を開く」（注（3）『中国女性の一〇〇年』）六八～七一頁。一九三五年において上海の中等教育レベルの学生全体の中で女子は二九・八パーセントで、大学レベルの女子学生も一五七三人（二九年、全体の一〇・九パーセント）、四一五一人（四五年、同二二・〇パーセント）、四三三七人（四九年、同二一・五パーセント）と増えている（『上海婦女志』上海社会科学出版社、二〇〇〇年、四六三〜四六六頁）。

(13) 注（1）『教育與女性』六四〜六五頁。女子学生の出身家庭は、経済的にも比較的恵まれた層であったと考えられるが、注（52）に見られるように、一概に裕福だったわけではない。また、初期の教会学校は例外で、貧しい家庭の女子を入学させていた。

(14) 章錫琛（一八八九（一八九〇とも）〜一九六九年）は、小学校および師範学校の教師を経て、一九一二年上海の商務印書館編訳所に入り、『東方雑誌』の編集を務めた。一九二一年から『婦女雑誌』の主編となり、進歩的な女性のあり方をめぐる議論をリードしたが、一九二五年末に辞職。翌一九二六年に『新女性』雑誌を刊行した。陳姃湲「女性に語りかける雑誌、女性を語りあう雑誌」（村田雄二郎編『『婦女雑誌』からみる近代中国女性』研文出版、二〇〇五年）一七〜四七頁参照。

(15) 中国の総人口は一九三三年で四・四億人と推定されている。単純にその四万分の一とすると、女子学生数は約一万人となる。「表1」に見られる一九二二〜二三年の女子中学生と女子師範学校生の数の合計は九九七三人であり、約一万人という推定に近い。

(16) 章錫琛「女学生的人生観」（『婦女雑誌』一一―六、一九二五年）。

(17) 林文芳「我所希望於女学生者（二）」（『婦女雑誌』一一―六、一九二五年）。

(18) 注（17）「我所希望於女学生者（一）」。

(19) 黄兆栄「女学生生活写真（三）」（『婦女雑誌』一一―六、一九二五年）。

(20) この点についての杉本史子による指摘は、奈良女子大学アジア・ジェンダー文化学研究センター編『奈良女子高等師範学校とアジアの留学生』（同センター発行、二〇一四年）三五〇〜三五四頁参照。

(21) 江上幸子「中国の賢妻良母思想と「モダンガール」――一九三〇年代中期の「女は家に帰れ」論争から」（早川紀代・李棨娘・江上幸子・加藤千香子編『東アジアの国民国家形成とジェンダー――女性像をめぐって』青木書店、二〇〇七年）二八九頁。

(22) 『良友』画報は、上海の良友図書印刷公司が刊行した大型総合グラビア雑誌である。一九二六年から四五年まで、途中一七一期（一九四一年十一月）で休刊し、再刊された一七二期（一九四五年。事実上の最終号）まで、合わせて一七二期が刊行された。伍聯徳等広東出身者が中心となって編集を担い、豊富な写真や図版、文章が掲載されていた。その内容は時局、政治、映画、戯曲、芸術、娯楽、人物など多岐にわたっていたが、時局の変化によってその誌面構成も変貌していった。『良友』画報の概要については、『アジア遊学　特集・『良友』画報とその時代』一〇三（勉誠出版、二〇〇七年）参照。

(23) 映画『ジャスミンの花開く』の中で、人気女優のチャン・ツィイー扮する主人公の女子学生が『良友』画報を眺めてその表紙を自身が飾ることを夢見るシーンがあり、当時の女性たちにとって『良友』が憧れの人気雑誌であったことが想像できる。

(24) 「読者広播台」（『良友』一〇七、一九三五年）七四頁。

(25) たとえば、「健美体操　上海工部局女子中学生表演」（『良友』一二九、一九三七年）が挙げられる。近代中国の女性のスポーツについては、游鑑明『近代中国女子的運動図像——一九三七年前的歴史照片和漫画』（博雅屋書、二〇〇八年）参照。

(26) その演目として、京劇・伝統劇「打漁殺家」「秋四娘」、話劇・新劇「孔雀東南飛」「少奶奶的扇子」「寄生草」「愛国心」「衝突」「延時誘過」「戦友」「紅楼夢」、歌劇「雪児飛霞」、英語劇「値得登広告」「可憐閨裏月」「俄倫的女児」等の名前が見られる。

(27) たとえば、ドイツに留学して工学博士となった謝志媛（「工学博士一女子」『良友』五一、一九三〇年、三〇頁）、成績優秀でカナダの大学に学費免除で入学を許可された学生（「閨秀芳影」『良友』六二、一九三一年、三七頁）、産科・婦人科の学問を学んでパリ大学を卒業した女性（「婦女之頁」『良友』六五、一九三二年、五五頁）についての紹介がある。

(28) 『婦女雑誌』についての総合的研究としては、次のようなものがある。注（14）『『婦女雑誌』からみる近代中国女性』。周叙琪『一九一〇～一九二〇年代都会新婦女生活風貌——以『婦女雑誌』為分析実例』（国立台湾大学出版委員会、一九九六年）。Jacqueline, Nivard. "Women and the Women's Press:The case of the Ladies' Journal (Funü Zazhi) 1915-1931." *Republican China.* 11 (1984), pp.37-55.

(29) 『婦女雑誌』『上海婦女』への寄稿者は、本名で投稿する場合もあるが、ペンネームも多く使用している。本稿では、本名がはっきり分かる場合をのぞいて、基本的にペンネームのまま引用する。

(30) 寒梅女士「従小学到高師」（『婦女雑誌』一一—六、一九二五年）。

(31)　注(30)「従小学到高師」。
(32)　孤鴻「西窓夜話」『婦女雑誌』(一一―六、一九二五年)。
(33)　たとえば寒梅女士は、蘇州の学校に入学が決まった際、有名な蘇州の風景が見られることを期待していたのだが、学校の中に入れば夏休み以外は外に出られず、景色など見られなかった上、学校ではがらんとした部屋に六、七人で暮らさねばならず、冬は寒風が吹き込んでくるし、食事はおいしくなく、家に帰りたかったが姉がなぐさめてくれたという(注(30)「従小学到高師」)。
(34)　碧若「四次的蛻変」『婦女雑誌』(一一―六、一九二五年)。
(35)　一笑「圍爐話旧」『婦女雑誌』(一一―六、一九二五年)。
(36)　顧恵「旧夢重温」『婦女雑誌』(一一―六、一九二五年)。
(37)　日本の女学生の間で言われていた「エス」とは、「女学生同士のごく親密な関係」で、Sisterhood の頭文字をとったものである。注(5)『女学校と女学生』九五頁。また注(2)「女学生だったわたし」も近代中国の女子学生同士の同性愛的関係を論じている。
(38)　これらの回想が掲載された『婦女雑誌』の「女学生号」(一一―六、一九二五年)には、日本の古屋登代子著・薇生訳「同性愛在女子教育上的新意義」も掲載されている。
(39)　中学校のものを例とすると、修身、国文、外国語、数学、歴史、地理、博物、物理・科学、法政・経済、図画、手工、楽歌、体操で、女子中学のみさらに家事園芸と裁縫が追加された。注(3)『中国女子教育史』二三一～二三二頁。
(40)　ただしSY自身は幾何代数が一番好きで、一番嫌いだったのは体操だったと述べている。SY「一年前的生活」(『婦女雑誌』一一―六、一九二五年)。
(41)　注(34)「四次的蛻変」。
(42)　注(40)「一年前的生活」。
(43)　孫愛絲「往事一瞥」(『婦女雑誌』一一―六、一九二五年)。
(44)　李誠齋「晩了」(『婦女雑誌』一一―六、一九二五年)。
(45)　北京女子高等師範学校については、注(3)『新教育・新女性』参照。
(46)　一九一九年に国文部に編入し、一九二三年に卒業しているのは、女性作家の廬隠の経歴と一致する。羽田朝子「反逆する中国の「ノラ」——廬隠の再婚と近代家庭批判」（『人間文化研究科年報』二五、二〇一〇年）三七〜四七頁。ただし「従小学到高師」の文章中に「私と廬隠が南に帰った日」と一カ所だけ廬隠が登場するため、この文章の作者は廬隠本人ではなく廬隠の同窓生と考えられる。

（47）注（30）「従小学到高師」。

（48）注（32）「西窓夜話」。

（49）喬素玲は、学校を卒業した後の女性たちの職業については、資料的な制約から具体的な数字を知ることは難しいとしつつ、比較的データがある女工と教員について、それぞれ総数に対する女性の割合を挙げている。それによると、一九三〇年の中国工商部の統計で、二八市の女工は三七万人余り（工員総数の四六・四パーセント）、一九三一年の専科以上の教師は全国で七一〇〇人、女性教師はその六パーセントで、教師に占める女性の割合は少なかった。注（1）『教育與女性』二二七頁。優秀な女性教師を採用するため、女子大学に募集が来ることもあったようだ。注（4）「中国テレビ番組『二十世紀中国女性史』第四集「女学を興す」」四二頁。

（50）廬隠もまた、中学校を卒業すると、当時はまだ女子は大学に入れなかったため、行き先を見失い「十字路でさまよいはじめた」と述べている。彼女はその後女子中学の教員となったが、体育と家事園芸を教えるよう言われ、しかたなく引き受けたと述べている。廬隠著、金理編『廬隠自伝』（雲南人民出版社、二〇一一年）二四〜二五頁。

（51）民国期の女子学生の日記については、たとえば一九三〇年代の二名の女子大学生の日記である、蔡文星・簡玉璿『両個民国女大学生的日記』（華文出版社、二〇一二年）がある。二人の日記には、自身の内面が率直に綴られており、『婦女雑誌』に掲載された回想が広範な読者を想定して書かれているのと比較して、より私的で内省的なものとなっている。

（52）編集者による投稿の選別がより顕著に見られるものとして、『婦女雑誌』一一—六（一九二五年）に掲載された、女子学生の家庭状況について語る三つの投稿記事（培華「女学生的家庭状況——美與愛的家庭」、馮文英「不幸而為女子」、藹娜「失父之児」）が挙げられる。これら三篇は、それぞれ家庭の経済状況が裕福・普通・困難という三つの事例となっており、編集者側の選択が作用していたことが推測される。

（53）『婦女雑誌』「女学生号」には、学生時代の回想のほかに、たとえば女子学生・女子教育への希望を述べた文章や、苦学する女子学生の記事、各地の女子学生の状況を調査した記事などが掲載されている。

（54）小島晋治・丸山松幸『中国近現代史』（岩波書店、一九八六年）一五五〜一五六頁。

(55)「両江女体専在重慶」（『良友』一四六、一九三九年）三九頁。

(56)「活躍的滇中」（『良友』一五五、一九四〇年）二二頁。

(57)「女軍人」（『良友』一二六、一九三七年）三四～三五頁。「卒業生就業訓導的軍訓」（『良友』一二七、一九三七年）二四頁。

(58)「救亡的種子」（『良友』一三五、一九三八年）二八～二九頁。「広西学生軍在戦地」（『良友』一三七、一九三八年）一〇～一一頁。「棄家救国」（『良友』一四二、一九三九年）一四～一五頁。

(59)注（58）「棄家救国」一四頁。

(60)「戦闘的児女――戦幹団女生隊剪影」（『良友』一六五、一九四一年）二〇頁。

(61)創刊した蔣逸霄は、『大公報』の女性記者であった。当時、『新女性』『婦女生活』『上海婦女』の三種の刊行物が最も評価が高く、『上海婦女』は上海と全国の女性が抗戦工作に参加することを指導する責任を負ってきたとされている。張宗麟「従小的一点祝上海婦女一週年」（『上海婦女』二―一二、一九三九年）。また次も参照。Susan Glosser, "Women's Culture of Resistance: An Ordinary Response to Extraordinary Circumstances", in Christian Henriot and Wen-hsin Yeh ed., *In the Shadow of the Rising Sun Shanghai under Japanese Occupation*, Cambridge: Cambridge University Press, 2009, pp.302-324.

(62)朱文央「辛亥回憶――海塩光復了」（『上海婦女』三―八、一九三九年）。

(63)唐群英（一八七一～一九三七年）湖南省衡山出身。原名は恭懿、字は季陶、群英は筆名。一九〇四年に日本留学、秋瑾や宋教仁らと交遊、翌年同盟会に加入し、最初の女性会員となった。一九〇八年に帰国するも再度日本留学。武昌起義をきっかけに帰国、上海で女子北伐隊、婦女後援会を率いる。民国成立後は臨時参議院に上書して男女平等を求めたが、結局受け入れられなかった。南京で民国女子参政同盟会を組織するなど、積極的に参政権獲得および教育事業に従事した。

(64)白之「第三個双十節在衡陽」（『上海婦女』三―八、一九三九年）。

(65)「風潮」とは、新文化運動期に中国各地で数多く発生した学校紛争を指す。学生が校長や教師の追放・留任、教育改革を求めて抗議活動を行った。女子学生の風潮については、注（4）「新文化運動後期における女子学校の「学潮」と女学生」参照。

(66)これは、一九一九年に安徽蚕桑女校に兵士たちが乱入し、暴行を受けた女子学生らが自殺した、とされた事件を指すと考えられる。この事件は、その年の十二月五日に『字林西報』が報道し、上海各紙も続いて報道したため、世間の大きな関心を引いた。しかし、ほどなく安徽督軍倪嗣冲も当の蚕桑女校も事件の発生を否定し、根拠のない噂にすぎなかったことが判明した。周寧「謡言、軍閥與北洋社会――一九一九年安徽蚕桑女校案」（『史林』二〇一一年）一三二～一三九頁。碧梧は、事件が事実でなかったことを知らないままこの文章を書いたのであろう。

(67) 碧梧「学生生活回憶特輯（二）野和尚」（『上海婦女』三―一一、一九三九年）。

(68) 前述のとおり、『婦女雑誌』に掲載された回想にも、高等師範学校に兵がたびたび来て騒いだため解散せざるを得なくなったという記述があった。注(32)「西窓夜話」。

(69) 民国成立後、教育部が中心となって国歌制定作業を開始したが、作業は難航した。一九一三年二月に教育部は三度目の国歌の歌詞募集を行い、章炳麟、張謇、銭恂がそれぞれ歌詞を出した。教育部はこの四作品を国務院に提出、討論の末張謇の作品が選ばれた。ただし、この案が国会に提出された形跡はなく、その後も国歌をめぐる議論は二転三転することになった。小野寺史郎『国旗・国歌・国慶――ナショナリズムとシンボルの中国近代史』（東京大学出版会、二〇一一年）、一二四～一三七頁。

(70) 白之「第三個双十節在衡陽」（『上海婦女』三―八、一九三九年）。

(71) 注(67)「学生生活回憶特輯（二）野和尚」。

(72) 〔朱〕文央「学生生活回憶特輯（一）幾個古怪脾気」（『上海婦女』三―一一、一九三九年）。

(73) 注(72)「学生生活回憶特輯（一）幾個古怪脾気」。

(74) 〔朱〕文央「與女同学談学習」（『上海婦女』三―一一、一九三九年）。

(75) 鉄懐〔朱文央〕「婚後生活　我的矛盾」（『上海婦女』三―一二、一九三九年）。

(76) 蔡叔厚（一八九八～一九七一年）。天津人。原名粛侯。またの名を紹敦。一九二一年、日本に留学、一九二四年帰国し上海で紹敦電機公司を設立。一九二七年、中国共産党に加入。中共中央特科電訊科で活動。一九三二年コミンテルン中国組で情報工作に従事、中共党組織とのつながりを失い、一九三六年にはさらにコミンテルン中国組ともつながりを失う。のちに中共の外で革命工作に従事。人民共和国成立後、上海市公用局、機械局副局長となる。文革中北京の獄中で死去。一九八〇年に名誉回復、のちに党籍回復。夏衍著、阿部幸夫訳『上海に燃ゆ　夏衍自伝』（東方書店、一九八九年）にもたびたび登場する。

(77)　叔章「紀念文央！学習文央！」(『現代婦女』一─六、一九四三年)。

近代中国における主体的妓女の表象とその夭折
――民国期の多様なメディアから――

江上幸子

はじめに

二十世紀末から中国の妓女(1)に関する研究が活発化した。それには、いくつかの要因が挙げられよう。「伝統文化」へのノスタルジーや、改革開放以降の売買春が蔓延する現状。そうした現状下で、中華人民共和国建国時の「妓女解放」神話が崩壊したことと、それを受けて共産党政権による主体的権利の抑圧を再考しようとする動き。さらに、近代中国における性・身体・ジェンダー観を考察する視点や、上海の近代都市文化を探究しようという試み。これらが妓女研究の活性化をもたらしている。

本稿は中華民国期、主として一九二〇～三〇年代の、上海を中心とした都会の妓女の表象を考察しようとするものである。この時期は、それ以前の五・四新文化運動期とも、それ以後の時期とも違いがある。近代化した都市においては、五・四期に比べてメディアが多様化し、市民意識や主体意識も高まり、女性の声の表出も増した。一九三七年、日本と中国の全面戦争期に入ったが、「孤島」上海では繁栄が続き、四〇年代に比べると戦時色はまだ薄く、民族主義が最優先されるにも至っていない。そうしたなかで、妓女を表象する空間にも比較的広がりがあったはずである。
とはいえ後に見るように、この時期の妓女表象は主として二つに大別される。性道徳の堕落した女性として「侮蔑」するものと、搾取される犠牲者として「憐憫」をかけるものである。そしてこの二つの表象は、対立する視点に見えて、じつは表裏一体化したものでもある。しかしながら、当時の妓女表象のなかには、数少ないとはいえこの二つの視点を超えて、主体性をもつ妓女を描いたものも存在する。本稿ではシャノン・ベルのいう、「売春婦を、男性国家の犠牲者として描くだけでなく、すぐには覆せない男性国家の規制や制限のなかでもそれなりに自立して行動する社会的行為者としての売春婦像」(2)を提示したい。そうした主体的表象を丁玲・老舎の小説、曹禺の演劇、阮玲玉《げんれいぎょく》の映画、上海の女性誌など、多様なメディアから取り出し、あわせて、その独自な視点の夭折についても考察する。

一　民国期妓女についての研究概況

福士由紀は『中国――社会と文化』十三号掲載の書評で、「民国期上海の売春に関する研究」に四種のアプローチがあるとし、次のように整理している。(3)

第一のアプローチは、売春あるいは売春婦を「帝国主義・封建主義・官僚資本主義の悪しき産物」で消滅すべきものとし、悲惨さや抑圧を強調し、共産党の廃娼政策を賞賛するものである。一九九〇年前後の中国大陸での研究に多く、「中国の公式見解と一致する」(4)。

第二のアプローチは、売春を「中国の伝統文化」、売春婦を「芸能に長けたエンターテイナー」として、通史的に発生からの売春婦・売春制度の変化を記述するものである。「セックスを売ることが主流となった近代娼妓業を俗悪なもの」と捉え、「伝統娼妓と近代娼妓が如何に違うかを強調する傾向がある」(5)。

第三のアプローチは、「売春婦を近代上海における文化の一つと見なす立場」である。近代上海の文化を「外国人も中国人も、エリートも労働者も含めて構成される都市文化として考える」ものである。(6)

第四のアプローチは、「売春を労働の一形態として考える」もので、「文化というよりは、一つの生活手段として捉え」るものや、「経営方法と文化の関係に言及」するものなどがある。(7)

この優れた書評の整理は二十世紀末の研究を対象としたものだが、二十一世紀に入ると日本においても、数は少ないながら注目すべき妓女関連の研究が現れている。岩間一弘は一九一〇年代上海の中国救済婦孺会による誘拐・売買女性の救済を扱い、近代慈善事業の「公共性」がもつ「解放的・抑圧的な両面を具体的に明らかに」した。(8) 姚毅は一九二〇年代の『婦女雑誌』における廃娼関連言説を分析して、妓女に対する侮蔑／憐憫という表裏一体の視線を指摘している。(9) 林紅は人民共和国建国当初の「買売春根絶政策」を取りあげ、公権力による私的領域への介入や売春女性の人権侵害を論じた。(10)

欧米における近年の研究は、量的にも質的にも日本を凌いでいる。ここでは、その代表的成果であり本稿とも密接に関連する、クリスチャン・アンリオとゲイル・ハーシャッターの研究をまず簡単に紹介しておく。(11)

アンリオ『上海妓女――十九～二十世紀中国の売淫と性』（『上海妓女』と略）は、檔案・新聞・雑誌・関連書籍など広範な資料により、高級妓女・一般妓女・売春宿・売春規制などをめぐる現実のさまざまな事象を検証し、近代上海という多様な民族・階層・行政主体が入り乱れた都市の全体像を描き出そうとした。

ハーシャッター『危険な愉悦――二十世紀上海の娼妓問題と現代性』（『危険な愉悦』と略）も、同じく広範な資料により売春をめぐる諸事象を扱うが、妓女の「現実の生」を扱う実証研究である『上海妓女』と異なり、「売春に関する言説」を分析している。「従属」側を焦点に言説を読み、二十世紀上海の多様な人々の思想や実践を浮き彫りにして、「支配」側の語り手の売春・ジェンダー・近代観や、売買春の場の権力関係を考察した。

これらの先行研究をふまえ、次節ではまず、近代中国における妓女表象の変遷を概観しておきたい。

二　近代中国における妓女表象の変遷

1　「美と雅」の消散——高級妓女の凋落と性の商品化

齋藤茂は「妓女の源流」から清末までの「伝統妓女」を詳述した『妓女と中国文人』で、「売春、身売りというマイナスの側面が強く意識されがち」な妓女だが、「上層に属した人々は優れた教養の持ち主であり、文人、名士と交流して、時代の文化を育み、伝え、また時には政治とも深くかかわ」り、女性文学の「担い手」でもあったとしている。そして中国伝統文学のなかから、「美的な対象」となり「才知」も備えた妓女の存在や、「自らの意志で運命を切り開こうとする」「自立した」妓女表象を紹介している。(12)

前述のアンリオ『上海妓女』は、上海の一八四九年から一九四九年の売春を考察し、その変化を「高級妓院からマス・セクシュアリティへ」と位置づけている。そして、第一部で「書寓《スニュイ》」「長三《ザンセ》」「幺二《ヨニ》」などの「高級妓女」、第二部で「野鶏《ヤチ》」はじめ多様な名称の絶対多数の「一般妓女」について詳述している。同書によれば、十九世紀の高級妓女はエリートや文人に、必ずしも性的関係だけではない娯楽を提供し、エリート文化の一つとして君臨していた。しかし二十世紀になると、エリートの再編や「経済の商業化」に伴い、高級妓女も「消費の対象」へと変化した。この間の一般妓女は、さまざまな需要に応じた売春が存在していたが、支払いに直接的に応じたサービスを求める消費者社会の発展に伴って、他の要素を排除し、セックスのみを売る「情欲化」の傾向にあった。第一次大戦後には、ウェイトレス・マッサージ師・ダンサーなどの「準売春」も出現した。同書はこの間の売春変化に、「情欲化」と「商品化」という二つの特徴を指摘している。(13)

二十世紀知識人の売春言説を扱う『危険な愉悦』は、高級妓女についての言説には華やかさや伝統への「ノスタルジー」が記述されるのに対し、「下級妓女」は「危険妓女」とされたとしている。高級妓院は「ビジネスの場」であり、社会的に利用することによって「都市的男らしさを作り出す場」として描かれ、高級妓女は一般に上海社会で特定の「地位」をもつ有力者として表現され、都市的洗練を体現するものであり、都市的男らしさの審判者でもある。高級妓女に関する記述では「セクシュアリティ」が不在で、客との性交は身請けされ「妾となる」こと、すなわち救済の可能性を意味した。いっぽう街娼を含む「野鶏」以下の下級妓女は、「広範なコミュニティーにとっての危険」とされ、「法律・秩序の顚覆者」として非難され、人身売買・誘拐された場合には「犠牲者」として語られたとする。そして同書は、十九世紀末から二十世紀初頭にかけての妓院は、その階層に応じて一定の棲み分けが行われていたが、一九二〇年代には高級妓院が衰退し、三〇年代には高級／下級の棲み分けは見られなくなったとしている。(14)

この『危険な愉悦』について福士由紀は、「自立的な労働主体としての売春婦像が描かれること」を優れた点と評価しながら、高級妓女ではそれが成功しているものの、下級妓女については「あまりこのような印象は受けない」とする。(15)本稿は第三節において、下級を含む妓女の主体的表象を取りあげるが、実在の女性で最も晩期の高級妓院出身者に、董竹君《とうちくくん》（一九〇〇～九七）と潘玉良《はんぎょくりょう》（一八九五～一九七七）がいる。董竹君は十三歳で妓楼に売られ、翌年四川副都督の革命党員に身請けされ、後に有名ホテル「錦江飯店」の創業者となり、中国初の女性実業家とされている。潘玉良は十四歳で妓楼に売られ、日本留学し同盟会に加わった税関監督に十六歳で身請けされ、彼の援助でフランスの美術学校へ留学、中国人女性洋画家の第一人者となった。彼女たちは妓院出身ゆえに中傷され苦悩も味わったが、当時の女性としては稀な業績を挙げた主体的女性といえよう。(16)

2 「醜と悪」との侮蔑——国民の身体管理と新性道徳

下級妓女が「法律・秩序の顛覆者」として非難されたことは前に見たが、『危険な愉悦』はそれが「性病の討論」でより顕著で、「邪悪」者とさえされたと指摘している(17)。上海の共同租界では一八六〇年代末から、外国人の性病感染を防ぐために売春管理が始まった。一九一八年には宗教界・医学界・女性運動家・慈善家の連合である風俗改良会（のち道徳促進会）が、売春を法的に認めないこと、つまり廃娼を行うことにより、売買春という「不道徳な習慣」をなくすことを提案した。その結果、一九二〇年代半ばには共同租界に公認の売春施設がなくなったが、フランス租界や中国人居住区へ移動し、取締りはかえって困難になり、共同租界と同様の廃娼政策が計画されたが、実効性は乏しかったという(18)。

いっぽう中国人による廃娼も、清末以降ずっと変法派、アナキスト、革命派、五・四知識人などにより唱えられた。『危険な愉悦』はそれらの廃娼論がほぼ、売買春を「道徳」の「堕落」、「中国文化の貧弱」、「悪習」とし、女性の地位の低さは中国の弱体の表れで妓女はそのシンボルだと捉え、廃娼を「国家富強」や「社会改革」と関連づけたとしている(19)。

また、一九二〇年代中国の廃娼論を分析した姚毅は、廃娼が言説化される際の文脈は二つだとする。一つは、「恋愛による婚姻の提唱と婚姻外性交の排除という」新しい理念のもとで「知識人の売春観が大きく変わった」こと、もう一つは、「民族健康、民族衛生が新しい価値判断の基準となった」ことである(20)。五・四新文化運動以来、旧来のものに代わる家族制度や男女関係を求めた五・四知識人は、貞操論争以降たび重なる論議を展開し、新たな性道徳を主張した。それらの論議では優生学も提唱され、民族の危機克服につながる方法だと捉えられた(21)。

そうしたなかで、『婦女雑誌』において妓女は「汚染源」とされている、と姚毅は論じている。妓女は花柳病を始めとする社会の諸悪の「根源」で、他の「良民」や家庭・社会・人類にとって強い破壊力をもつ驚異となる。モラルを蝕み、社会秩序を乱し、人類を衰弱させ、民族を滅亡させる元凶で、追放されるべきである。国家の体面を傷つけ、男性を誘惑し堕落させる。妓女は無知・低能で、意識が低く、意志薄弱で、贅沢の気風をもつ、と侮蔑されているという。(22)

3 「弱と愚」への憐憫――被搾取階級視と主体権利の抑圧

姚毅はしかし、『婦女雑誌』に妓女を「汚染源」と侮蔑する論があるものの、それはむしろ同誌の少数派だとする。さらに、妓女を「先天的」「本能的」な「精神的病態・変質」とする論も皆無で、当時の欧米や日本とは異なっており、現代の中国とも大きな違いがあるとしている。多数派の論では、売春の発生は「経済的理由と倫理的理由」によるとされ、「貧しさ或いは誘拐」や男性側の「倫理・道徳の不健全」が原因だとされて、そこから社会制度や男女不平等や家庭制度の改革が求められている。つまり、「根本的解決方法」は「社会改造」だとする李大釗《りたいしょう》の論の流れである。そして、責任を「女性個人に求めるべきではない」として、妓女個人は「免責」され、社会の「犠牲者」とされている、としている。(23)

『危険な愉悦』もまた、人身売買・誘拐されて妓女となったケースを妓女の典型として取りあげる言説が多く、そのなかで彼女たちは「犠牲者」として語られているとする。こうして一九二〇～三〇年代には、妓女の有力イメージが「犠牲者」となっていたという。(24)

しかしながら姚毅は、その妓女個人への「免責」を、社会改造が「後景に退けられる危険性」の回避のためだとし、さらに、社会改造は「個人の自律」「自己改造」で実現するのだが、妓女は「個人」に含まれなかったためだとしている。つまり、その妓女には「新しい性道徳の主体たる資格がないとされ」、そのため、当時求められた「人権や自由」が妓女に及ぼされることはなく、妓女は「解放されえない存在」として「排除」されたとするのである。姚毅は、

「娼婦の責任の不問は、つまり権利剥奪の巧妙な手口」だとして、「被害者」とする憐憫が、じつは侮蔑と表裏一体の「レトリック」であることを指摘している。(25)

こうした、妓女に対する「憐憫／侮蔑」の表裏一体の視線は、その後の中国でも存続し、巧みに活用されてもいる。日中全面戦争が始まると共産党は各辺区において、参戦動員や自党支援のために広範な女性の組織化をすすめたが、このなかで、「破鞋《ポーシエ》」と呼ばれる「私娼的女性」をめぐる論議が起こった。「破鞋」と「一緒に活動すること」は「恥辱」だと考える一般女性に対して、女性活動家はこう説いた。彼女たちは「自分や家族の生活のため」に売春で「わずかな物質的報酬」を得る被抑圧者であり、女性解放と社会制度改造による解決をめざしてに団結すべきであり、「最大の同情と積極的な援助」を寄せるべきだ、と。(26)しかし共産党はいっぽうで、彼女たち「犠牲者」を組織から排除するのは「損失」で、「農婦より聡明」であり軍などとも「接触」が多いため、スパイとして「活用」できるとも主張した。性的弱者に「罪」の埋め合わせとして身体を提供させようとしたのである。(27)

「憐憫／侮蔑」の表裏一体視線は、人民共和国建国時の「妓女解放」へとつながっている。前にも紹介したように林紅は、この「成功」とされてきた「買売春根絶政策」を、共産党が国家支配のために公権力によって私的領域へ介入し、セクシュアリティを制御し、売春女性の人権を侵害したものと位置づけている。林紅によれば当時の「綱領的文献」は、「階級搾取と圧迫という視点」から、買売春を「旧支配者と搾取者が女性の心身と人格を侮辱する野蛮な制度の残余」だと指弾し、また「衛生・健康的な視点」から、「売春が性病を伝染させ、国民の健康に害を与えること」を強調している。そして妓女に対して、一方では、「旧社会でもっとも圧迫され、危害を受けた犠牲者」であり「教育し援助する」としながら、他方では、「社会治安を悪化させ、道徳良風を損ない、人民の心身健康に重大な悪影響を及ぼす」存在とし、「腐りきっており、労働や苦労をいとい、与太者になった」彼女たちの「心を洗い流すための洗剤として労働を課さなければならない」とした。こうして、妓女は「施設に入れられ、そこで治療を受け、政治的に再教育され」、「職業の取得によって社会復帰をなしとげた」と宣伝されたわけだが、(28)一九九四年の映画『べにおしろい』では、共産党のそれらの処置に抵抗する妓女が描かれている。(29)

三　民国期多様メディアの主体的妓女表象とその夭折

1　小説中の「憐憫／侮蔑」を超えた表象

民国期に独自の視点で妓女を描いた早期の小説に、丁玲の短編『慶雲里の小部屋』（『慶雲里』と略）がある。(30)本小説を陳思和は、妓女を描く文学作品の評論を編集した『文学における妓女形象』の序文で、数少ない独自な妓女表象の代表に挙げている。そして、大多数の「正統的」な妓女作品の場合は、「同情心と正義感」あるいは「人類の醜行に対する羞恥心と両性関係における商品化傾向への憤怒」に充ちており、「対象を憐れむべき地位に置き」「高みに立って人道主義の同情を施す」ものであるとし、「同情の濫用は自己優越感の表れ」だと論じた。

このように陳思和はいち早く鋭い指摘をしたものの、『慶雲里』の独自性を、主人公・阿英が「物欲」によって妓女を選択した点に求め、「人の尊厳が物欲に飲み込まれ」「道徳的尊厳も人間性の敏感さも」薄らいだと論評している。(31)これに対して李蓉と秦林芳の二論文は、『危険な愉悦』の論をふまえて、大半は「被害者」か「危険妓女」に二分される妓女表象を『慶雲里』は脱構築したとして、共にまず陳思和と同じく独自性を評価した。そのうえで、「物欲」による「尊厳」の喪失という陳思和の論評に異を唱え、それぞれ独自性について次のように分析している。(32)

李蓉の論は『慶雲里』を、妓女の「愉悦モデル」と位置づけている。阿英には「悲壮さ」も「怨恨」もないとしたうえで、阿英は「経済的考慮」だけで妓女を選んでいるのではなく、自己に「比較的適った」生活と「身体的愉悦」とを求めて「主動的・自覚的」に妓女を選択しているのであり、本小説からは「伝統的道徳規準」が消えているとした。いっぽう秦林芳の論は阿英を、「自己の満足」を実現するために「自己選択」できる「自由」な人間だと位置づけている。ただし阿英は、丁玲が「自由」の理念を宣揚すべく「概念化構築」した「非実在妓女」であるとした。

この二論文は、陳思和の論評になお感じられる、「被害者」でない妓女を「不道徳」とする視線を乗り超えようとしたものと評価できよう。しかしながら、丁玲は『夢珂』『彼が去った後』などの同時期小説で、結婚後に「妓女でも私よりはまし」と嘆いたり、性関係だけを求めるなら「娼妓と同じ」と悩んだりする女性を描いている。つまり丁玲は、妓女を全き「自由」であるとしたり、性欲の偏重を肯定したりはしていない。むろん妓女の相対的自由さや、性の「愉悦」そのものは認めているが[33]、阿英を「自由」「身体的愉悦」のモデルとするには無理があろう。

『慶雲里』では阿英も他の妓女も、「嫁入りするのと商売するのとどっちがいいか」と考えあぐねている。『夢珂』では新女性が、旧式結婚はむろん、「新式恋愛でも金や名誉地位のため」なら「売淫と同じ」だと悩んでいる。丁玲はむしろ、妓女と「良家の女性」さらには「新女性」とを同じ地平に置いて、共に「自由」「愉悦」を求める「権利」がありながら、それが現社会では叶わず、また叶える術もわからないままの存在としているのではなかろうか[34]。

次に、民国期の優れた妓女表象として、老舎『三日月』の主人公「私」を挙げたい[35]。前述の李蓉論文は、その「私」を、阿英と対極にある「苦難モデル」とし、『三日月』を、「もとは純潔で、生活と愛情に美しい幻想を抱く女子学生」が、「経済的困窮で女性の自立・自強・自尊」を放棄したことを描いたものと評した。そして本小説を、妓女を「被害者」としその行為を「悪」とする、「典型」的な妓女作品に位置づけている。また、中国近代文学中の妓女表象について優れた分類をした劉伝霞は、同じく『三日月』を「五・四以来の妓女苦難叙事モデル」とした。そのうえで、「私」については「道徳的妓女」であるとし、老舎が「侮蔑」「抑圧」される下層妓女を焦点に「救国救民」を構想し、現実への「反抗と批判の情」を表したもの、と論じている[36]。

たしかに『三日月』は下層女性の苦難を扱った作ではあるが、しかし「私」は、典型的妓女作品に描かれる「被害者」とは大きな違いがある。「私」は意思すらもちえぬ被害者ではなく、常に自己の意思・判断で苦境に立ち向かい続け、孤独な闘いのなかで弱者への思いやりも忘れず、最終的には社会の敗者となると知りつつ反骨精神を捨てない。この「私」の壮絶な闘いは、彼女が折々に仰ぎ見る「三日月」を読者が読後に目にしたならば、戦慄を覚えさせてしまうほどの迫力がある。そして、闘いぬいて敗れる彼女に対して、老舎が決して「不道徳」を難じているのではなく、その個としての闘いの精神に深い敬意を払っていることを感じ取ることができる。王春林・王暁兪は「私」の闘いを、作者が自身の闘いを仮託したものと論じてもいる(37)。

老舎はさらに、最後に逮捕され感化院に送られた「私」に、皮肉たっぷりにこう語らせている。「役人は道徳をうるさく言い、暗娼を一掃している」が、「正式の妓女は納税している」から「道徳的」で「従来通り営業できる」。感化院では、「きちんと働けば、将来きっと自力で食べていけるし、嫁にもいける」と言われるが、「とても信じられない」。矯正した女を「感化院に貰いに来るには、たった二元の手数料でよいのだ」、と。シャノン・ベルは、「売春婦の言説は、覇権的言説と反覇権的言説の双方にとって、逆転の言説」となり、「この二つの言説に、反応し、挑戦し、またそれらを侵犯」しうるとし、「逆転の言説は、覇権的言説に隷属させられた主体の言説」だと論じている。「感化」を拒否し投獄される「私」は、まさに覇権に「隷属させられた主体」であり、その言説は「覇権的言説」に対する挑戦・侵犯となりえている。郭文元の論文も、「被害者」の「悲惨な境遇」に同情し社会批判をする妓女作品が多いなかで、『三日月』は独特の小説だとし、私娼の道しかない底層女性による「男性中心文化への反逆」を描いた作と評している(38)。

つまり、「私」は決して典型的被害者、あるいは「自立・自強・自尊」を放棄した「悪」の行為者ではなく、むしろ極めて主体的な人物である。そして、「私」という「覇権的言説」に挑む下層妓女を表象した作者の姿勢は、陳思和の指摘した、妓女を「憐れむべき地位」に置き「高み」に立って「同情」するものとは大きく異なっているのである。さらに老舎の妓女認識も、「憐憫／侮蔑」が表裏一体となった「典型」的なものではないことが推察される。

2　演劇における主体的妓女表象

曹禺『日の出』の主人公・白露《パイルー》は、中国近代文学中で最も印象的・魅力的な妓女表象であろう。(39)しかしその評価は最近の論を見ても、かつての五・四知識人の妓女観や革命観に束縛されて、的を射ているようには思えない。

『日の出』の世界は作者も論者もいうように、資本主義社会の「悪」の「縮図」であり、舞台に現れずに登場人物を操る「暗黒勢力の代表」金八に支配されている。(40)その舞台は二つの場で構成され、一つは、ダンサーから「社交界の花」になった白露がホテルに設ける豪華サロン、もう一つは、白露と同業だが下級の妓女を抱える妓院である。前者には、白露のパトロンで銀行頭取の潘月亭、西洋かぶれで遊び人の「博士」張ジョージ、金持ちの未亡人「顧の奥様」らが集い、彼らに寄生する潘の秘書・李石清やマフィアの手先・黒三らが出入りする。後者には、夫や子の生活のために若くはない身を売る「翠喜」や、売春を拒み自殺する新入り「チビ」がいる。そこへ、白露の少女時代の恋人で社会変革を志す方達生が現れ、清純な優等生から「堕落」したとして白露を叱責し、自分と共に脱出しようとプロポーズするが、白露は拒否する。「チビ」のために力を尽くすものの救えなかった白露は、最後には潘月亭が投機失敗で破産したこともあり、服毒自殺する。(41)

アンリオ『上海妓女』によれば、第一次大戦後に出現した「新奇の売淫形式」であるダンサーは、「二十世紀三、四〇年代にピークに達した」。当時の上流人士にとって、人気ダンサーとの交際は「社会的地位を顕示」するものので、「過去の高級妓女の役割」を担う面があったという。前に見たように、高級妓女がすでに「消費の対象」化した時代ではあるが、「エリート文化の一つ」だった伝統妓女の余韻も残していたのである。(42)また『危険な愉悦』によれば、この時期には高級妓院の役割は「ホテル」へと場を移していた。とはいうものの前に見たように、やはり「ビジネスの場」で「都市的男らしさを作り出す場」であり、高級妓女は「都市的洗練を体現」するものとして特定の「地位」を保っていた(43)。

白露は近代化した高級妓女であり、その「地位」を活用して、「自らの運命をきりひらこうとする」(44)と同時に、「チビ」という下級妓女を救うことに必死となる。ところが、現在の論者も大半は方達生と同じ視点で白露を捉えて、「世間を弄び、自ら堕落に甘んじ」る「反面人物」だと断じている。そして、白露に「救い」の手を伸べる方達生を、その社会改造の力量不足は認めながらも、対照的な「正面人物」として捉えるものがほとんどである(45)。

しかしながら、方達生の妓女観は五・四以来の典型的な「憐憫／侮蔑」視線であり、しかも、社会改造を唱えながらも「チビ」一人の救済に力を貸すことさえできない。作者自身も『日の出』のあとがきで、「方達生が『日の出』の中の理想的人物を代表できないことはすぐにわかる」としている。そして、「彼が白露を「感化」すると口にしたことがあった。白露は笑って、相手にしなかった。（中略）彼は「世界を改造したい」と思っているが、（中略）この本の虫の言うことを軽々しく信用できるだろうか？　逆に白露はすべてお見通しだ。（中略）彼女は「太陽は私たちのものではない」ことをはっきりと分かっている」と記している。白露は、いったんは方達生にかすかな期待を寄せ、しばらく自分のもとに留まって妓女の世界を詳察するよう勧めた。だが結局は、方達生に下層世界への洞察力が欠けていることを見て取り、そうした社会変革者が「ドン・キホーテ」でしかなく「太陽」をもたらすことは不可能と察知し、さんざんに揶揄《やゆ》して彼との同行を拒むのである(46)。

先にも引いたようにシャノン・ベルは、「売春婦の言説は、覇権的言説と反覇権的言説の双方にとって、逆転の言説」となり、「この二つの言説に、反応し、挑戦し、またそれらを侵犯」しうるとした。『日の出』は、白露という主体的な妓女表象によって、金八に代表される社会の「覇権的言説」に挑戦したばかりでなく、方達生に代表される「反覇権的言説」をも侵犯している点が大きな特徴である。曹禺の妓女表象の意義は、五・四知識人の典型的な妓女観と共に、それと根を同じくする彼らの社会変革観をも脱構築している点にあるといえよう。

3　女性系列映画の妓女表象と阮玲玉

曹禺が『日の出』を書いたのは、一九三五年の映画女優・阮玲玉の自殺に触発されたという(47)。映画が最新の大衆メディアとなった一九三〇年代、「ジェンダー構造と家族の近代的変容」のなかにあった女性たちを描く「女性系列」映画が大流行し、阮玲玉はその多くの主人公を演じて人気を博した。三四年から三五年初めには売春を扱った映画が続いて登場し、そのうちの『神女』『新女性』でも、阮は主人公をつとめ高い評価を得ていた(48)。『神女』の主人公は職が得られず、一人で幼子を育てるために街娼となる。やがて息子を立派な学校に入れるものの、職業がばれ騒ぎとなって息子は退学となり、差別に反対した男性校長も解雇されてしまった。街娼取締りから匿ってくれるヒモには稼ぎをまきあげられ、ついには故意でないものの彼を殺して逮捕されてしまう。最後に校長が息子の養育援助を申し出ると、彼女は喜ぶが、母は死んだことにしておいてほしいと哀願する。『新女性』では、学生結婚の相手に捨てられた韋明《ウェイミン》が、自立を志して教師をしながら作家をめざしている。しかし、学校の理事長から愛人関係を求められ、拒否したために解雇されてしまう。子供の病気も重なり、経済的に行き詰まって売春を甘受すると、新聞に女性作家のスキャンダルとして書き立てられ、「生きたい」と願いながらも自殺に追い込まれる。

佐藤忠男は一連の阮玲玉を「暗い時代の女の嘆きを一身で代弁」しているとし、『神女』を「古い母ものの典型的なシチュエーション」の一つに数えている。また『百年電影経典』は、数多い「妓女の形象」のなかで『神女』は「独特」だとする。そして、それは「水と火」である「聖潔と汚濁」の「両極が一体」となっている点にあるとしたうえで、「妓女の卑賤さより母の神聖荘厳さ」が勝っていると評価している(49)。

しかしながら、どの評論も認める阮の卓越した演技によって、『神女』は「古い母もの」とも「典型」的妓女作品とも異なるものになっている。『神女』の妓女は、自身を「汚濁」なぞとは捉えずに、自らの力で子を育てる喜びと誇りとを体現しており、逞しさすら覚える主体的表象となりえている。『神女』とその妓女の独特さは、むしろこの点に求めるべきだろう。レイ・チョウは、「女性が生計をたてる職業として、道徳臭抜きに真正面から売春を取り上げた、おそらく世界で初の作品」とする『神女』評を紹介している。『新女性』の韋明についても戴錦華は、「すでに十全な意味で近代社会における個人」だと論じている。(50)

とはいえ映画のなかで、社会の厳しさは主体的な彼女たちにさえ活路を与えない。レイ・チョウは『神女』の妓女について、マルクスの文脈では「労働（セックスワーク）の成果を搾取される労働者」であるとし、戴錦華は『新女性』を、「左翼の言説の文脈」において「個人主義的実践の「死亡」を宣告」されたものとする。いっぽう現実の世界においても、阮玲玉の自殺は『新女性』の韋明のケースと酷似しており、彼女の前夫が現夫を姦通罪で訴え、それを新聞がスキャンダラスに書き立てたためであった。その自殺について戴錦華は、「商業主義とスター制度の下における女優の悲劇」としている。映画の主人公の主体性を印象づける阮の演技は、女優と妓女という職業に共通性を見いだし、主人公たちの闘いに共感していることに裏打ちされているのではなかろうか。(51)

ちなみに末次玲子は、『神女』において女たちが「みな主人公を卑しい女と蔑み、警察と同じように彼女を追いつめている」と指摘し、これら売春を扱った映画の背景に、「当時展開されていた女性たちの廃娼運動」があるとしている。南京国民政府は一九二八年、売春を「国家再建のための障碍とみなして」禁娼令を出したが、私娼増加と税収減につながり、三三年にその解除にふみきった。すると、「政府公認」の女性団体などがただちに反対したのだが、その「廃娼運動――女性団体は軍警と協力して私娼を摘発しようと提案した――に対する映画人の批判的なまなざしがうかがわれる」と、末次は論じている。(52)

4　『上海婦女』誌のダンサー表象

アンリオ『上海妓女』によれば、官側は「新奇の売淫形式」であるダンサーを、ことに「若者の堕落」をもたらすとして禁じようとしたが、効を奏しなかった(53)。馬軍の『ダンスホール・市政──上海百年の娯楽生活の一頁』も、たびたびの禁舞の試みを詳述している。しかし日中全面戦争期に入っても、上海は「孤島」という保護のおかげで商業文化が衰えることなく、「ダンスホールは依然として繁栄」を続けた(54)。

このダンサーについて、当時「孤島の明星」と称された『上海婦女』誌は関心を寄せ、何度か取りあげている。一九三七年末に八・一三事変に敗れて上海が陥落すると、中国の政府や党と関係の深い女性誌も、ほとんど奥地へ移転あるいは停刊した。そのようななか、『上海婦女』はそれまでの女性運動の市民ネットワークを活かし、三八年四月、共産党をはじめ国民党・キリスト教・実業家などの女性知識人を結集して自前で発行された(55)。

まず『上海婦女』一巻二期は、編集長・蔣逸霄《しょういつしょう》によるダンサー二人へのインタビューを掲載している。二人は東旦舞女補習学校の学生でもある衛学書と楊敏詩で、同期掲載の青竹の記事によれば、三八年四月に開かれた「上海舞女界救難難民遊芸会」で話劇『舞女の涙』に出演した。そこで好評を博したことからインタビューとなったという。また『上海婦女志』によれば、衛学書は上海舞業婦女連誼会の責任者で、この連誼会は、三七年十一月に成立した上海婦女界難民救済会の二十余の参加団体の一つである(56)。

二巻八期（一九三九）では『花濺涙（花に涙を濺《そそ》ぐ）』公演特集を組み、この話劇の内容紹介、作者の言葉、出演女優の紹介という三文を載せている。『花濺涙』は中共地下党員の劇作家・于伶のシナリオで、一九三九年二月にカールトン大戯院で公演された。性格の異なる四人のダンサー──米米《ミーミー》・曼麗《マンリー》・丁香《ディンシァン》・顧小妹《グーシァオメイ》が描かれ、それを演じた藍蘭《ランラン》ら女優が紹介されている。米米は人気ダンサーだが、気位が高いと嘲ける客もいる。「満洲」の故郷を失って国を憂える大学生と愛し合うが、「養母」が金持ち老人の第五夫人になれと強要するため、自分に言い寄る買弁《ばいべん》の求婚に応じて逃げ出す。ところが買弁は、親が反対ゆえ心中しようと騙し、曼麗と立ち去ってしまう。丁香はダンサーを「他の職業と同じ」で「生活」のためと考えており、経済的負担もやや軽いため「自主」の態度を貫き、補習学校で学んで看護師をめざしている。十七歳の顧小妹は妊娠を隠して働くが、結婚を約束した相手には許嫁がおり、迫られて堕胎し発狂したように自殺を図る。内容紹介の文に朱文央は、なぜダンサーは「侮蔑」され「弄ばれ」ねばならないのかと記している(57)。

さらに二巻九期は、『上海婦女』社が主催した「花濺涙公演座談会」の記録を掲載している。同期の表紙には、「中華婦女互助会が上海舞界の姉妹を招待」と題して、そこに集まった大勢のダンサーの写真も飾られている。また一巻四期と三巻二期（一九三九）の投書欄では、ダンサーからの苦境を訴える手紙を取りあげ、蔣逸霄が返信を書いている(58)。これらのダンサー関連記事から、「花濺涙公演座談会」に出席した前述の二人のダンサー、衛学書と楊敏詩の発言を紹介したい。

この座談会には、蔣逸霄はじめ藍蘭・朱立波や編集委員が出席し、話劇の感想、四人のダンサーの性格、ダンサーの苦しみの解除法について話し合った。女性知識人たちは「ダンサーの苦しみはこの上ない」と同情し、話劇の最後の場面で丁香が抗戦救護活動へと赴いたことを高く評価する声なども出た。それに対して、衛学書・楊敏詩はダンサーの具体的な状況を語り、次のように発言している。「劇中のダンサーの苦しみはマダマダ」で、実際は「もっと自由がない」。人気ダンサーでも「要求されたら泊まることを拒否できず」、いったん「貞操が破られた」後は「どうでもいい」という気持ちになりがちだ。「我々は労働者」だ。妊娠しても堕胎は難しく、「堕胎しても長くは休めない」。「劇中で丁香がダンサー生活を離れるが、その後の生活費をどうするのか、私は疑問をいだく」。「丁香のような出路は歩めない。家庭を支える負担が重いから」、等々と(59)。

二人は決して同情を買おうとするのではなく、女性知識人たちの認識の不足をも鋭く衝いて、厳しい現実をきちんと伝え、自己を「労働者」と認識しているのである。彼女たちは前述の一巻二期のインタビューでも、自己の経歴やダンサーの実情を率直に詳しく語っている。こうした衛学書・楊敏詩は、シャノン・ベルのいう、男権社会で「それなりに自立して行動する」主体的妓女に数えるべきだろう。そして、現実認識に甘さを残すとはいえ、『上海婦女』に集まった女性知識人たちの姿勢とネットワークの力が、彼女たちの行動を引き出すのに大きく寄与していたのではなかろうか。劇中で米米が歌う補習学校の教師作という歌詞には、「私たちはダンサー、自由職業の女性。私たちはダンサー、中華民国の国民」とある。また蔣逸霄は、先のインタビュー時には「自分を小さく見ないで」としか励ませなかったというのだが、この座談会をまとめる時にはこう述べている。徹底的な「苦しみの解除」は「根本的社会改造」だろうが、今できることは「教育」機会を設けて「生きた知識」や「法律常識」を与えることであり、そうすれば「養母」に対する「孝の観念」なども打破できる、と。編集委員の朱文央も、「劇が描くのはダンスホールの一角だが、じつは全体社会の男女関係もこれと変わらない」と書き、ダンサーと自分たちとを同じ地平に置いている。(60)

おわりに

近年活発になった中国妓女の研究成果をふまえて、近代中国における妓女表象が侮蔑か憐憫かに二分され、かつそれが表裏一体の視線となっていると確認したうえで、そうした典型を超える表象を民国期の多様メディアに求めてみた。シャノン・ベルのいう、「すぐには覆せない」男性社会で「それなりに自立して行動する」主体的妓女の表象の一端が、提示できたとすれば幸いである。

丁玲は、妓女と近代女性とを同じ地平に置いて、共に近代社会で「自由」「愉悦」の権利を求めながら、充分に与えられることのない存在として表象している。陳思和の指摘するように、「高み」に立って「同情」する妓女表象ではなく、また、姚穀が論じた近代男性知識人の、妓女を憐憫対象として免責し、じつはその人間としての権利を否定する言説とも違っている。老舎の表象した、「自立」して覇権的体制と闘いぬく妓女からは、侮蔑や憐憫を超えた作者の崇敬の念、そして、そうした下層の者と闘う精神を共有したいとの願いを感じ取ることができる。これらの妓女表象は、五・四知識人の典型的な「憐憫／侮蔑」視線とは異なるものだといえよう。

曹禺の妓女表象は、丁玲や老舎のそれと、権利追求や覇権と闘いぬく姿勢を共有するばかりでなく、さらに、革命的知識人の反覇権的言説をも脱構築しえている。五・四以来の典型的な、「憐憫／侮蔑」表裏一体視線という妓女観、そして根を同じくする社会改造観に対し、「挑戦」「侵犯」しているのである。しかしながら、『日の出』はじめ『三日月』『慶雲里』に関する最近の論を見ても、五・四知識人の「憐憫／侮蔑」視線という典型的妓女観にいまだに束縛されているように感じられる。その束縛がもととなって作品への曲解が生じており、合わせて「社会改造」に対する夢想が、その曲解の支えになっているのではなかろうか。そうした束縛が近代以降にむしろ強まっていくなかで、本論が取りあげたような魅力ある主体的妓女は、その後の中国であまり表象されることなく、夭折ともいうべき状況になったと思われる。

自らも性的中傷に苦しんだ阮玲玉の演技は、妓女への共感に裏打ちされてか、典型的な妓女観に収まらない表象を提示し、新たな大衆メディアである映画の観客から大人気を博した。そこには、当時の廃娼運動にもあった「憐憫／侮蔑」視線に対する、映画人の批判意識も寄与していたのかもしれない。『上海婦女』に集った女性知識人たちの、市民ネットワークの力を活かしたダンサーとの共闘姿勢は、主体的妓女による自己表象をも生み出している。白露のような「地位」ある高級妓女ではない彼女たちは、しかし憐憫を求めるのではなく、侮蔑を拒否し、女性知識人たちの認識不足をも衝き、尊厳を保ってダンサーという苛酷な「労働」の実情を伝えている。女性知識人側も「高み」にではなく同じ地平に立って、妓女の世界の理解に努めようとし、五・四以来の男性知識人のいう「社会改造」だけに頼るのでは不充分だとの認識にも達している。

しかし、阮玲玉映画や『上海婦女』に見られた、こうした非典型的な妓女観、売春の「労働」視、妓女との共闘姿勢、主体的妓女の自己表象なども、やはり典型的な妓女観に束縛されて、その後大きく育ったようには思えない。むしろ夭折したというべきだろう。ごく最近になって宋少鵬は、売春を「労働」と捉えて「道徳的な非難はできない」と明言し、下層女性にとっては、「性」が「唯一手にしている労働手段」であることも多く、「相対的に自由で収入が割と高い性的サービス業は一種の理性的な選択だ」、と論じている。[61]とはいえ、こうした言説は大陸において、まだ少数であるように見受けられる。

注

（1）「妓女」という言葉については、齋藤茂『妓女と中国文人』（東方書店、二〇〇〇年）五～八頁に紹介がある。同書が「中国でもっとも普遍的な呼称であった」とするのにならい、「娼婦」「娼妓」「売春婦」「性産業従事者」などに代えて、本稿では引用部以外は「妓女」を使用する。

（2）シャノン・ベル著、山本民雄・宮下嶺夫・越智道雄訳『売春という思想』（青弓社、二〇〇一年）二四頁。

（3）福士由紀「書評　Gail Hershatter.*Dangerous Pleasures—Prostitution and Modernity in Twenties-Century Shanghai*. Berkeley.Los Angels: University of California Press.1997」（『中国——社会と文化』一三、一九九八年）。

（4）孫国群『旧上海娼妓秘史』（河南人民出版社、一九八八年）、単光鼎『中国娼妓——過去與現在』（法律出版社、一九九四年）などを例として挙げている。

（5）薛理勇『上海妓女史』（香港・海峰出版社、一九九六年）などを例として挙げている。

（6）安克強（アンリオ）『上海妓女——十九～二十世紀中国的売淫與性』（上海古籍出版社、二〇〇四年。仏文原書は一九九七年、未見）などを例として挙げている。

（7）賀蕭（ハーシャッター）『危険的愉悦——二十世紀上海的娼妓問題與現代性』（江蘇人民出版社、二〇〇三年。英文原書は注（3）、羅蘇文『女性與近代中国社会』（上海人民出版社、一九九六年）などを例として挙げている。

（8）岩間一弘「民国期上海の女性誘拐と救済——近代慈善事業の公共性をめぐって」（『社会経済史学』六六—五、二〇〇一年）。同会については注（6）『上海妓女』第十四章にも紹介がある。

（9）姚毅「「被害者」というレトリック——『婦女雑誌』の娼婦像」（村田雄二郎編『『婦女雑誌』からみる近代中国女性』研文出版、二〇〇五年）。

（10）林紅『中国における買売春根絶政策——一九五〇年代の福州市の実施過程を中心に』（明石書店、二〇〇七年）。

（11）注（6）『上海妓女』と注（7）『危険的愉悦』。

（12）注（1）、引用は一九三・一四六頁、紹介は一〇四・一一八・一五八頁など。伝統妓女に関する研究には他に、大木康『中国遊里空間——明清秦淮妓女の世界』（青土社、二〇〇二年）、葉凱蒂『上海・愛——名妓、知識分子和娯楽文化一八五〇〜一九一〇』（三聯書店、二〇一二年）などがある。

（13）注（6）『上海妓女』第一・二・三・四章と「結語」。ここでは、福士由紀「書評　Christian Henriot,Translated by Noël Castelino, *Prostitution and Sexuality in Shanghai:A Social History,1849-1949*.Cambridge: Cambridge University Press.2001」（『アジア経済』四四—二、二〇〇三年）による内容紹介を要約している。「高級妓院からマス・セクシュアリティへ」は注（6）の書の八一頁、「経済の商業化」「消費の対象」は七五頁、「情欲化」は二六・五六・九二頁、「情欲化」と「商品化」については三九五頁。

（14）注（7）の第二・三・四・五・六・七・九章。この一段落は、注（3）福士書評の内容紹介を要約している。「危険妓女」は注（7）の書の二三七頁、「ノスタルジー」は三五頁、「ビジネスの場」「都市的男らしさを作り出す場」は六九頁、「地位」は一四八頁、「セクシュアリティ」は九八頁、「妾となる」は九九頁、「広範なコミュニティーにとっての危険」は一九五頁、「法律・秩序の顛覆者」は二三八頁、「犠牲者」は二一六・二三六頁。

（15）注（3）。

（16）董竹君『我的一個世紀』（三聯書店、一九九七年。加藤優子訳『大河奔流 上・下』講談社、二〇〇〇年）。聶茂・孫少華編著『女権先駆——董竹君』（民主與建設出版社、二〇一二年）。石楠『画魂潘玉良伝』（台湾海風出版社、一九九三年）。石楠『画魂潘玉良』（時代文芸出版社、二〇〇三年）。石楠の書をもとに、映画『画魂、愛、いつまでも』（一九九三）やＴＶドラマ『画魂』（二〇〇三）が製作された。ＴＶドラマの「故事梗概」には「断固として自分の体を売らなかった」

とあり、この点が中国において高く評価する際の前提となっているように見受けられる。

(17) 注(7)第九章。「性病の討論」「邪悪」は二三八頁。

(18) 福士由紀『近代上海と公衆衛生――防疫の都市社会史』(御茶の水書房、二〇一〇年)四七～四八頁。中国女性史研究会編『中国女性の一〇〇年――史料にみる歩み』(青木書店、二〇〇四年)八八～九一頁。注(6)の「第四部分」にはさらに詳しい紹介がある。

(19) 注(7)第十章。「道徳」の「堕落」は二六一頁、「中国文化の貧弱」は二六二頁、「悪習」は二六六頁、「国家富強」は二五八頁、「社会改革」は二六六頁。アナキストをその例外としている。ちなみに、李大釗を先駆けとする五・四知識人の廃娼論には、「根本的解決方法」は「社会改造」だと捉え、社会自体の改造で売買春は自然消滅すると考える傾向があった。そのため具体的活動は起きず、実際の廃娼運動はYMCAなどキリスト教団体が牽引した。女性活動家も女性の地位向上の重要な一環として廃娼を掲げ、女権運動同盟会(一九二二)、国際女性デー(一九二四・一九二七)、上海女界国民会議促成会(一九二五)などで取りあげた。注(9)、注(18)『中国女性の一〇〇年』九一頁、末次玲子『二十世紀中国女性史』(青木書店、二〇〇九年)、中華全国婦女連合会・中国女性史研究会編訳『中国女性運動史一九一九～四九』(論創社、一九九五年)など参照。

(20) 注(9)。

(21) 貞操論争以降の論議については拙論「一九二〇年代中国のセクシュアリティ論議――張競生、丁玲らによる異論」(『中国――社会と文化』二九、二〇一四年)参照、優生学の提唱については坂元ひろ子『中国民族主義の神話』(岩波書店、二〇〇四年)参照、あわせて注(18)『中国女性の一〇〇年』八四・一二〇頁参照。

(22) 注(9)。

(23) 注(9)。李大釗の論については注(19)参照。

(24) 注(7)第七章。注(8)岩間論文によれば、誘拐・売買により妓女とされた者は犠牲者として救済対象となったものの、それは「家族の観点から」であり、また、もともと「不良の女子(=娼婦)」だった者は救済の対象外とされたという。

(25) 注(9)。

(26) 劉英「「破鞋」問題について」(『中国婦女』一―一二、一九三九年。拙訳・解題『新編 原典中国近代思想史 六 救国と民主』岩波書店、二〇一一年)。

（27）『戦地総動員』（山西人民出版社、一九三九年、一九八六年再版）。拙論「日本軍の婦女暴行と戦時下の中国女性雑誌」（中国女性史研究会編『論集 中国女性史』吉川弘文館、一九九九年）参照。
（28）注（10）の序章および八四〜九五頁。
（29）女性監督・李少紅、原作・蘇童『紅粉』。『中国映画の全貌一〇〇──一九八〇〜一九九五』（大映・東光徳間、一九九五年）、『中国映画の全貌二〇〇〇』（徳間書店、一九九九年）、佐藤忠男『中国映画の一〇〇年』（二玄社、二〇〇六年）参照。
（30）「慶雲里中的一間小房裏」（『紅黒』一、一九二九年）。あらすじは次の通り。主人公の阿英は三年前に農村から上海に来て働く下級妓女。田舎の陳老三を思い、「二人静かに郷里で一生を過ごしたい」と望んでいるが、農民に女房は養えず、彼女がお金を貯めては送っている。小言も言われ、好かぬ客も取らねばならないが、田舎よりまともな食事や暮しもでき、「お母さん」「お姉さん」たちとの仲も悪くない。
（31）陳思和編『文学中的妓女形象』（人民日報出版社、一九九〇年）。ちなみに陳思和は、「社会的地位の低さや貧困や正常に結婚できない」等の理由で「やむなく」妓女になるもの、というのが通常の考え方であり、かつては自分もそう考えていたとしている。
（32）李蓉「苦難與愉悦的双重叙事話語」（『文学評論』二〇〇六―二）。秦林芳「「自由」：丁玲早期小説創作的精魂──以『慶雲里中的一間小房裏』為中心考察」（『中国現代文学研究叢刊』二〇一二―九）。
（33）注（21）拙論参照。「妓女でも私よりはまし」は「夢珂」（『小説月報』一八―一二、一九二七年）、「娼妓と同じ」は「他走後」（『小説月報』二〇―三、一九二九年）。
（34）注（19）末次『二十世紀中国女性史』一九三〜一九五頁は、近代中国には売春に対して三つの見方（風紀を乱し性病の伝染源ではあるが必要悪として制限し管理することを主張するもの、人道主義と家庭擁護の立場から廃止を主張するキリスト教主義、廃止するには民族と階級の解放こそが大前提だとする共産党や国民党の革命派）があったとし、これらと異なる「革命的フェミニスト」の見方として、雲「一個神女的低訴」（『婦女生活』一―四、一九三五年）を挙げている。この文中の妓女の「訴え」には、旧礼教の家庭から逃げ出し、広い空にはばたきたいと思ったが、娼婦の境遇に入らざるをえなかった、「けれど、女性の幸福とは何だろう。一人の男に一生身を売って、籠の鳥のような奴隷生活をすることが、娼婦と比べて幸福とはいえまい」とあり、丁玲の妓女表象と共通点がある。末次はこの文を、「階級と民族の解放に問題を解消させるのではなく、自己実現を求める女性の立場から娼妓と連帯し、援助しようとする」姿勢と評価している。

(35)「月牙児」(『国聞周報』一二―一二～一四、一九三五年)、邦訳は竹中伸『老舎小説全集 六 老舎自選短篇小説選』(学習研究社、一九八一年)など、一九八六年に映画化もされた。原作は「私」だが、映画では韓月容の名となり、作品舞台は北京のような都会を思わせる。あらすじ：幼時に父を亡くし、母が再嫁して「私」は学校に通うが、継父が失踪し母は私娼となる。母を侮蔑し縁を切ったが、卒業後の自分にも安定した職はなく、とうとう愛人となる。しかし彼の妻に「返して」と言われて別れ、まともな職にも就けず、最後には母と同じ私娼となって、病も患う。老いた母を捜し出して共に暮すが、私娼を続けるしかなく、やがて警察に捕まる。感化院へ送られるものの、感化を拒否して、監獄に入れられる。

(36)劉伝霞「論現代文学叙述中妓女形象譜系與話語模式」(『婦女研究論叢』八四、二〇〇八年)。なお、周学業「ユーモアに悲劇があり――老舎の『月牙児』と『駱駝祥子』における老舎の創作理念と芸術風格について」(『九州国際大学国際商学論集』一三―二、二〇〇一年)は、『月牙児』の「主題は圧迫されている庶民大衆への同情」とするのが研究者一般の認識だとしている。渡辺武秀「老舎『微神』と『月牙児』の「悲劇」について」(『東北大学中国語学文学論集』六～七、二〇〇二年)も、「私娼に墜ちて行く」「悲惨な物語」であるとしたうえで、「私」を「優しさ、善良さ、正直さ、正義感」をもつ「好ましい性格」だと論じている。

(37)王春林・王暁兪「『月牙児』――女性叙事話語與中国文人心態的曲折表達」(『文芸理論研究』一九九六―二)。

(38)注(2)二八頁。郭文元「『月牙児』與貞操妓女的現代書写」(『当代文壇』二〇一〇―四)。

(39)「日出」(『文季月刊』一―一～四、一九三六年)、邦訳は中山文『中国現代戯曲集 第八集 曹禺特集・上』(晩成書房、二〇〇九年)など。

(40)茅盾「渇望早早排演」(『大公報(天津)』一九三七．一．一。田本相・胡叔和編『曹禺研究資料 上下』中国戯劇出版社、一九九一年に収録)は、「半植民地金融資本の縮図」とし、「このような社会問題を舞台にかけるのは、(中略)『日の出』が最初」と高く評価した。「暗黒勢力」については、曹禺「跋」(『日出』文化生活出版社、一九三六年。王興平・劉思久・陸文璧編『曹禺研究専集 上下』海峡文芸出版社、一九八五年に収録)。こうした評価はほぼ全ての論で一致している。

(41)白露はかつて大学生だったが、大学教授の父親を亡くしたことから不幸が始まった。詩人と恋愛結婚したが、子供の死にも遭い、離婚した。注(39)邦訳書の中山文「『日の出』解題」参照。

(42)注(6)『上海妓女』第四章。「新奇の売淫形式」「二十世紀三、四〇年代にピークに達した」「過去の高級妓女の役割」

は一〇九頁、「社会的地位を顕示」は一一九頁。

(43) 注(7)『危険的愉悦』、「ホテル」への移動については一一〇頁。

(44) 竹内好・岡崎俊夫編『現代中国の作家たち』(和光社、一九五四年)一六五頁。

(45) 白露評価について、馬俊山「「新女性」個性解放道路的終結――論陳白露的悲劇」(『中国現代文学研究叢刊』一九八四―四)は、「この劇における偉大な人物の創造」とするか、「世間を弄び、自ら堕落に甘んじる」とするかに二分されるとし、前者の例としてシャディック「一個異邦人的意見」(『大公報(天津)』一九三六、一二・二七。注(40)『曹禺研究専集下』『曹禺研究資料下』に収録)を挙げている。この例以外は基本的に後者の評価に準じており、文革以前の白露評価には、徐聞鶯「是鷹還是金絲鳥――與陳恭敏同志商榷関於陳白露的悲劇実質問題」(『上海戯劇』一九六〇―一。注(39)『曹禺研究専集下』収録)のように、方達生の出現による少女時代への覚醒も、チビへの同情心もないブルジョア思想で、憐憫に値しないとする論さえあった。文革後この論は否定され、主な問題は社会にあるとして憐憫の対象となった。なかには辛憲錫「関於『日出』的幾個問題」(『天津師院学報』一九八〇―一。注(39)『曹禺研究専集下』収録)のように、「堕落していない」「悪への反抗」部分を強調するものもあるが、最近の論でもほぼ後者の評価に準じている。また、その後者の論者には、救済を志す方達生を基本的に「正面人物」とするものが多く、代表例に馬俊山論文のほか次のものがある。姜小凌「曹禺『日の出』論」(『未名』一五、一九九七年)、田本相「『日出』論」(『文学評論』一九八一―一。注(39)『曹禺研究専集下』収録)、朱棟霖『論曹禺的戯劇創作』(人民文学出版社、一九八六年)第二章、陳堅「『日出』的結構芸術」(『曹禺戯劇研究集刊』南開大学出版社、一九八九年)、宋炳輝「陳白露――在黎明前逝去的女人」(注(31)『文学中的妓女形象』所収)、張慧珠『曹禺劇評』(北京十月文芸出版社、一九九五年)第三輯、注(36)劉伝霞論文。ただし、元来は「清純」だった白露を「反面人物」とした要因には、不幸な経歴・性格・物欲・都市文明・個人主義的自己解放思想・男性社会・曹禺の男権思想など様々なものが、それぞれの論で指摘されている。なお二〇〇〇年代になって、章立明「女性主体意識及其主体性残缺――曹禺四大名劇女性悲劇命運解読」(『雲南社会科学』二〇〇二―六)、趙燦「女性主義視角下的曹禺及其作品閲読」(広西師範大学修士論文、二〇〇四年)など、白露を「反面人物」としない論も出ているが、まだ少数である。

(46) 注(40)「跋」。なお曹禺は同じ「跋」で、方達生像を「風刺であり、(中略)風刺の対象は私自身である」としており、自己批判の意を込めている。ただし曹禺自身は、苦労して下級妓院に入り込んで調査し、そこで「黄金のような心」の翠喜を発見したとし、「彼女はまじめに自分の商売をしている」とも記している。

(47) 田本相『曹禺伝』(北京十月文芸出版社、一九八八年)第十四章、注(45)姜小凌論文。

(48) 注(19)末次『二十世紀中国女性史』二七七～二八一頁参照。『神女』は一九三四年。レイ・チョウ(周蕾)著・本橋哲也・吉原ゆかり訳『プリミティヴへの情熱——中国・女性・映画』(青土社、一九九九年)四六～四九頁、『上海電影志』(上海社会科学院出版社、一九九九年)、尹鴻・何建平編『百年電影経典』(東方出版社、二〇〇一年)、注(29)の佐藤『中国映画の一〇〇年』など参照。『新女性』は一九三五年。『上海電影志』、戴錦華著・宮尾正樹監訳『中国映画のジェンダー・ポリティクス——ポスト冷戦時代の文化政治』(御茶の水書房、二〇〇六年)三四～四一頁など参照。妓女を扱ったものは他に『船家女』(一九三五)『馬路天使』(一九三七)などがある。またダンサーを扱った映画も多い。

(49) 注(29)の佐藤『中国映画の一〇〇年』二九～三一頁。注(48)の『百年電影経典』四六～四七頁。

(50) 注(48)のレイ・チョウと戴錦華の書。演技については注(48)の文献参照。

(51) 注(50)に同じ。阮玲玉は三月八日の国際女性デーに、「人言可畏(噂はこわい)」という最期の言葉を残して服毒自殺した。これについて魯迅が「論「人言可畏」」(一九三五)を書き、新聞も権力などに対しては弱者の立場にあるものの、より弱い立場の者にとっては強者となると評した。また、この自殺について注(19)末次『二十世紀中国女性史』二八一頁は、刑法改正運動(一九三四)で「女たちによる性道徳の男女平等の運動が成功したのにうろたえ」た男たちからの、「それを逆手にとった攻撃のいけにえになった」としている。このように性的スキャンダルを相手への有効攻撃に利用することは、その後の中国でも行われ、例えば丁玲・陳企霞集団批判などでも利用された。ごく最近の状況に関しては、宋少鵬著・及川淳子訳「性の政治学と資本主義的ジェンダーの奥義——二〇一四年「東莞売買春一掃」をめぐる論争から」(『中国女性史研究』二四、二〇一五年)が論じている。

(52) 注(19)末次『二十世紀中国女性史』一八〇頁。禁娼令とその解禁については、注(6)『上海妓女』三四七頁、注(7)『危険的愉悦』三〇〇～三〇二頁など参照。女性団体の解禁反対に関しては、『危険的愉悦』の「第十章 改革者」二七五～二七六頁に『婦女共鳴』誌の論が紹介されている。

(53) 注(6)『上海妓女』第四章参照。「新奇の売淫形式」は一〇九頁、「若者の堕落」は一一四頁。「新奇の売淫形式」には他に、ウェイトレス・マッサージ師が挙げられている。

(54) 馬軍『舞庁・市政——上海百年娯楽生活的一頁』(上海辞書出版社、二〇一〇年)「第二章三 禁舞之議」参照、引用は

九〇頁。同書については『東洋学報』九三―二（二〇一一年）に岩間一弘の書評がある。関連した研究に、張平・任文恵『另类的都市摩登――追溯上海舞厅舞蹈文化』（人民音楽出版社、二〇一一年）もある。

(55)『上海婦女』（一九三八年四月～一九四〇年六月）については、『上海婦女運動史一九一九～一九四九』（上海人民出版社、一九九〇年）二〇二頁、『上海婦女志』（上海社会科学院出版社、二〇〇〇年）四九八頁、注(16)董竹君『我的一個世紀』三〇四～三〇五頁、連玲玲「戦争陰影下的婦女文化――孤島上海的婦女期刊初探」（『近代中国婦女史研究』二〇、二〇〇二年）、陳雁『性別與戦争』（社会科学文献出版社、二〇一四年）第四章など参照。創刊号に「発刊詞」がある。女性のネットワークについては、鉄懐（朱文央）「一年来的上海婦女界」（『上海婦女』一―六。『中国婦女運動歴史資料（一九三七～一九四五）』中国婦女出版社、一九九一年にも収録）。董竹君らが出資。主な編集委員・執筆者に、王季愚・郭箴一・夏螢（蔡楚吟）・韓学章・関露・姜平（孫蘭）・許広平・黄定慧・黄碧遥・朱文央・朱素萼・武桂芳・茅盾・楊宝琛ら。女性の就業・家庭・参政・文化など幅広いテーマが扱われ、難民救済・日常生活維持・前線支援・抗戦動員などに尽力する女性たちの姿が映し出されている。妓女に関連する記事は本文に挙げた以外にも、一―一・六・八・九・一〇・一二、二―四、三―一・五・七、四―四にあり、二―二にはウェイトレス、一―五にはマッサージ師も取りあげられている。

(56) 逸霄記「生活自述――舞女衛学書與楊敏詩」。東旦舞女補習学校については、注(55)の『上海婦女志』六九七頁、『上海婦女運動史一九一九～一九四九』二〇七頁参照。朱立波らが許広平らの協力を得て開設し、国語・算数などの学科もあったという。朱立波は『上海婦女志』に多数記載がある。青竹の記事「紀舞女救難遊芸会」によれば、遊芸会は千数百席の新光大戯院で開かれ、『舞女涙』は実話をもとにしたという。上海舞業婦女連誼会については、『上海婦女志』二五二・六九七頁、『上海婦女運動史一九一九～一九四九』二〇八頁、注(19)『中国女性運動史一九一九～四九』三七五頁など参照。中共・蔣瑛らの援助で三七年成立、募金活動で新四軍支援や難民救済をしたという。上海婦女界難民救済会に関しては、『上海婦女志』二五七頁、『上海婦女運動史一九一九～一九四九』一九一～一九二頁、注(19)『中国女性運動史一九一九～四九』三七三頁など参照。三七年十一月に上海婦女慰労分会から改名し、転出した何香凝に代わり許広平が代表となった。

(57) 特集の三文は、鉄懐（朱文央）「介紹正在公演的花濺涙」、于伶「鉛様的心情（写在花濺涙公演之前）」、蔣逸霄「介紹幾位女芸人（花濺涙這次公演的女主角）」。『花濺涙』については、孔海珠『于伶伝論』（上海人民出版社、二〇一四年）第八

章第四節、注（55）『上海婦女運動史一九一九～一九四九』二〇七頁、注（48）『上海電影志』など参照。シナリオは『花濺涙』（風雨書屋、一九三九年）。話劇は上海劇芸社による公演で、藍心大戯院でも演じられ、四一年に映画化もされた。注（56）の『舞女涙』とヒロイン名が共通している。于伶の夫人・王季愚は『上海婦女』の編集委員、藍蘭も同誌に執筆。

（58）記録は武桂芳「花濺涙公演座談会」。中華婦女互助会については、注（55）『上海婦女志』二五六頁、注（19）『中国女性運動史一九一九～四九』三七四～三七五頁など参照。楊虎将軍夫人・田淑君らが三七年に設立した。互助会のこの集まりには陳望道も出席し発言した。斉明（陳望道）「因『花濺涙』的演出説到新女性」（『魯迅風』八、一九三九年）、注（57）『于伶伝論』二一〇～二一二頁など参照。一巻四期の投書欄「（三）人事問答」では、王月英というダンサーが、「ダンサーも一つの職業なのに、なぜ人から軽視侮辱を受けるのか。ここから抜け出したいが無学無才でできない。どう努力すれば叶うのか教えてほしい」と質問し、蔣逸霄が、「今の社会制度では全ての経済権が男性に握られているため。タイプライターなど実用技能を学んだり、ダンス技術を磨いて一流になること。中日戦争のなかで国の活路を考えたり、同様の姉妹と手をつなぐことも必要」と返信している。三巻二期の投書欄「一個舞女的来信」は十九歳ダンサーの投書で、「中学二年まで行ったが、母が肺病で弟妹がおり、経済的困窮からダンサーに。先週初めて『上海婦女』を読み、『花濺涙』も見た。私たちの苦痛を語る劇だが、私自身の語りではないので、手紙で苦痛を訴えたい。私たちは蔑視されるが、蔣逸霄さんは違うと思うので」とある。蔣逸霄は「魂のあるダンサーからの手紙に感動した。もっと話したい」と応えている。さらに三巻一・三期には、ダンサーを扱った「阿鳳小伝（連環図画故事）」もある。

（59）座談会は二月に開催され、蔣逸霄が司会。朱立波は注（56）、出席者は他に朱文央・敏莉・姜平・黄碧遥・季子（王季愚）・関露・張大任ら。朱文央・姜平・季子・関露は中共党員。なお、注（48）『上海電影志』・注（58）の座談会の記録によれば、抗戦活動に赴く第五幕は、話劇公演時にカットされ、映画でも曖昧になったという。

（60）蔣逸霄の発言は注（58）の座談会の記録。朱文央は注（57）の文。ちなみに、一九四七年国民党がダンスホールの営業禁止令を出すと、関係者の憤激をかい、数千人が社会局を襲撃する事件が起こった。馬軍はこれを、「戦後の民主意識の増強」のなかで、上海市民が「国家の主人公」意識を体現したもので、「上海の民衆運動が高い水準に達した」ことの表れと評価している。注（54）馬軍書の一七五・二一八頁参照。馬軍にはこれを専門に研究した『一九四八年：上海舞潮案——対一起民国女性集体暴力抗議事件的研究』（上海古籍出版社、二〇〇五年）もある。『上海婦女』に見たダンサーと女性市民ネットワークの力が、後のこうした運動につながっているかもしれない。ただし注（6）『上海妓女』一二五頁は、この抗議運動で妓女は利用されたとしている。

(61)　注(51)の宋少鵬論文。

華北のある小都市での売春に関する研究
――一九三〇年代を中心に――

リンダ・グローブ
（田中 アユ子訳）

はじめに

民国期中国の売春に関する研究は、日・中・英どの言語によるとを問わず、そのほとんどが大都市の事例を扱っている。最も注目を集めてきたのは、中国初の近代都市で、活気に満ちたメディア文化の発祥地でもある上海だが、他にも北京、天津、広州、杭州、昆明での売春に関する研究が行われてきている。(1) これまでの研究は、中国でも最大級の、近代化が最も進んだ都市を対象とすることがほとんどだったが、性産業はそれ以外の地域にも広がっていた。二十世紀初頭までに、性産業は文人や裕福な商人を相手にする花柳文化の中心地であった大都市・省都から、より規模の小さい町、つまり県都（県城）や、鉄道建設や産業の拡大によって、急速に発展を遂げつつあった町へと広がっていった。本稿は、新たに発見された調査史料（一九三〇年代に行われた調査に関するもの）をもとに、華北のとある小さな工業都市での売春の実態を浮き彫りにしようとする試みである。この取り組みでは、以下のような疑問を念頭に置きつつ、考察を進めていきたい。売春はどこの小都市でも行われていたのか。小さな町と大都市で行われる売春はどう違ったのか。ゲイル・ハーシャッターが行った、上海での売春についての先駆的研究で取り上げられた、いわゆる「危険な快楽」のことを地元民はどう論じていたのか。また、地方の各政府機関は売春をどのように利用し、あるいはこれを取り締まったのか。

本書に収められている論文のほとんどは「表象」をテーマとしており、出版された、もしくは広く出回った史料を用いて、作家や芸術家が、中国の女性やその活動について、どういったイメージを意識的に作り上げようとしたかを分析している。だが本稿では、それとは異なるタイプの史料を用いていく。本稿で用いるのは、一九三五年から三七年の時期に、ある若手調査員チームが、とある小さな工業都市で生じた社会変化を二年にわたって追いかけた、未編集の調査記録である。この現地調査記録には、この町で行われていた売春についての概略的説明、公の戸籍簿の写し、「非法行為」にたずさわっていた人物の名簿、医者や薬屋を対象とした聞き取り調査の記録、地元で聞き込んだ売春の危険にまつわる話、および二人の年若い娼妓への聞き取り調査の記録が含まれている。

同調査チームは、日本との戦争が始まった一九三七年の夏にちょうど現地調査を終え、その結果を報告書に書き起こし始めたばかりであった。しかし、南開大学が爆撃を受けた際、報告書の原稿は失われてしまった(2)。そのため、本章で紹介する売春の実態について、彼らがどう論じるつもりだったのかを知る術はなく、産業化によって生じた社会変化の全体像のなかに、性産業をどう位置づけようとしていたかも定かではない。だが、この現地調査記録を考察することで、彼らが売春というテーマにどう取り組もうとしていたのか、また売春を行う女性や客となる男性に対して、どういった見方を持っていたのかを垣間見ることはできる。加えて、この調査記録には、性産業やそれに従事する人々についてのさまざまな見方が表れてもいる。そこで本稿では、この調査記録をもとに、華北のとある小都市での売春の実態について調査員たちが描いたスケッチを再現し、それを大都市での売春の研究から知り得ている事柄と比較していきたいと思う。

一　小都市での売春——一九三〇年代半ばの高陽の事例

一九三〇年代には、どこの小都市にも娼妓がいたわけではない。売春は商売であり、他の商売同様、それに従事する者が生計を立てるに十分な需要が見込めるところでのみ発展した。当時の中国の小都市で売春が盛んになったのは、重要な商業の中心地とか、急速な発展を遂げ、出稼ぎ労働者を引き寄せるような町、あるいは輸送網や産業活動の中心地に限られていた。そうした小都市のなかで、売春についての報告が残されているのは、山東省の北西部に位置する徳州と河北省の石家庄（どちらも鉄道建設のおかげで急速な発展を遂げた町である）[3]、そして本稿が主な考察対象とする高陽の三つである。高陽は農村織物業の発達によって急速に成長した町であった。この三つの町のどれをとっても、売春は商業文化と密接なつながりを持っていた。常連客のほとんどは商人や企業の従業員であり、これに加えて、軍隊、警察、保衛団（地元住民たちが組織した治安維持組織）といった治安機関に属する者たちも常連客に名を連ねていた。

高陽での売春の発達は、この地が農村織物業の中心地として栄えたことと深く関係している[4]。高陽県は河北平野の中部に位置し、省都の保定から三〇キロ南東、また北京・天津の両都市からはそれぞれ一七〇キロの等距離に位置している。経済史研究においては、二十世紀前半の華北で、農村工業が最も栄えたところとして有名である。中国で近代繊維産業が誕生したのは二十世紀初頭のことだが、一九三〇年代までには、高陽は急速な成長を遂げる繊維産業の中心地となっていた。織工は村の自宅や小さな工場で働き、数百万反もの綿・人絹織物を生産し、その製品は中国全土で販売された。高陽とその近くの村々には染色仕上げ工場があり、その多くは小規模であったが、規模の大きな工場も十軒ほど存在した。また、高陽には百軒以上の卸売業者が存在し、生産を管理し、中国全土に販売網を張り巡らせていた。

織維産業の台頭は、この地域に大きな変化をもたらした。その一つは、華北の他の地域から数千人の労働者・商人が流れ込んできたことだった。一九三〇年代までには、大都市の繊維産業では女性の労働力が活用されるようになっていたが、農村の繊維産業を支えるのは男性の労働力であった。高陽の繊維産業で支配的な位置を占める企業や工場は男性のみを雇用しており、農村の世帯や仕事場では、織工の仕事、つまり二十世紀初頭までは女性が行っていた作業を、男性が担うようになっていた。(5)

繊維産業の労働力が男性中心であった結果として、高陽鎮では人口の六九パーセントが男性で占められることとなった。(6)周囲の農村部では、男女の人口比率が比較的均衡している村もあったが、小規模の織物・染物工場が急増した村では、出稼ぎの男性労働者が流入し、男女の人口比率に顕著な不均衡が生じることとなり、男性人口が女性人口の二倍近くにまで膨れ上がった。(7)出稼ぎの男性労働者は、大抵の場合、故郷に妻や家族を残してきていたため、彼らの存在は性産業への需要を生み出す要因となった。

繊維業界を牛耳っていたのは、糸・布の大手卸売企業数社である。大手企業はそれぞれ地元で二十名以上の従業員・見習いを抱えていたほか、全国に販売網を展開しており、その従業員として、もう百人程度の男性を雇っていた。大手企業はそれぞれ天津に支店を開設しており、この支店が原材料（綿糸・人絹糸）の調達や企業の財務を受け持っていた。また、天津以外にも十以上の都市に営業所を有していた。天津の事務所や、その他の都市の事務所に派遣された社員は、常に家族を伴わずに赴任先に出向いた。これは日本でいう「単身赴任」とよく似ている。高陽の男が娼妓通いで身を持ちくずす話は大抵、信頼されている社員が天津に派遣されるところから始まる。こうした社員は赴任先では孤独を味わいがちで、商売仲間とのつながりを求めていることもあり、都会の遊郭を訪れて、美しい娼妓に夢中になってしまうことがしばしばあったのだ。

調査記録に記されている、高陽での売春についての情報は大きく見て二種類に分けられる。一つは、高陽で行われている売春活動や、娼妓が提供するサービスに関する説明であり、もう一つは、娼妓とかかわることの危険性を説く話である。こうしたものには、大都市で娼妓との関係に深入りし、道を踏み外してしまった男の話が多い。こうした話では、大都市の娼妓は値段が高いだけでなく、病気をうつされたり、さらには深入りすることで、財産や社会的地位までも失いかねない危険な存在として描かれている。以下では、まず高陽での売春の実態を紹介し、当時の若手調査員らがこの町で活動する「暗娼」について、どんな情報を得ていたかを考察していきたい。

二　高陽の暗娼たち

調査記録では、高陽で性産業にたずさわる女性はみな「暗娼」だったと記されている。この意味を理解するには、まず二十世紀初頭の中国における、売春取り締まりの歴史について簡単に触れておかねばならない。よく知られているように、中国の伝統的な物語には才能あふれた妓女、つまり詩を書いたり、知識人たちと会話のできる教養を持った女性が登場する。売春にたずさわる女性に否定的なイメージがつきまとうようになったのは、十九世紀後半から二十世紀初頭に、ヨーロッパから売春を取り締まろうとする考えが入ってきてからのことである。(8) ヨーロッパで性産業を規制する試みが始まったのは、性病の蔓延を防ごうとしたためであった。中国の場合、売春に対する規制は、清朝末期に行われた「新政」改革の一環として導入された。最も早い時期の売春規制は、袁世凱が直隷省（後の河北省）で導入した警察制度改革の一部として始まった。この改革では、娼館とそこで働く女性の登録制が導入された。(9) 登録された娼館は、一種の営業税（楽捐とか、場所によっては花捐と呼ばれた）を支払うよう義務づけられたのである。登録制度では娼館で働く娼妓のみが登録されたため、街娼を含め独自に商売を営む私娼は未登録のまま営業した。

こうした女性は「暗娼」と呼ばれた。一九三〇年代の高陽の地方税収入記録には、さまざまな商業税（捐）が徴収されていたことが記されている。しかし、娼館から税を徴収していた記録は存在せず、調査史料に記載されている娼妓たちはすべて「暗娼」とされている。彼女たちがみな「暗娼」であったことは、高陽での売春業が、大都市の売春（許可を得た娼館が、ふつうの商業活動の一環として営業を行っていた）とは、異なるものだったことを意味している。大都市の多く、例えば天津や、河北省の省都で高陽にも近い保定では、認可された娼館は特別な地区にかたまっており、それぞれ客寄せのための看板や提灯を掲げていた。

一方、調査記録によると、高陽で最初に商売を始めた娼妓は、一九一一年頃から活動していた(10)。先陣を切ったこの女性は、町の西門（西關）近くに金福堂という名前の店を開いた。記録によると、どうやら許可を得て営業していたようである。だが、一九二一年頃に、県の役所（県署）が公娼制度を廃止したため、彼女は大っぴらに商売をすることができなくなり、町の城壁（南西の角）の外側に十軒ほど家が立ち並ぶ、小さな集落へと移動した。ほどなくその集落には他の娼妓たちも集まってきた。一九三〇年代半ばまでには、高陽で商売をする娼妓は十四名ほどになり、その大半は、城壁外の小さな集落にある貸間や、城内の狭い裏通りで商売を営んだ。無許可で営業しているため、店には看板や提灯がなく、娼妓のもとを訪れたい客は、友人の紹介や口伝えでその場所を知ったのだった。

三〇年代に十四名いた娼妓のうち、高陽出身の者はたった二名であった。大半の女性はもっと大きな都市（例えば、天津とか保定）で性産業に足を踏み入れている。だが、年齢が上がるにつれ、若い娘がどんどん入ってくる都会の高級な店では競争できなくなり、高陽に流れてきたのだった。調査記録に年齢が記載されている女性九名のうち、六名は三十五歳以上、最高齢は五十一歳であった。

高陽での売春についてさらに理解を深めるため、若手調査員らは、最年少の娼妓二名に聞き取り調査を行っている。彼女たちからの聞き取りは、前もって設定された質問への回答という形で記録されている。この調査では家庭環境、自身の生い立ち、生活環境や教育について、なぜ娼妓になったのか、どういったサービスを提供しており、商売の状況はどうなっているか、といった質問が設定されている。聞き取りを行う側がどういった感情を抱いたかを調査記録から読み取ることは困難である。しかし、この調査のリーダーを務めたのは梁錫輝という広東出身の青年学士で、嶺南大学での陳序経の教え子であった。嶺南ではＹＭＣＡ青年会で積極的に活動しており、華北に移ってからもキリスト教に基づく活動を続けている。このことから、梁錫輝は、合法の売春制度を廃止する運動や、性産業に身を落とした若い女性を救う活動を行っていた、キリスト教活動家の多くと同じような見解を持っていたのではないか、と推察することができる。[11] もっとも、調査記録のなかで、研究グループの価値判断を窺わせる唯一の手がかりは、この二人の娼妓への聞き取りがどう区分されたかだけである。彼女たちの事例は「社会病態」という区分に振り分けられていた。ゲイル・ハーシャッターによる上海での売春についての研究から分かるように、一九四〇年代までに、売春は「都会病」と広く認識・区分されるようになっていたのだ。[12]

聞き取り調査に応じた二人の娘は、一人が十九歳、もう一人が十八歳と、年齢が非常に近く、また、二人とも家族を養うために娼妓になったと答えていた。しかし蘭亭という最初の娘が、伝統的な若い女性という印象を与えるのに対し、もう一人の調査対象者である馬月君は、お洒落な「モダンガール」のように振る舞っていたようだ。まずは聞き取り調査記録の内容を紹介していきたい。

聞き取り調査から——その1　蘭亭の経験

蘭亭は高陽に隣接する任丘県の生まれで、家族構成は両親と兄一人、弟二人となっている。十五歳になるまでは、両親と兄とともに天津で暮らしており、兄は鉄道利用客に茶を売る仕事をし、父親は果物を商っていた。兄が仕事を失うと、家族は任丘県に戻り、父親は農業を始めた。しかし、十畝の土地から得られる収入では、家族六人を養うことはできなかった。十六歳になると、蘭亭は地元の有力者（土財主）と同棲するようになった。二人の関係が終わりを告げると、母親は蘭亭を近くにある河間の県城に連れていき、暗娼として働かせた。しかし、稼ぎが少なかったため、織物業の発展にひかれて高陽に移ってきたのだという。蘭亭とその母は、町の城壁外の小さな集落にある、四合院造りの建物の部屋を二間借りていた。この場所を選んだのは、小さな町に住む男性は娼館に通う姿を、人に見せたがらないためであった。町から少し離れた場所は、客にとっても人目につかず、通うのに好都合だったと思われる。

蘭亭の店は非常に簡素なものだった。部屋は二間で、一つの部屋には中国式のオンドル（炕）があり、敷布団や寝具類、数脚の粗末な椅子が置いてあった。調査チームは、置いてある家具や備え付けの家具の値段について、全部合わせても十元を超えないと見積もっている。蘭亭は地味な服装をしており、ズボンにキャラコ（洋布）地の上着、商店や市場でよく見かける質素な刺繡入りの靴を履いている。

なぜ娼妓になったかという質問に対し、蘭亭は家族の経済的困窮を挙げている。父親と兄の両方が仕事を失い、所有している小さな農地からの収入では、家族六人が十分に食べられない、というのがその理由である。だが調査員たちは、彼女との会話から別の理由も推察している。第一に、蘭亭の口からはっきり聞いたわけではないが、彼女の父親と兄がそろって薬物を使用している、と察したようである。また蘭亭がとても美しいことから、地元の有力者の愛人になったのは、その美しさがきっかけだろう、と見てもいる。さらに彼女の母親が非常に社交的で、客をもてなす術に長けていたことから、蘭亭はこの母親から「悪癖」を受け継いだ、という考えを示してもいる。調査員らは聞き取り調査を終えた後に、この家族には一〇〇元の借金があり、月二元の利子を支払わねばならない、という噂を耳にしてもいる。

蘭亭はさまざまなサービスを提供している。「茶客」と呼ばれるサービスの場合、客は二時間滞在できる。客には茶、煙草、茶請けのナッツ類などが供され、客は数角から一元程度の金を支払った。一方、「住客」というサービスを利用すれば、客は一晩泊まることができる。値段にはばらつきがあるが、大体三元以上であった。蘭亭の店は城外にあり、城門が閉まるのは夜九時であるから、客は早く来るか、泊まるつもりで来なければならなかった。

調査員らは、蘭亭の月収をおよそ五十元と見積もっている。母娘の生活費は大体二十元ほどだったろうから、残りの二十～三十元は父と兄、また学校に通っている二人の弟への仕送り代にすることができた。この収入がどれくらいのものかを理解するため、別の史料から分かっている他の職業の給料の額を見てみると、県署の科長の給料が月四十元、染色工場で働く熟練労働者の給料は月十～十六元ほど、現場監督の場合は月二十元ほどとなっている。(13)

蘭亭の半生記には、いくつか不明な点がある。例えば、彼女が最初に持った「地元の有力者」との関係はみずから望んでのことだったのか、それともそうした人物とのつながりを得て、金銭面で援助をしてもらいたかった両親に強要されてのことだったのか。蘭亭の家族について調査員が残したヒント（父親と兄が薬物を使用していたらしいこと、母親は社交的で客をもてなす術に長けていたこと）から考えると、この家族は以前から売春その他の違法行為にかかわっていたのではないか、という疑問が湧いてくる。しかし、調査記録から浮かび上がる蘭亭の姿は、家族のために自己犠牲を払う、控えめな娘である。マージェリー・ウルフが一九六〇年代の台湾について論じているように、当時の中国では家族を助けるために娘が貞節を犠牲にすることは立派な行いだと考えられていた。(14) 聞き取り調査記録の最後についているメモには、蘭亭が一九三六年の春に、夜九時以降に店を訪れる客を見込んで、城外の小さな集落から、城内へと移ったことが記されている。移転先は治安の良くない地区で、薬物中毒者が出入りするようなところだった。同年の夏、彼女は性病にかかり、高陽から郷里に戻っている。

聞き取り調査から――その２　馬月君の経験

一方、もう一人の娘の馬月君は、聞き取り調査が行われた当時十八歳であったが、彼女の状況は蘭亭とはまったく異なっていた。保定出身の回族で、蘭亭よりもおしゃれな彼女は、小粋な旗袍《チーパオ》やサテン地のズボンに身を包み、豪華な刺繍をあしらった靴を履いて、ボブスタイルの髪にパーマをかけていた。また、馬月君は娼妓としての「正式な訓練」とも言うべきものを受けていた。彼女の母親はもともと北京にある娼館の娼妓だったが、天津の日本租界で暗娼となり、その後河北省の安国県に移っている。母親とそこで暮らしている際に、馬月君は京劇の曲目を歌う技術（ランクの高い娼妓が伝統的に有している芸の一つ）を身につけていた。また聞き取り調査を行った調査員たちに、自転車に乗ることを覚えたと語り、高陽に持ってきた自転車を見せたという。

彼女と母親は、高陽の町の東門近くの裏通りの家屋を一軒借りていた。この家屋には四つの部屋があり、オンドル、机と椅子、鏡、写真その他の装飾品が備わっている。調査員たちは、これらの値段を少なくとも一〇〇元はするに違いないと見ている。馬月君は七人家族の唯一の稼ぎ手であった。四間の家屋で彼女とともに暮らしていたのは、母親と妹、料理人とお手伝いが一人ずつであった。二人いる兄は妹が売春を行っている家には住みたがらず、近くに小さな店を開き、雑貨を売っていた。だが、この雑貨店は儲からず、兄たちも妹の収入に頼っていた。提供するサービスは蘭亭のそれと同じであったが、値段は高かった。例えば、歓談し、茶や菓子を楽しむ客は一元、「一晩泊まりたい」客は五〜七元となっている。調査員らは、彼女の毎月の稼ぎを六十元ほどと見ている。

馬月君のこの調査記録には二つの興味深い点がある。第一は、彼女が娼妓の娘として生まれていることだ。父親はこの聞き取り調査が行われる三年前に、性病が原因で亡くなっている。この父親の前妻もすでに亡くなっており、馬月君が面倒を見ている兄の一人は妾の子である。このことから、娼妓としてしばらく働いていたという母親も、父親の妾の一人だったのではないかと推察できる。馬月君が十五歳で学校をやめて、売春を始めたのは父親が亡くなった時期と重なるから、おそらく娼妓生活から足を洗うきっかけとなった男が死ぬと、母親は再び以前の仕事に戻ることにしたのだろう。

第二は、小さな町での売春業の商売としての側面である。馬月君と母親は高陽に来る前は安国県で働いていた。安国県は漢方薬の卸市場（薬市）として、中国全土で有名なところである。年に二回、それぞれ三ケ月間にわたって行われる大薬市には、中国全土はもとより、日本や朝鮮からも商人・貿易業者が集まった。この市が開催されている間は性的サービスに対する需要が高まり、売春（許可されているもの、そうでないものを含め）が盛んになった。[15] 馬月君はこの地で売春を始めたが、より安定した収入を求めて、母親とともに高陽に移っている。安国県での商売は、年に二回薬市が開催されている時はとても繁盛するが、残りの半年間はほとんど客が見込めなかった。そのため、織物業に沸いている高陽でなら、一年を通して安定した収入が得られると期待したようである。この第二の点から分かるように、小都市で売春を営む女性はあちこちを転々としている。大都市から小都市へ、ある小都市から別の町へと、安定した収入を得られる場所を求めて渡り歩くのである。後で触れるように、馬月君一家はその後、一九三六年春のある晩に、借金を残したまま行方をくらましている。町の噂では、北京で娼妓として働くために町を出ていった、ということだった。もし、噂が本当なら、彼女はみずからの美貌と修練を積んだ歌を武器に、通常の流れに逆らって、小さな町から大都市の娼館へと移っていったのだろう。

ここまでは、一九三〇年代の高陽での売春や娼妓についての概略を明らかにしてきた。次節では、売春にまつわる危険がどのように語られていたかを、調査員が聞き取り対象から集めた話を素材として考察していくことにする。

三　教訓物語——娼妓通いのリスクについて

調査で収集された娼妓通いの危険についての情報は、大きく分けて二種類に区別できる。一つは、性病に感染する危険に関するものだが、これは当時の中国で売春について語られる場合に、広く懸念されていた問題であった。もう一つは、特に高陽の商人たちの間で語られていた内容で、具体的には、娼妓にかかわれば大金を費やし、雇用主の信頼を失ってしまう危険がある、という話である。

まずは性病に関する記述について考察してみよう。この記述は西洋医と薬屋への聞き取り調査に基づくものである。西洋医の一人は、彼が二十年前（一九一〇年代半ば）に高陽にやって来た際には、すでに性病は蔓延していた、と回答している。一九一〇年代から二〇年代を通じて、華北の状況は軍事面で不安定であり、首都の支配をめぐって軍閥同士が争っていた。高陽は天津と保定を結ぶ幹線道路沿いに位置していたから、軍隊がしばしばこの地域を行き来した。世界中で言えることだが、中国でも兵士の性病罹患率は高く、この医師は、高陽に性病を広めたのは兵士たちだと推測していた。

一方、薬屋は、一九三〇年代に売った薬の五分の一が性病の治療薬だったと述べている。こうした薬を買いにくる客の大半は商人や労働者で、糸・布の卸売業者の間では特に病気が広がっていた。性病治療薬を購入した男性の大半は、会社の命令で北京、天津、保定その他の都市に赴任した際に罹患した、と言っていた(16)。高陽の医者たちは、コンドームの使用が性病の予防対策になることを認識していたが、地元の薬屋ではコンドームはまったく売っておらず、一軒の書店が注文販売を行っていただけだった。さらなる性病罹患を防ぐため、娼婦には近づかないよう、医者が患者にくぎを刺していただろうことは想像がつくが、医者も薬屋も口をそろえて、くり返し性病に罹患して戻ってくる者が多い、と回答している。当時天津には娼館が五百軒以上あり、許可を受けた娼妓が三千人近く働いていたが、高陽の男性が性病に罹患した場所として最も多く挙げていたのは、まさにこの天津であった。中国の大都市の多くには、性病の拡散を防ぐため、娼妓用の「検査場」が設置されていたが、一九三七年の初頭の時点で、天津は検査場や治療施設の設立にようやく着手したばかりであった(17)。

性病の治療にはそれなりの金がかかった。西洋医はサルバルサンやネオサルバルサンといった、性病治療の「特効薬」の使い方を知っていたが、こうした薬は二十世紀初めにドイツで開発され、六〇六とか九一四という名称で市場に出回っているものだった。患者が梅毒に罹患していると疑われた場合、医者はまず患者に対し、保定の病院で検査を受けて確かめるよう強く求めた。診断が確定してからでなければ、治療薬の静脈注射は行わなかったのである。静脈注射は最も効果が高かったが、一回二〜三元という費用はかなり高く、多くの患者は効果が弱くても錠剤や外用薬を選択した。

性病のリスクは常に存在したが、人々の間に広まっていた話で重視されたのは別の問題であった。娼妓とかかわることで問題視されたのは、性病にかかる危険よりも、むしろ仕事と信用を失うことのほうだった。こうした話では、糸・布卸企業の従業員が娼妓に入れ込んだために、雇用主の信頼を裏切ることになった経緯が語られている。例えば、高陽出身で、滙昌（最大手の卸業者の一つ）の天津支店を任された、田鞠庭という男の話を紹介しよう。この男は天津のある娼館にいた女に夢中になり、彼女のもとに通ったり、贈り物をするために、会社の金に手をつけた。このことが会社に露見した時には、すでに三千元もの金が使いこまれていた。田鞠庭は会社をクビになり、家産を売り払って会社に弁償せねばならなかった。後日談によれば、この男は無職となり、薬物を使用するようになったという。

別の話では、宋という男と、高陽の他の会社から天津に派遣されていた社員たちとの間に起こった、複雑な事件のことが語られている。この男は卸売会社の見習いから叩き上げ、天津支店を任されるまでになり、会社の支配人からその倹約ぶりを高く評価されていた。他の会社の経営者たちが、なぜ宋を見習わないのか、と自社の天津支店長を批判したところ、批判された支店長らは一計を案じた。宋を誘って、遊興に金を使うよう仕向けようとしたのである。彼らは宋に若い娼妓をあてがい、娼妓は彼に惚れたような振る舞いをし、最初は金を受け取らなかった。しかし、数ケ月経ってから、女は金を要求するようになり、宋は数千元もの会社の金を渡してしまった。すると、次に女のもとを訪れると、何と女はいなくなっており、宋は仕事を失うはめになったというのである。(18)

似たような類の話は他にもいくつかあるが、その一つの結末は悲劇的である。滙昌の従業員で、これまた天津支店を任されていた張という男はある娼妓に恋をし、会社の金を使って女のもとに通っていた。数ケ月後、彼は金を積んでこの娼妓を店から身請けし、妾にした。会社は張の不正に気づくと、高陽に呼び戻してそのクビを切り、家族に使い込んだ金を返済するよう圧力をかけた。張が天津にいる妾のもとを訪れると、何と彼女は病気で亡くなっていた。信用も、愛する妾も失って絶望した男は、自分の命をも絶ってしまったということである。

娼妓に夢中になって、雇用主への恩義も忘れてしまった男の話というのは、もっと前の時代に書かれた堕落譚（若い文人と美しい妓女の関係を描いた物語もその一つ）に似ている。しかし、明代後期に広まった、この種の文学を分析した徐碧卿（Hsu, Pi-ching）が述べているように、こうした物語では、妓女は高潔かつ自分の気持ちに素直で、たとえ後から幻滅を味わったり、災いに見舞われるとしても、その一途な想いを貫こうとする女性として描かれることが多い。(19)他方、パトロンとして登場する裕福な商人や、文人はあまり好意的には描かれていなかった。高陽の企業で働く男性がもっと好意的に捉えられたのは、おそらく高陽にとって織物業がそれだけ重要だったからだろう。彼らは真実の愛と信じたものを追求し、会社の利益よりも自分の利益を優先し、結局のところ、何もかも（仕事、個人的充足感のどちらをも）失ってしまう。こうした話は、娼妓とかかわる危険について忠告する意味で、卸売企業で働く見習いや、若い従業員に向けて語られたと考えられる。

四　性産業と地方行政

一九三二年の春、高陽中心街の大きな交差点そばにある、得味楼という人気レストランが、一人の女性を給仕（女招待）として雇い入れた。この女給を雇ってからというもの、売上は二倍になり、やがて三倍となったから、ライバル店もこのやり方を見習った。ほどなくして、町の中心にあるいくつかの人気レストランでは、女給が雇われるようになった。その大半は保定出身で、店から給料は出ないが、チップが収入になるという条件で雇われていた。その年の春から夏にかけて、事業主や卸売企業の従業員、県署の役人、教師などがレストランに押し寄せた。ところが、繁盛もつかの間、この新たなサービスは同年秋に突然終わりを告げることになる。きっかけとなったのは、天津の大手紙『益世報』の編集者宛てに、高陽の男性二人から送られてきた手紙を、高陽県長の李大本が目にしたことであった。手紙には、得味楼の女給の一人が、性的サービスを提供している旨が記されていた。怒った李大本は、県の公安局長に命じて、レストランのオーナーに対し、女給全員を二十四時間以内に高陽から退去させるよう通達させた。[20] その結果、女給の一人はオーナーの妾となり、もう一人は暗娼としてこの地に留まったが、残りの女たちは高陽を去ることとなったのである。

この出来事から、行政当局と性産業の関係についてどんなことが分かるだろうか。無許可で売春を行う女性が商売を続けられる一方で、なぜ女給たち（しかも、性的サービスを提供したと告発されたのは、そのうちの一人だけである）が、町から追放されたのだろうか。聞き取り調査に回答した人々は、高陽県の県署が暗娼に対して「見て見ぬふり（不加聞問）」といった態度をとっていたと語っている。[21] 彼らによれば、その理由は二つあった。第一に、役所が暗娼を厳しく取り締まろうとすれば、その顧客も追及せねばならず、役所はそのことで生じる面倒を嫌ったのだった。というのも、常連客には地元の有力者、ゴロつき連中、治安部隊に属する者たちも名を連ねていたからである。調査報告書には、例えば、馬月君の常連客には保衛団の団長がいたと記されている。

聞き取り調査からは、役所が高陽を通る軍隊の要求を満たすために、暗娼を利用することがあった、という回答も得られている。例えば、王樹常の率いる東北軍が高陽県に一時的に駐屯した際、将校らは県の公安局に対し、自分たちの楽しみのために、許可を受けた娼妓を連れてくるよう要求したという。許可を受けた娼妓がいないため、公安局は暗娼を集め、将校たちの逗留先に連れていった。こうした経験から、県署の役人たちは、将来こうした事態になった際には暗娼の存在も必要かもしれぬということで、彼女たちの活動には目をつぶるのが得策だと考えたのだった。これが見て見ぬふりの第二の理由である。

これに加えて、暗娼がひっそり営業していたのとは対照的に、女給が町の中心で、しかも公然と性的サービスを提供したことも当局にとって問題だったことが推察できる。これまで紹介してきたように、暗娼は売春が人目につかないよう、城壁外の小さな村の家とか町の裏通りで客を取っていた。客を寄せつけないわけではなかったが、彼女らは、大都市にある公認の娼館で見られたような、看板や提灯を使った宣伝も行っていなかった。しかし、高陽にやってきた女給たちはまったく違うやり方をした。町の中心にある人気レストランで働きながら、表に立って客を迎え、サービスを提供したのである。だからこそ、『益世報』に掲載された告発文を目にした李大本は、時を移さず、女たちを県内から追放したのである。町の中心地で公然と営業し、そのことが衆人環視のもとで行われているという状況は、暗娼と当局の間にあった暗黙の掟をやぶるものであった。ある県長が、建設局の局長を、あまりにも公然と暗娼のもとに通ったという咎で解任したことがあったが、それと同様に、李大本は町の公の秩序を乱すような女給らを追放することにしたのだった。

女給にまつわる事件は、県署と売春にかかわる者との間での正面衝突の事例だが、高陽で働く娼妓たちは日常的に別の形での嫌がらせを受けていた。彼女たちは公的には「不法行為」とされることに手を染めていたから、さまざまな嫌がらせや、搾取を受けても、公的な保護を求めるわけにはいかなかった(22)。その結果、娼妓たちは地元の治安部隊にいる男たちと個人的な関係を築いて、非公式な形での保護を求めた。しかし、こうした保護を求めることにはリスクもつきまとった。調査員たちが蘭亭から聞いたところによると、町のゴロツキやチンピラ、あるいは軍や治安部隊にいる連中がタダでサービスを求めてくることはよくあることだったようだ。馬月君の話では、県の保衛団の団長の馬という男が常連客となったことで、他の客の足が遠のき、収入が減ってしまったため、結局は高陽での商売を諦めざるを得なくなったという。

五　小都市での売春――大都市との比較の視点から

本稿の結びとして、この節では、小さな町での売春と大都市での売春には違いがあるのか、もしあるならばどう違うのか、という問題について考えてみたい。ここでは比較の対象として、条約港である天津での売春を取り上げることにする。天津を選んだ理由は次の三つである。第一は、ほぼ同時代の史料が入手できること。第二は、高陽と天津が商業面で密接に結びついていること。第三は、聞き取りを行った調査チームが天津にある南開大学から来ており、天津での出来事に強い関心を払っていたことである。このことは調査記録に天津の新聞の切り抜きが多数含まれていることからも明らかである。

天津は明・清代からの主要な商業中心地であった。大運河と海河の交差する場所に位置する天津は、活気のある商人の町であり、長蘆塩《ちょうろえん》を扱い、華北の塩の生産・流通を一手に握っていた商人たちの本拠地でもあった。第二次アヘン戦争後、天津が条約港として開港されたことは、この都市を急速に発展させることになった。天津は河北における国際貿易・国内取引の中心となり、一九二〇年代までには、軽工業の急速な発展も見られるようになっていた。商工業の発展は中国全土から商人をこの町に引き寄せ、それにともなって性的サービスへの需要も増加した。そうした需要を満たしたのは許可を受けた娼館や、無許可の街娼たちであった。一九三〇年に天津市社会局が行った調査によれば、五百軒以上の娼館で二九一〇人もの娼妓が働いていた。こうした娼館の大半はとても小さいもので、主人と少人数の娼妓で成り立っていた(23)。小都市と大都市の売春が大きく違う点の第一は、娼館が立ち並ぶ地区の有無である。

高陽には「娼館街」なるものは存在せず、女性たちは裏通りや城壁の外の小さな集落に散り散りの形で、自分の店を構えていた。

もう一つの違いは、女性がなぜ、どのようにして売春に手を染めるようになったか、という点にある。天津を含め、大都市の娼妓の大半は、何らかの意味で法律的に「自由」の身とは言えない状況に置かれていた[24]。天津市社会局の調査によれば、この町で働く娼妓の六四パーセントは借金のかたに出されたり、売られたり、娼館の主人に「貸し出され」た女性たちであった。みずから甘んじて売春に身を落とした（自甘堕落）女性は全体の三〇パーセントに満たなかった。しかし、高陽の娼妓は違っていた。調査に応じた蘭亭と馬月君という二人の若い娘が、家庭の経済的事情から娼妓となったことは確かだが、彼女たちは（マネージャーのような役目を果たしていた母親の助けを得て）自分で独立して商売をしていた。天津市社会局の分類にしたがえば、二人はともに、みずから「選んで」売春業に参入したことになる。

小都市の娼妓は、自営業主の立場にあったため、町から町へと渡り歩くことが可能であった。彼女たちは娼館の主人との法的な契約に縛られていないため、性的サービスへの需要が存在し、安定した収入が見込めるような場所を求めて、移動することができたのである。と同時に、彼女たちの商売は細々としたもので、ぎりぎりの生活を支えるくらいのものであった。天津や保定にあるより大きな娼館の主人たちには、娘の両親（あるいは仲介業者の場合もあった）に対し、娘を娼妓として売る代わりに、十分な金を与えるだけの余裕があった。これに対し、小さな町の娼妓たちはかつかつの生活で、自分と肉親の面倒を何とか見られる程度の収入しか稼げなかった。

蘭亭と馬月君からの聞き取りでは、二人がマネージャー役を務める母親と同居していたことが分かっている。聞き取り記録からは、彼女たちが「母」と呼んでいる女性は、実の母親であったと推測される。大都市の娼館で働く娼妓たちはそれとは違い、親元を離れて働いていたが、娼館の女性マネージャー（マダム）をほぼ必ず、疑似家族関係を表す言葉を用いて、「お母さん」と呼んでいたことは注目すべきだろう。馬月君は、母親は父親と結婚する前は娼妓だった、と回答しているが、蘭亭の場合、「社交好き」だった母親に売春の経験があったかどうかは定かではない。

いま一つの違いは、娼妓たちの年齢である。調査チームが高陽で聞き取りを行った娼妓はどちらも十代であったが、彼女たちは暗娼とされた女性のなかでは最年少組であった。対照的に、天津での調査からは、天津で働く全娼妓の平均年齢が二十三・八歳で、全体の八七パーセントが十六〜三十歳であったことが分かっている。高陽では、すでに見たように、娼妓たちの平均年齢はずっと高かった。天津の娼妓のなかでも、最も格の高い娼館で働く娘たちの年齢は最も低く、その平均は十八歳をわずかに超える程度であり、格が落ちるほど平均年齢も上がっていった。天津で行われた調査のデータは、研究チームが集めたデータと符合している。つまり、高陽の娼妓の大半は年齢が上がるとともに格落ちし、天津のような大都市から、保定のような中規模の都市、果ては小さな町々へ流れてきた女性たちだったのである。

高陽での調査結果は、ある小都市で売春にたずさわる女性の生活の一面を垣間見せてくれるに過ぎない。この町で働いていた他の娼妓の生活史がどのようなものであったかは分からないし、その後の戦争や革命といった激動の時代に、彼女たちがいかなる運命を辿ったのか、もし後に話を聞く機会があったとすれば、彼女たちが自分の人生をどのように物語ったのかは想像もつかない。また、この研究を行った若い調査員らが、収集した史料を用いて、高陽での売春についてどのような説明をし、町の社会変化の全体像のなかに、このことをどう位置づけるつもりだったのかを知る術はない。今に残るのは、ただ一九三五年から三六年にかけて行われた聞き取り調査から垣間見える、華北のある小都市での売春の実態のみである。

注

（1）売春や性産業についての既存研究がとってきた視角を整理した業績としては、本書所収の江上幸子論文を参照のこと。英語での業績として最もよく知られたものとしては、Gail Hershatter, *Dangerous Pleasures: Prostitution and Modernity in Twentieth-Century Shanghai*, Berkeley: University of California Press, 1997 および Christian Henriot, *Prostitution and Sexuality in Shanghai; A Social History*, Cambridge: Cambridge University Press, 2001 が挙げられる。天津における売春については、以下を参照した。江沛「近代天津娼業結構述論」（中国社会科学院近代史研究所編『中華民国史研究三十年（一九七二〜二〇〇二）下巻』社会科学文献出版社、二〇〇八年）一三三七〜一三七五頁。保定での売春については、鄭亜非「旧社会的保定娼妓」（中国人民政治協商会議　河北省保定市委員会　文史資料委員会編『保定文史資料選輯　第三輯』一九八六年）二一三〜二一九頁を参照。広州、杭州、昆明については、Elizabeth J. Remick, *Regulating Prostitution in China: Gender and Local State Building, 1900-1937*, Stanford: Stanford University Press, 2014 を参照し、大都市およびより規模の小さな省都での売春に関する報告については、文史精華編輯部編『近代中国娼妓史料　上下巻』（河北人民出版社、一九九七年）を参照した。邵雍が著した『中国近代妓女史』（上海人民出版社、二〇〇五年）は、中国各地での売春の実態とその取り締まりについて概観している。

（2）この現地調査を指揮したのは陳序経という著名な社会学者であり、一九三四年以来南開大学の経済研究所の教員を務めていた人物である。陳は西洋化・産業化を強く支持しており、産業化がもたらした社会変化を考察できるよう、この調査を企画した。河北省高陽はその最初の事例として選ばれた。同研究所は高陽の経済的変化に関する重点的研究を行ったばかりであった。この研究は呉知が指揮し、一九三六年に、呉知『郷村織布業的一个研究』（商務印書館、一九三六年）として出版されている。陳序経が広州の嶺南大学で教鞭をとっていた折、彼に師事していた梁錫輝が雇われて調査チームに参加し、梁と数名の助手が高陽に二年近く滞在し、高陽について包括的な研究を行った。現地調査では、県城の高陽鎮のほか、県内の農村を代表するように選ばれたいくつかの村が取り上げられた。日中戦争が始まってすぐ、南開大学は爆撃を受けた。陳序経は後にこのことを回想して、研究史料や報告書の草稿がすべて失われたと記している。しかし、二〇一三年になって、当時の調査史料の原本が南開大学で発見された。本章で用いたのは、その史料のごく一部である。本章ではこの史料を『高陽調査紀録』として引用し、当時の調査チームの史料のまとめ方にしたがって、史料区分と史料番号を表記している。

（3）徳州と石家庄については、注（1）で紹介した邵雍の『中国近代妓女史』と文史精華編輯部編『近代中国娼妓史料』にある説明を参照のこと。

（4）一九三〇年代初めの高陽での織物産業についての中国での古典的研究業績としては、注（2）に記した呉知『郷村織布業的一个研究』がある。高陽の織物産業については、拙著 Linda Grove, *A Chinese Economic Revolution: Rural Entrepreneurship in the Twentieth Century*, Lanham, MD: Rowman & Littlefield, 2006 にある説明を見よ。

（5）女性は糸を巻いたり、織機に糸を張るといった時間のかかる面倒な作業を行うことで、織物生産に重要な役割を果たしていたが、女性の仕事はほとんどの場合、家内で、しかも無給で行われることが多かった。高陽における産業労働のジェンダーによって区分された性格については、拙論 "Mechanization and Women's Work in Early Twentieth Century China," 柳田節子先生古稀記念論集編集委員会編『中国の伝統社会と家族――柳田節子先生古稀記念』（汲古書院、一九九三年）九五〜一二〇頁を見よ。

（6）注（2）『高陽調査紀録』工業影響　七九。

（7）注（2）『高陽調査紀録』治安　二四（高陽県清郷所查閭隣男女数清冊）。

（8）売春取り締まりの試みについては、上海その他の大都市での売春に関する研究書の多くで論じられている。本章ではこの問題について、注（1）Elizabeth J. Remick, *Regulating Prostitution in China* を参照している。

（9）天津の事例については、注（1）にある江沛「近代天津娼業結構述論」を参照せよ。

（10）ここで行った売春に関する概観はいくつかの史料に依拠している。注（2）『高陽調査紀録』医療衛生　一二（当地暗娼的補充）、治安　二六（高陽県清郷所查非法行為人民登記簿）。

（11）梁は高陽で行った調査について、嶺南大学の同窓会誌に一文を寄せている。梁錫輝「自我調査高陽社会以来（上）」（『南風』一二―二・三、一九三六年）、三八〜四四頁。表題から察すると、この文章は報告の第一部として書かれたと思われるが、その後、同雑誌に報告の続編が掲載されることはなかった。ただ、梁がその後も続けていたキリスト教に基づく活動がどのようなものであったかは、広州で発行されていたＹＭＣＡの『広州青年』（五三期、一九三五年）という雑誌に寄せた文章「萊斯徳女士」からうかがい知ることができる。その内容は、一九三五年五月に、イギリス人の女性伝道者が華北を訪れたことについての報告であった。

(12) 注（1）Gail Hershatter, *Dangerous Pleasures*, p. 9.

(13) これに加えて、従業員は工場の宿舎で暮らし、食事も与えられていた。

(14) Margery Wolf, *Women and Family in Rural Taiwan*, Stanford: Stanford University Press, 1972.

(15) 安国県における薬市については、鄭合成「安国県薬市調査　上下」（『社会科学雑誌』三―一、一九三二年、九四～一二四頁、および三―二、一九三二年、一八六～二三三頁）を見よ。

(16) 注（2）『高陽調査紀録』医療衛生　一二（花様病）。性病に関するこの報告では、一般人での間では性病罹患率が非常に低かった、と記されている。

(17) 『大公報（天津）』一九三七・一・二一。注（2）『高陽調査紀録』医療衛生　二〇にこの記事の切り抜きが収められている。

(18) 注（2）『高陽調査紀録』工業影響　六七（一位宋姓商人的青年嫖娼史）。

(19) Hsu Pi-Ching, "Courtesans and Scholars in the Writings of Feng Menglong: Transcending Status and Gender," *Nan-Nü: Men, Women and Gender in Early and Imperial China* 2, no. 1, 2000, pp. 40-77.

(20) 注（2）『高陽調査紀録』（区分不明）飯館用女招待的調査（一九三七年二月）。

(21) この説明は、注（2）『高陽調査紀録』社会病態　六（暗娼調査　蘭亭調査）にある。

(22) 高陽の全住民を把握しようとする試みの一環として、一九三六年七月に「非法行為」にかかわる人物の名簿が作成されたが、暗娼はみなこの名簿に掲載されていた。他に掲載されていたのは薬物中毒者、売人、盗人や強盗、恐喝や追いはぎを働く者たちだった。

(23) この調査の結果は、統計の形で、『社会月刊』という天津市社会局が発行していた雑誌（一九三一年）に表として掲載された。娼妓になった年齢とその理由を記した表は、同雑誌の復刊号（一九三一年）に載っている。

(24) 中華民国期の裁判所は、実際、女性が娼館に売られたり、借金のかたにとられた場合、その契約を有効と認めていた。娼館から女性が「逃げ出した」場合でも、娼館の主人が契約書を提示できれば、女性に娼館に戻るよう命じたのである。

台湾における戒厳令の解除と出版法の廃止
――女性団体の関わり方に着目して――

松井　直之

はじめに

憲法や法律は、時代の流れの一時点において制定されたものである。制定された瞬間から過去の文書になり、刻々と変化していく社会現象に取り残されていく。そのような社会現象に法規範を適合させる作業は解釈でなされるが、それによっても補えない場合に改正や廃止が政治課題となる。(1) 台湾では、一九四九年五月の戒厳令の発動により、出版物は国家権力のもとに置かれ、厳しい統制と検閲が実施され、中華民国憲法一一条に規定された言論の自由や出版の自由は制限されてきた。(2) ところが、蔣経国総統のもとで戒厳令と「報禁」が解除され（一九八七年七月と一九八八年一月）、李登輝総統のもとで動員戡乱時期臨時条款と出版法が廃止された（一九九一年五月と一九九九年一月）。ここに至るまでには、どのような要因が関係しているのであろうか。

憲法や法律の制定・解釈・改正・廃止には、多くのアクターが様々な場面で関わってくる。一九八〇年代以降、女性団体による活動が盛んになった台湾において、(3) 女性団体は、戒厳令の解除から出版法の廃止に至るまでの過程に、どのように関わったのであろうか。これまでの出版法に関する研究をみると、こうした観点からの研究は、ほとんどなされてこなかった。たとえば、辛広偉『台湾出版史』（河北教育出版社、二〇〇〇年）は、台湾における書籍、雑誌、新聞などの出版に関する歴史的視点に基づく研究であり、中村元哉『戦後中国の憲政実施と言論の自由　一九四五〜四九』（東京大学出版会、二〇〇四年）は、日中戦争末期における国民政府の言論政策、戦後言論界の状況を踏まえたうえで憲政実施をめぐる文化論争について論じたものであり、馬光仁『中国近代新聞法制史』（上海社会科学院出版社、二〇〇七年）は、清末以降の中国大陸、台湾、香港、マカオにおける書籍、雑誌、新聞などの出版に関する法制史に着目した研究であった。これらの先行研究には、ジェンダーの視点がほとんど導入されていなかったのである。

そこで本稿では、まず（一）一九四五年八月の日本の敗戦後の国民政府による台湾統治と新聞、出版物に関する法制度、（二）国民政府が台湾に移転した後の新聞、出版物に関する法制度について検討する。そのうえで、（三）出版物に関する法制度の構造上の特徴を踏まえて、戒厳令の解除から出版法の廃止に至るまでの背景、戒厳令の解除から出版法の廃止までの過程における女性団体の関わり方について検討していくことにする。

一　国民政府の台湾接収と出版法

1　台湾省行政長官公署の設置

日本政府が一九四五年八月十四日にポツダム宣言を受諾すると、台湾本島および周辺諸島は、中華民国に接収された。それに先立つ一九四三年十一月のカイロ会議(4)から帰国した蔣介石は、「行政員秘書長張厲生および軍事委員会国際問題研究所所長王芃生」に「返還後の台湾統治に備えてなすべきことを検討し、その組織と人事についての適切な具体案を提出すること(5)」を命じた。そして台湾を円滑に中華民国に復帰させるため、一九四四年四月に中央設計局

（日中戦争期、行政と軍を統率した最高機関である国防最高委員会に属する下部機関で、全国の政治、経済建設の計画立案を業務とした[6]）のもとに台湾調査委員会が設置された[7]。

台湾調査委員会は、国民政府が台湾を接収するための計画と立案を主な任務とした。台湾調査委員会がまず着手したのは、「台湾接管計画綱要」（以下、綱要とする）[8]の草案作成であった[9]。綱要は、一九四五年三月に公布され、台湾における施政方針の基本となった[10]。それは、「台湾接収後のあらゆる組織は、国父孫文の遺教を実行し、総統蔣介石の訓示に従い、台湾人の福利に努め、日本勢力の排除を目的とする」（一条）とあるように、「日本勢力の排除」であった。

蔣介石は、一九四五年八月二十九日、重慶において台湾調査委員会の主任委員である陳儀を台湾省行政長官に任命し、国防最高委員会は、時間が切迫していたため立法手続を経ずに、三十一日に「国民政府訓令」として「台湾省行政長官公署組織大綱」（以下、大綱とする）[11]を公布した。翌九月一日には、重慶に台湾省行政長官公署（以下、行政長官公署とする）と台湾省警備総司令部（以下、警備総司令部とする）が設立され、七日に、陳儀が警備総司令を兼任することが命じられた。こうして軍政が一元化されることになったのである[12]。

その後国民政府は、立法手続を経て、同月二十日に「台湾省行政長官公署組織条例」（以下、条例とする）[13]を公布した。大綱に代わる台湾接収後の政治制度再建の法的根拠が設けられることになったのである。陳儀は、重慶で行政長官公署の要員を任命して、台湾接収組織の中核を編成し、十月五日に台湾省行政長官公署前進指揮所を台北に設置した。そして十七日には、行政長官公署官員と国軍第七〇軍が進駐することになった。陳儀は、二十四日に台湾に到着し、翌二十五日に蔣介石の代理として日本側の台湾総督兼日本軍第一〇方面軍司令官・安藤利吉と降伏文書の調印を交わした[14]。こうして台湾は、中華民国の主権の下に置かれることになったのである[15]。

2　中華民国法の効力と宣伝委員会

前述の台湾調査委員会による台湾の接収準備は一九四五年十月末に終了し、[16]十月二十五日に台北に成立した行政長官公署は、十一月一日、正式に台湾の接収活動を開始した。
台湾では、中国大陸と同様の省政府委員による合議制は採用されず、条令に基づき、「行政長官公署」が「行政院のもとに」「暫定的に設け」られ、行政長官公署には「行政長官一人」が置かれた（一条）。行政長官公署は「行政院の直属機関であり、台湾省の政務を総理するほか、台湾における中央機関を指揮する」[17]機関として位置づけられたのである。このように位置づけられた行政長官公署は「中央政府の委任を受け、中央政府の行政を取り扱」い（三条）、行政長官は「法令に基づき、台湾全省の政務を総理する」（一条）ことになった。行政長官公署および行政長官が台湾において接収活動を行う際には、台湾における施政方針の基本である綱要に基づき、「中華民国のすべての法令」が、「ひとしく台湾において適用され」た（五条）。とはいえ、台湾の「接収業務を行うためには、地域の実情に合わせて適切に法令を制定する」（因地制宜）権限を付与せざるをえなかった」。このことは、「必要な場合には暫定法規を制定し公布することができる」（綱要五条）との規定や、「行政長官公署は、その職権の範囲内で署令を発し、そして台湾省単行規則（規章）を制定することができる」（条例二条）との規定に表れている。そして「行政院は、民国三十五〔一九四六＝筆者補足、以下同じ〕年五月二十三日に台湾省行政体制可因地制宜令を公布した。それにより、台湾の一切の政治体制は、行政長官が地域の実情に合わせて適切に法令を制定し、規則（規章）を定めることができる、と規定された。ただし、中央の法令・原則と符号しないものは、中央の審査を経たのち、施行することができる」とされたのである。[18]
そして、台湾の接収および管理に関する業務を行う「行政長官公署は、必要なときに専管機関或いは委員会を設けることができ」た（条例五条）。この規定に基づき、宣伝委員会は、一九四五年十月二十五日に行政長官公署が成立した時に設けられることになった。[19]宣伝委員会は、「台湾省行政長官公署宣伝委員会組織規程」[20]（以下、規程とする）により、「行政長官の指揮、監督を受けて」図書の出版に関する事項や新聞、雑誌の発行に関する事項など宣伝に関する一切の事業を担当したのである（二条）。

さらに本規程の「本会の会議規則及び事務細則は、別にこれを定める」（五条）という規定に基づき、「台湾省行政長官公署宣伝委員会辦事細則」[21]（以下、細則とする）が制定され、宣伝委員会の業務とそれを担う組織について規定された。本稿との関わりで着目すべきは、「図書出版組」が「図書、刊行物の出版、印刷、保管に関する事項」「図書、刊行物の違反物の取締りに関する事項」「図書、刊行物の発行、寄贈に関する事項」など（七条）を担当し、「新聞広播組」が「新聞、雑誌の登録と審査に関する事項」「新聞社、通信社の指導に関する事項」など（八条）を担当していた、ということである。

以上を踏まえると、宣伝委員会は、図書、新聞、雑誌などのマスメディアを統制することを通じて、行政長官公署による施政方針の基本である「日本勢力の排除」（綱要一条）を達成しようとした、ということができるのである。[22]

3　出版法の適用

一九四五年十一月、宣伝委員会は「台湾省行政長官公署宣伝委員会公告 署宣字第〇〇六〇号」[23]を公布した。公告は、「本省では光復早々、各地で新聞紙及び雑誌が続々と出版されているが、手続に疎いことから、多くは登記の申請をしていない」との現状認識を踏まえたうえで、「新聞紙及び雑誌の発行に関する検査は、均しく出版法の規定に基づき行わなければなら」ないとした。台湾においても、大陸で実施されていた出版法が適用されることになったのである。[24]

公告は、出版法九条の登記手続[25]に基づき、次のように規定する。すなわち、一九四五年「十一月二十五日以前に発行した新聞紙或いは雑誌[26]は、均しく二十日以内（本年十二月十五日以前）に発行所が所在する地方主管官署（台湾においては市県政府、市県政府が成立していない場合は接管委員会を指す〕に登記申請しなければならない。期限を過ぎても登記しない者は、その発行を停止する。本月二十五日以後に新聞紙或いは雑誌を発行しようとする者は、均しく発行所が所在する地方主管官署に登記の手続をし、省政府〔台湾においては行政長官公署を指す〕に取次ぎ、審査のうえ許可を受けたあとに発行しなければならない」とした。そして「登記の許可を受けずに、無断で新聞紙或いは雑誌を発行する者は、その発行を停止するほかに、規定に基づき罰金に処する」[27]ことになったのである。[28]

また出版法には、「出版物の記載事項の制限」が設けられ、出版物に「中国国民党あるいは三民主義を破壊しようとするもの」「国民政府を転覆しようとするもの、あるいは中華民国の利益を損なおうとするもの」「公共の秩序を破壊しようとするもの」（二一条）、「善良な風俗を害するもの」（二二条）などを記載することが禁じられた。そして、これらの規定に違反した場合には、罰則（四三〜四五条）[29]や行政処分（二八条一項、二九条、三二条、三四条）[30]が科されることになったのである。[31]

4　二・二八事件と宣伝委員会の廃止

国民政府による台湾接収後、日本統治時代に思想的・文化的に「奴隷化」されたとの認識のもとで統治を行った「外省人」と、そのような認識を批判した「台湾人（本省人）」との溝は深まり、「台湾人」の「外省人」に対する認識が転換していった。[32]そのようななか一九四七年二月二十八日、台北で「台湾人」と「外省人」の大規模な抗争および国民党軍による弾圧、いわゆる二・二八事件が勃発した。[33]これに対して「台湾人」による決起が全島各地に広まり、暴動が起こった。[34]こうした状況のなかで、警備総司令部は台北市に臨時戒厳令を発布し、行政長官公署はその行政機能を停止した。

陳儀は、三月一日[35]、二日[36]に台湾全土に向けてラジオ放送を行い、六日のラジオ放送では、（一）中央政府の許可のもとで行政長官公署を省政府に改め、省政府にはできる限り「台湾人」を起用すること、(二)県市町の民選を七月一日までに実施することなどの改革を進めることを発表した。さらに陳儀は、七日に、台湾省参議院、国民大会、商業団体、労働組合、学生、政治団体などの代表が結成した二・二八事件処理委員会に書簡を送り、各方面の政治改革案をまとめて行政長官公署に提出することを求めた。(37)

ところが、陳儀は六日の時点で南京の国民政府に対し鎮圧部隊の出動を要請しており、蔣介石が派遣した部隊は八日に基隆に上陸し、大規模な掃討作戦を行い、多くの「台湾人」が逮捕・虐殺された。(38) 十三日には、『人民導報』『民報』『大明報』の三つの新聞社が反政府言論の掲載を理由として警備総司令部により閉鎖された。また『和平日報』『中外日報』『重建日報』『青年自由報』を含めた八社、民智印書館も閉鎖や発行停止などの処分を受けた。(39) 処分を受けた新聞社と出版社の責任者として林茂生(『民報』社長)、宋斐如(行政長官公署教育処副処長・『人民導報』社長)、王添灯うが行方不明になり、行政長官公署機関紙である『台湾新生報』でも阮朝日、呉金錬が行方不明となった。(40)「台湾人」の言論の自由、出版の自由は奪われていったのである。(41)

こうしたなか、蔣介石は、「台湾事件処理弁法」(42)に基づき、三月十日の総理記念週(43)で行政長官公署を廃止し、省政府を新たに設けることなどを発表した。(44) 宣伝委員会も三月十五日に廃止され、新聞室が三月十九日に新たに設置されて、宣伝委員会の残務処理を行うことになったのである。(45) その後国民政府は、四月二十四日に行政長官公署を台湾省政府に改組し、(46) 魏道明を省政府主席に任命した。(47) 魏道明が五月十五日に台湾に到着すると、翌十六日、台湾省政府が正式に発足した。(48) それまで残務処理を行っていた新聞室は新聞処に改められ、(49) 前台湾省党部宣伝処長・林紫貴が新聞処長に就任した。(50) 国民党組織が文化政策を掌握することになり、左翼文化人の活動は厳しい監視の下に置かれ、台湾における活動の中止を余儀なくされることになったのである。(51)

二　国民政府の台湾移転と出版物規制

1　国民政府の台湾移転と戦時法体制の導入

大陸では、国共内戦の激化に伴い、共産勢力制圧のため、国民政府が一九四八年三月に第一回国民大会を開催して中華民国憲法の効力を停止し、動員戡乱時期臨時条款（反乱鎮定動員時期臨時条項）(52)を制定した（五月十日公布施行）。蔣介石は、国共内戦の情勢が不利になってきたことから、十二月十日に全国に戒厳令を布告した。この戒厳令の対象範囲には、戦場から遠く影響を受けない台湾省などは入っていなかった。

そして蔣介石は、十二月末に魏道明を台湾省主席から解任し、軍人である陳誠を台湾省主席に任命し、国民政府の台湾への撤退準備を本格化していった。国民政府は、台湾における出版統制を強化し、一九四九年一月、新聞処では登記手続を確実に済ませていない新聞・雑誌を出版してはならず、そうでなければ取り締まることが決定されたのである。(53)

その後まもなく、北京が共産党の支配下に置かれるようになると、国民政府の撤退を受け入れるため、警備総司令部は、同年五月十九日に台湾全省に「台湾省警備総司令部布告戒字第一号」（台湾省戒厳令）を翌二十日から実施することを宣言した。こうして三十八年間にわたる台湾の戒厳状態が始まることになった。国民党の敗退が決定的になると、国民政府は十二月七日に台北を臨時首都に定めることを宣言した。蔣介石は、十日に成都から台北に到着し、一九五〇年三月に中華民国総統に復帰した。そして、台湾において中華民国が中国全土を統治する正統な政権であることを主張し、中華民国憲法に基づく手続により形成された統治機構を維持し、動員戡乱時期臨時条款を施行したのである。(54)

2 戒厳法・国家総動員法による出版物規制

戒厳令が布告された台湾では、戒厳法一一条一号に基づき、最高司令官が「軍事を妨害するものと認めた場合、集会、結社及びデモ行進、請願を停止すること、並びに言論、講義、新聞、雑誌、図書、公告、標語、及びその他の出版物を取り締まることができ」た。この戒厳法一一条を根拠に、警備総司令部、保安指令部、国防部は「戡乱時期」などの名称を冠した多数の行政命令を発し、人々の自由と権利を制限した。[55] たとえば、警備総司令部は、台湾省戒厳期間新聞紙雑誌図書管制弁法（一九四九年五月）[56] において、「およそ政府或いは首長を中傷し、三民主義に背くことを記載し、政府と人民の感情を唆し、投機の失敗をばら撒く言論及び事実と異なる報道、世間の耳目を乱すことを意図し、騒乱鎮定のための軍事行動を妨害し、或いは淫らな行為や犯罪をあおり、社会・人心の秩序に影響を及ぼすものは、均しくこれを取り締まる」と規定した。本弁法は、一九五三年に改正されると、これらが「本戒厳地区に発生した場合、台湾省保安指令部は、必要なときに、新聞紙、雑誌及びその他の出版物に対し、事前検査を実行することができ」、「本省で発行される新聞紙、雑誌、図書及びその他の出版物は、発行時に台湾省保安指令部に一部送り、調査に備えて保存しなければならない」とされ、「（一）軍事情報報道機関が公開していない『軍機種類範囲令』に属する軍事情報、（二）国防、政治、外交に関する機密、（三）共匪の宣伝のための図画・文章、（四）国家元首を中傷する図画・文章、（五）反共反露の国策に反する言論、（六）世間の耳目を乱し民心の士気に影響を及ぼすに足りる、あるいは社会の治安に危害を及ぼすに足りる言論、（七）政府と人民の感情を挑発する図画・文書」（二条）を含む「新聞、雑誌、図書、標語及びその他の出版物」が規制されることになった。

戒厳法のほかに、国家総動員法（一九四二年三月公布、五月施行）も、「政府は必要な時に、人民の言論、出版、著作、通信、集会、結社に対して制限することができ」（二三条）、「政府は必要な時に、新聞社・通信社の設立、新聞・通信の原稿及びその他の印刷物の記載に対して制限、停止をすること、或いはそれに一定の記載をなすことを命じることができる」（二二条）と規定していた。国家総動員法のもとで、行政院は動員戡乱完成憲政実施綱領（一九四七年七月制定）に基づき必要なときに命令を発することができ、台湾では戡乱時期依国家総動員法頒発法規命令弁法（一九五一年十二月制定）に基づき「現在は動員戡乱時期であり、国家総動員法の規定により政府は必要なときに命令を発し、法規を制定して、人力、物力を集中し、人民の権利の一部に制限を加えることができるのであって、憲法の規定の拘束を受けることはない」とされたのである。(57)

3　「報禁」の形成

こうした状況のなか、新聞処は、台湾省新聞雑誌資本制限弁法（一九四九年八月公布施行）に基づき、新聞に対する統制を始めた。(58)行政院は、「台三九（教）字第六五一六号」（一九五〇年十一月）という訓令を発し、険悪な国際情勢のもとで台湾での新聞紙の生産量の不足を理由に、「本年十二月一日から、一律に紙面を減らし、多くとも一張半〔六面〕を超えてはならない。特定の記念日だけは増刊することができるが、一張〔四面〕を超えてはならず、この他に如何なる名目であっても紙面を増やしてはならない」とした。この「用紙の節約」という視点は、出版法二八条（一九五二年三月改正）(59)や出版法施行細則二七条にもみられた。(60)その後、戦時新聞用紙節約弁法（一九五五年四月）により、各新聞社の新聞紙の紙面が制限されるようになったのである（これを「限張」という）。

そして、国家総動員法二二条に基づき、新聞紙雑誌及書籍用紙節約弁法五条や、(61)台湾省各県市施政準則が制定され(62)たのに加え、行政院は一九五一年六月に「台四〇（教）字第三一四八号」という訓令を発し、台湾における新聞社、雑誌社の数は既に飽和状態に達しており、用紙を節約する必要があることを理由に、「今後、新たに登記申請を行う新聞社、雑誌社、通信社には、登記を厳しく制限しなければならない」(63)とし、新聞の登記申請を制限すること（「限証」）になった。さらに、新聞は登記申請時に明記した所在地で印刷し出版しなければならないとされた。出版法（一九五二年三月改正）には、新聞を別の場所で出版し発行する者は、改めて登記手続をしなければならないと規定され、登記申請した場所と異なる場所で新聞の印刷をすることが制限されたのである（「限印」）。こうして「限張」「限証」「限印」を合わせた「報禁」という制度が設けられることになった。台湾の新聞業は、国民政府による全面的な規制を受けるようになり、出版の自由が制限されることになったのである。(64)

以上から、台湾における出版統制に関する法制度の構造上の特徴は、（一）出版法などの平時の法体制と、戒厳法、国家総動員法、台湾省戒厳期間新聞紙雑誌図書管制弁法などの戦時の法体制が組み合わさって運用されてきたということ、(65)（二）法律、行政機関が制定する行政命令、その他関連する法規が組み合わさって運用されてきたということ(66)があげられる。これらの複雑に組み合わさった法制度を、様々な国家機関が恣意的に運用することで、出版の自由が厳しく制限されてきたのである。

4　行政院新聞局によるマス・メディアの一元管理

その後も、こうした法制度を運用する行政機関が、一元化されることはなかった。行政院は、一九五〇年三月の行政院改組に伴い廃止された新聞処に代わり、四月に政府発言人弁公室を設けて報道に関する業務を担わせた。ところが大陸と台湾の情勢が移り変わってきたことを踏まえ、一九五四年一月、行政院新聞局を復活させ、国内、対外ニュースを管理させることを決定した。他方で、台湾における出版管理は内政部に帰属し、内政部が警政司に出版管理に関する業務を任せていた。そして内政部は、一九六二年六月に出版に対する管理を強化するため、出版事業管理処を設けた。(67)このように一九七〇年代以前、新聞、出版に対する行政管理は分散していたのである。

そこで行政院は、新聞、出版などマス・メディアに対する統一的な管理を始めるようになった。一九七三年六月、出版法改正により、行政院は内政部に属する出版事業管理処を行政院新聞局に合併した。これと同時に、内政部、教育部などの機関が管理していた大衆宣伝事業も行政院新聞局が管理することになった。[68]こうして行政院新聞局の管理機能は、新聞から出版、映画、テレビ、ラジオなどにまで拡大していったのである。

三　戒厳令の解除から出版法の廃止へ

1　美麗島事件と呂秀蓮

「大陸反攻」のスローガンのもと、一九六〇年、一九六六年、一九七二年の動員戡乱時期臨時条款の改正により、総統の権限の絶対化が図られ、台湾住民の自由や権利は制限されるようになった。たとえば、雷震[69]や彭明敏[70]のように国民党政権の批判や台湾独立の唱導を理由に逮捕され、長期にわたり投獄された事件が多く発生したのであった。ところが一九六〇年代末にアメリカと中華人民共和国の関係が好転し、一九七一年十月に中華民国が国連の中国代表権を失った余波を受け、国民党による台湾統治の正統性や万年議員をめぐる問題から、「国会全面改選」などの要求が提起されるようになった。

こうした改革要求に対し、一九七二年五月に行政院院長に就任し、一九七五年四月の蔣介石の死去により国民党主席となり、一九七八年五月に総統に就任した蔣経国は、台湾の自立性を維持しつつ政治改革を限定的なものにとどめる「革新保台」政策を進めた。すなわち、国民党の正統性を強化するため、一九七二年三月、国民大会で動員戡乱時期臨時条款を改正し、自由地区（中華民国の支配地域）と海外華僑の議席を拡大して「中央民意代表増加定員選挙」を実施し、三年に一度の改選を行い、また、台湾籍を有する「青年才俊」（政治エリート）を中央政府や国民党要職に抜擢する「台湾化」人事政策（「吹台青」）を展開した。[71]しかし、他方では一九七四年と一九七九年の改正により出版法施行細則に「基本国策の宣伝に合致し、民心の士気を激励すること」が規定されるなど、新聞界や文芸界に対する言論統制が強化されたのである。[72] 蔣経国による「革新保台」政策は、国民党の政治的正統性を強化する一方で、反対勢力などの思想と言論を抑圧し、さらに台湾の言語や文化を弾圧したということができよう。[73]

こうした状況のなか、一九七八年末にアメリカ・ハーヴァード大学での留学を終えた呂秀蓮が台湾に戻ってきた。呂秀蓮は、台湾フェミニズムの先駆者の一人で、一九七一年ごろから男女平等に関する講演をはじめ、一九七四年に『新女性主義』(幼獅月刊社)を出版して注目を集めていた。彼女は、反国民党の人々による実質的な政治団体だった美麗島雑誌社の副社長となり、積極的に活動を行った。雑誌『美麗島』の発行人・黄信介は、「全省党外人士助選団」を組織し、呂秀蓮らを支援した。その際、彼は「十二大政治建設」を政見公約として掲げて選挙活動を行った。この公約のなかには、すでに「(一)憲法の規定を徹底的に遵守する。(中略)言論・出版を自由化し、出版法を改正し、新聞・雑誌を開放する」こと、「(二)戒厳令を解除する」ことなどが掲げられていた。[74]

その後一九七九年一月に、アメリカと中華人民共和国が正式に外交関係を樹立したため、アメリカ連邦議会は、同年三月に台湾関係法(The Taiwan Relations Act)を制定し、台湾に可能な限りの保護と優遇措置を講じ続けることになった。[75] こうして、アメリカは特に台湾の人権と政治改革に対して関心を払うようになり、国民党は台湾における人権問題に厳格な対応が求められるようになっていった。蔣経国は、中華人民共和国による統一を拒むため、アメリカの支持を獲得しなければならず、アメリカからの政治改革の圧力に正面切って応じなければならなかったのである。[76]

一九七九年二月末、行政院新聞局は、一九七八年三月から続いていた雑誌の登記申請の受理停止を解除した。これにより、一九七九年以降の雑誌の登記件数は増加していくことになった。[77] その背景には、蔣経国の「革新保台」政策により出現した新興政治エリートが在野の反体制勢力と結びつき党外勢力を形成し、一九七九年九月に創刊した雑誌『美麗島』のような党外雑誌が続々と発行されるようになったことが挙げられる。

そして党外勢力は、蔣経国が一九七八年十二月の中華民国とアメリカの国交断絶による混乱を回避するために一切の選挙活動を停止する緊急命令を発したことに対し、街頭運動を展開した。その代表的なものは、『美麗島』が企画した十二月の国際人権デーに合わせた高雄でのデモ行進であった。(78) 当日は、三万もの人が「戒厳令の解除」「政党結社禁止の解除」「新聞の創刊禁止と報道統制の解除」「万年国会の全面改選」をスローガンに掲げてデモ行進を行った。(79) 警備総司令部は、戒厳法一一条一号に基づき、憲兵隊を出動し、これを鎮圧した。(80) デモ行進の当日は一人の逮捕者もいなかったが、デモ行進の二日後から一斉捜査が開始され、(81) 呂秀蓮らが逮捕された。(82) 一九八〇年二月に、警備総司令部軍法処は、呂秀蓮らを反乱罪で軍事法廷に起訴した。(83) 軍事法廷での裁判は、三月十八日から九日間にわたり行われ、四月十八日に八名全員を有罪とし、施明徳（美麗島雑誌社総経理）を無期懲役、黄信介を懲役十四年、その他六名を懲役十二年とする判決を下した。(84) しかし、このような事件が起きたにもかかわらず、一九八〇年以降も雑誌の登記件数は増加し続けていったのである。(85)(86)

2　戒厳令解除による戦時法体制の終了と女性団体の設立

こうした状況のなか、淡江大学中文系の教壇に立っていた李元貞は、呂秀蓮の「新女性主義」に影響を受け、一九七七年頃から女性運動に身を投じ始めていた。彼女らは、一九八二年二月に雑誌『婦女新知』を出版する婦女新知雑誌社（一九八七年に婦女新知基金会に改称）を設立し、呂秀蓮の「女性は、まず人となり、そして女性になる」という主張に基づき、女性を目覚めさせ、平等で調和のとれた社会を打ち立てることを目指した。(87) 当初、婦女新知の活動は、二つの方向で行われた。一つは、講演会や座談会を開き、「優生保健法草案」「女性の潜在的能力と発展」など両性に関する討論を行うことで、女性の自覚を促し、女性の成長を助ける活動であり、もう一つは、「女性に対するセクシュアル・ハラスメントの問題」などのアンケート調査を行い、意見書を提出し、多くの人々の注目を集めようと

する活動であった。(88)

その後、一九八一年七月の陳文成（カーネギー・メロン大学教員）事件や一九八四年十月の江南事件が台湾のメディアによる報道・批判の標的となり、蔣経国と国民党は権威を大きく失墜させることになった。(89)前者は、陳文成が警備総司令部の事情聴取後に台湾大学のキャンパスにおいて遺体で発見された事件であり、後者は、『蔣経国伝』の著者である江南がサンフランシスコ近郊の自宅で暗殺された事件である。蔣経国は、政治的混乱を懸念したため、一九八六年五月七日の国民党中央常務委員会において「中央政策委員会は、誠心誠意をもって社会各界の人士と意思の疎通に努め、政治的調和と民衆の福利を促進しなければならない」と述べ、党外勢力に対する強硬姿勢の転換を示唆した。

こうしたところ五月十日に、国民党の代表と党外勢力である公共政策研究会の代表による最初の会合が行われた。その後、二十四日に開かれた二回目の会合は、中断されることになった。雑誌『自由時代』を創刊した鄭南榕らが同月十九日に台北市の龍山寺で戒厳令の解除を求めた「五・一九緑色行動」などをめぐり、国民党と党外勢力の対立が激化したためである。三回目の会合を模索していたところ、公共政策研究会を中心とする党外勢力が新規政党の結成禁止（「党禁」）を破り、九月二十八日に民主進歩党（以下、民進党とする）を結成した。しかし蔣経国は、これに対して厳重な処分をすることなく、新規政党の結成を黙認した。(90)

さらに蔣経国は、ワシントン・ポストのキャサリン・グラハム社主と十月に会見した際、いかなる新党も、（一）中華民国憲法の遵守、（二）反共国策の支持、（三）台湾独立派と一線を画するとの条件を守らなければならないと述べたうえで、民主政治を徹底的に実行するために戒厳令を解除することを示唆した。(91)そして国民党は、国家安全法を制定したのちに、戒厳令を解除することを主張したが、党外勢力はこれを受け入れず、戒厳令の即刻解除を求める運動を起こした。民進党は、「五・一九緑色行動」の主張を引き継ぎ、一九八七年五月十九日に台北市の国父紀念館で

「戒厳令の解除あるのみ、国家安全法はいらない」「戒厳令の解除は、皆に責任がある」「完全な戒厳令の解除」などのスローガンを掲げ、戒厳令解除と憲法復帰を要求したのである。

このような政治状況のなか、婦女新知雑誌社の設立後、多くの女性団体が設立された。婦女展業センター（一九八四年）、拉一把協会（一九八四年設立、一九八六年に晩晴知性協会に改称）、台湾大学人口研究センター女性研究室（一九八五年設立、一九九九年に台湾大学人口・性別研究センター女性・性別研究グループに改称）、彩虹女性労働者センター（一九八六年）、新環境主婦連盟（一九八七年）、現代婦女基金会（一九八七年）、進歩婦女連盟（一九八七年）などである。これらの団体は、各々の得意分野を活かし、出版活動や研究会・座談会の開催などを行っていたが、街頭でのデモ行進を行うものもみられるようになってきた。彩虹女性労働者センターは、一九八七年一月、長老派教会の計画のもと、女性、先住民、様々な団体と共同で未成年の娼妓に関する問題についてデモ行進した。この大規模な抗議行動は、台湾の女性が初めてデモ行進という方法で社会現象について意見を表明したものであり(92)、戒厳法に挑戦するという政治的意義を有するものでもあった(93)。この時期の女性運動は、女性団体の間に共通する理念があり、人的交流もあったので、単独で行われるだけでなく、互いに連携して行われた。さらに他の団体とも連携して、女性に関する問題が含まれていれば、社会活動や政治活動にも関わっていたのである(94)。

そして蔣経国は、一九八七年七月十四日に総統令を発し、翌十五日午前零時に三十八年間にわたり実施されてきた戒厳令を解除した。これにより戒厳法に基づき制定された関連法令も廃止されることになった。とはいえ、動員戡乱時期に制定された法令はなお有効であり、同年六月二十三日に制定された動員戡乱時期国家安全法（七月一日公布、十五日施行）が「人民の集会、結社は、憲法に違反したり、共産主義を主張したり、国土の分裂を主張してはならない」（二条一項）と規定していたことから、人々の権利は制限され続けたのであった(95)。

3 「報禁」の解除と女性運動

戒厳令解除前の新聞の発行状況についてみると、政治的なタブーが多岐にわたっていたため、新聞経営者や記者が面倒を避けようとして、報道を自主規制する姿勢が習慣化していた。さらに国民党は、二大民営紙の『中国時報』の余紀忠と『聯合報』の王錫吾を常務委員に昇格させ、政治的発言力を与えると同時に新聞社を政治の枠のなかにはめ込んだ。(96)「台湾の新聞は、ジャーナリズムを標榜し、政府と対峙し、批判する機能をはたしてきたわけではな」く、「民主化の原動力ではなかった」のである。(97)

ところがアメリカや党外勢力の圧力のもと、行政院院長の兪國華は、一九八七年二月、行政院新聞局に「新聞の登記と紙数の問題について、積極的な態度で改めて考え、報道の自由と新聞業が社会的責任を全うするという原則に配慮し、適切な規範或いは弁法を速やかに定め、我々の今後の新聞業の発展を促すことで、新たな情報化時代に邁進していく」との指示を下した。この指示は、新聞の登記申請の制限（「限証」）、新聞紙面の制限（「限張」）の解除の発端になっただけでなく、新聞業界の競争を激化させることになった。(98)こうしたなか、一九八九年一月一日に「報禁」が解除されたことにより、新聞紙数や紙面数の増加に伴い、広告料収入が増加し、中国大陸に関する紙面が設けられるなど報道内容に変化が生じ、新聞の社会的影響力が増していくことになったのである。(99)

こうして政治的なタブーが次第に取り除かれ、社会運動が大きな勢力になっていくのに伴い、女性運動もいっそう注目されるようになっていった。一九八〇年代半ば以降、女性団体は、前述した未成年の娼妓問題のほか、ミス・コンテスト、ポルノ、女性の労働権の保障、両性平等教育の実践、家庭内における両性の平等などを政治的な課題として取り上げ、様々な運動を行い、制度の変革や女性の私的領域におけるジェンダー問題の検討に力を入れるようになっていったのである。(100)

その後一九八八年一月に蔣経国が急逝したため、李登輝副総統が、中華民国憲法四八条に基づき総統の職を引き継いだ。とはいえ、権力基盤が不安定であった李登輝は、蔣経国による改革を継続していかざるを得なかった。(101)こうした状況のなか、一九九〇年三月、第八代総統に選出され、五月に総統に就任した李登輝は、国民大会代表、立法委員や監察委員、学者・専門家の代表、政党の代表、産業界の代表、学生の代表、海外華僑の代表など一五〇名を集め、六月に国是会議(102)を開催した。そこでは、終身の国民大会代表や立法委員の退任、国民の直接投票による総統・副総統、台湾省主席、台北市・高雄市といった中央政府直轄市の市長の選出、動員戡乱時期臨時条款の廃止と中華民国憲法の改正、大陸政策と両岸関係の調整などについて提言がなされた。(103)

この国是会議による提言をもとに、李登輝は、国民代表の選出方法を改正してから統治機構を改めていく「一機関二段階修憲」の方法で改革を進めていくことになった。(104)一九九一年四月、第一期国民大会第二回臨時会が開催され、中華民国の領土は「固有の領土」（中華民国憲法四条）であるが、一時的に実効支配地域（自由地区）に限定されているので、その現実に合わせて一時的な措置として自由地区に限定した運営を行っていくという統治構造に改められたのである。また、動員戡乱時期臨時条款を廃止し、それに基づき制定された法令は一九九二年二月一日までを有効期限とすることなどが決められた。台湾における戦時法体制は、一九九一年五月一日午前零時に動員戡乱時期臨時条款が廃止されることで終了し、警備総司令部も一九九二年八月一日午前零時に廃止された。こうして中華民国の実効支配地域を前提とする国民大会や立法院が選挙により構成され、機能していくことになったのである。(105)

一九九〇年代になると、女性団体は、台北だけでなく、台湾各地に分会などを設け、支援のネットワークを広げていった。(106)そして女性団体のなかにも、立場や世代、性的嗜好、女性運動と政治の関係などについて多様な立場のものが増えていき、メディアを通じて様々な女性問題に目を向けていくことを主張するようになった。(107)さらには、女性団体に関わる者が婦女権益促進委員会の委員に就任するなど政策決定にも関与するようになっていったのである。(108)

4 出版法の廃止

出版法は、一九七三年六月の改正後、二十五年間にわたり改正されなかった[109]。この出版法には、次の三つの機能があるとされてきた。第一に、出版情報を収集する登記機能、第二に、ポルノ出版物などを取締り処罰する処罰機能、第三に、出版法二三条・出版奨励条例に基づき出版業を奨励し、出版法二四条に基づき新聞・雑誌・教科書・政府が奨励する重要な専門書の発行に際して営業税の徴収を免除する奨励機能である。

一九九〇年代に政治的なタブーが次第に取り除かれ、様々な出版物が大量に刊行されていくなか、出版業界からは、これらの出版法の機能に対して批判がなされるようになってきた。そこで行政院新聞局は、一九九七年七月に「出版業の輝かしい未来を共につくる――新世紀へ向かう出版シンポジウム」を開催した。そこに参加した出版業者らは、出版法を改正すべきであると主張した。ここで注目すべきは、行政院新聞局の女性官僚であった謝小韞（後の台北市美術館長、台北市文化局長）が、登記、処罰、奨励という機能は出版法といった特別法に定めなくても刑法などの一般法に定められているから出版法を廃止しても影響がない、と述べたことである。行政院新聞局も、出版法の機能について、次のように認識していた。登記機能については、発行人の資格制限が一九九七年九月の出版法施行細則改正により削除され、登記記載事項が形式的なものとなり、出版資料の収集も会社法や営利事業登記規則に規定されている。処罰機能については、出版物の掲載事項の制限違反に対する行政処分（警告、罰金、販売・頒布・輸入の禁止、差押・没収、一定期間の発行停止、登記取消）が、戒厳令の解除後、差押・没収を除き、ほとんど適用されず、ポルノ出版物の発行に関する刑法二三五条など関連法令も整備されている。奨励機能についても、別の方法で行うことができる。つまり、出版法を廃止しても問題はなかったのである[110]。

こうして新聞局出版処は、出版業界からの要求に応えるため、一九九八年二月から三月の間に出版法改正案の作成に着手した。そして、出版法のなかの時代に適合しない規定を削除し、発行人に関する条件を緩和し、台湾での外国メディアによる出版を許可し、言論制限事項を大幅に縮小する草案が作成された。新聞業、図書業、雑誌業など出版業界の責任者に草案が送られると、代表者たちは、同年五月から三回にわたり集まり、草案について意見を述べた。この三回の会議によって、半数近くの代表者は、出版法を時代が求めるものに改正することが難しく、出版法の管轄事項は他の法令のなかに規定されているので、出版法を設けておく必要がないと考えていることが分かった(111)。

出版業界の意見を受け、新聞局局長・程建人は、八月二十一日に『聯合報』の記者と会見した際、行政院には出版業界からの出版法を廃止すべきであるとの意見を採用する意思があることを示唆した。二十七日に新聞局が行政院に出版法の廃止を提案すると、程局長は、九月四日に行政院で出版法廃止関連事項検討会議を開催した。そして十二日には、行政院政務委員・趙守博が出版法廃止を審議する会議を開催し、各代表が出版法廃止に賛成したため、廃止案が採択された(112)。こうして二十四日には、行政院第二五九七回院会において出版法廃止が審議され、廃止案が採択されることになったのである。

立法院では、行政院から十月二日に送付された出版法廃止案（台八七（聞）第四八九四一号）(113)が続けて審議された。そこでは、十月から十二月末までの間に、公聴会が開催され、出版法廃止後の関連組織の改編、登記機能、処罰機能、奨励機能に関する法令の三十件の改廃が検討された。三十件の法令とは、所管する官庁ごとに、次のように分けることができる。行政院新聞局が所管する法令二十四件、内政部が所管する法令二件、行政院大陸委員会が所管する法令二件、行政院文化建設委員会が所管する法令一件、司法院の所管する法令一件である。これらの官庁が所管する法令の調整の結果、一九九九年一月十二日、立法院において出版法廃止案が採択された(114)。その後二十一日には、行政院新聞局が新聞業界の公会・協会の代表者を集めて、出版法廃止に関する説明会を開催したうえで、総統令によって出版法の廃止が二十五日に公布されたのである。

出版法廃止についての議論は、主に登記機能、処罰機能、奨励機能という技術的な側面に関してなされたため、女性団体がそれに直接関われる余地はほとんどなかった。しかしながら、このことは女性団体が出版法廃止に関心を持たなかったことを意味するのではない。先述の通り、謝小韞が出版法を廃止しても影響はないとするなど、女性もこの問題に関心を持ち、重要な発言をしていた。出版法廃止は、女性団体の活動にとっても画期的なできごとだったのである

おわりに

本稿は、台湾における出版物に関する法制度の変遷を踏まえたうえで、戒厳令の解除から出版法の廃止に至るまでの背景、女性団体の関わり方について検討してきた。

出版物に関する法制度の構造上の特徴として、出版に関する平時の法体制に、国民政府が台湾に遷都してきたことで戦時の法体制が加わり、法律、行政命令、その他の法令が複雑に絡み合ってきたことが分かった。ところが、戒厳令と「報禁」を解除し、動員戡乱時期臨時条款を廃止し、戦時の法体制が終了することで、政治的なタブーが次第に取り除かれ、様々な出版物が大量に刊行されるようになり、出版業界からは出版法に対する批判が起こった。そして平時の法体制に含まれる出版法についても、結果的に関連する法令を調整したうえで廃止されることになったのである。

こうした戒厳令の解除から出版法の廃止までの過程のなかで、呂秀蓮らによる『美麗島』事件以降、一九八〇年代初めに李元貞らによって設立された婦女新知雑誌社を中心に女性団体の活動が始まった。多くの女性団体が、様々な団体と連携して、戒厳令解除など女性も関わる政治的課題や私的領域におけるジェンダー問題を取り上げ、講演活動や街頭活動などを繰り広げたのである。もっとも出版法の廃止については、その技術的な側面が主たる課題となった

ことから、女性団体がこれに直接的に関わることはなかった。しかし、出版法の廃止は女性団体の活動にとっても重要な変化であった。一九九〇年代以降、多くの女性団体が多様な観点から女性に関する個別具体的な問題をめぐり、様々な方法で運動を行うようになってきた。こうした流れは、出版法廃止に向かう流れと同じ方向を目指すものであった。そして出版法の廃止後、女性団体の活動はより活発な様相を見せていくことになるのである。

注

(1) 渋谷秀樹・赤坂正浩『憲法2統治』〔第六版〕（有斐閣、二〇一六年）三七一頁参照。
(2) 林怡蓉「台湾における放送政策と青少年保護――「霊現象番組」の問題から」（『関西学院大学社会学部紀要』九一、二〇〇二年）一六九頁参照。
(3) 顧燕翎（羽田朝子訳）「民主化と女性運動の高まり」（台湾女性史入門編纂委員会編『台湾女性史入門』人文書院、二〇〇八年）七二～七三頁参照。
(4) そこでは、「満州、台湾及び澎湖島の如き、日本国が清国人から盗取したすべての地域を、中華民国に返還すること」が宣言された。彭明敏・黄昭堂『台湾の法的地位』（東京大学出版会、一九七六年）五二～五五頁参照。
(5) 呂芳上「蔣中正先生與台湾光復」（蔣中正先生與現代中国学術討論集編輯委員会編『蔣中正先生與現代中国学術討論集第五冊――蔣中正先生與復興基地建設』中央文物供應社、一九八六年）五〇頁参照。邦訳は、黄英哲『台湾文化再構築一九四五～一九四七の光と影――魯迅思想受容の行方』（創土社、一九九九年）一七頁。
(6) 注（5）黄、一八頁参照。
(7) 注（5）呂、五一頁参照。
(8) 台湾省接管計画綱要の全文は、陳鳴鐘・陳興唐主編『台湾光復和光復後五年省情（上）』（南京出版社、一九八九年）四九頁参照。
(9) 張瑞成編『中国現代史史料叢編第四集　光復台湾之籌劃與受降接収』（中国国民党中央委員会、一九九〇年）五二～五三頁、加藤雄三「『接収台湾司法』小考」（『東洋文化研究所紀要』一五六、二〇〇九年）三一三頁参照。

(10) 注(5)黄、一八頁参照。
(11) 台湾省行政長官公署組織大綱の原文は、『国民政府公報』一九四五・九・四、六頁参照。
(12) 注(5)黄、二四頁参照。
(13) 台湾行政長官公署組織条例の原文は、『国民政府公報』一九四五・九・二一、一～二頁参照。
(14) 連合国最高司令官・マッカーサーが、一九四五年九月二日に一般命令第一号で「支那(満洲ヲ除ク)台湾及北緯十六度以北ノ仏領印度支那ニ在ル日本国ノ先任指揮官並ニ一切ノ陸上、海上、航空及補助部隊ハ蔣介石総帥ニ降伏」することを命じた。外務省編『日本外交年表並主要文書』(日本国際連合協会、一九五五年)六四〇頁。
(15) 若林正丈『台湾――分裂国家と民主化』(東京大学出版会、一九九二年)三八頁参照。
(16) 「台湾調査委員会報告結束日期致中央設計局秘書処函」注(8)陳鳴鐘ほか、一三三頁参照。
(17) 台湾省文献委員会『重修台湾省通志 巻七 政治志 法制編』(一九九〇年)一〇四五頁。
(18) 注(17)、一〇四五頁。
(19) 注(5)黄、二五、三五頁参照。
(20) 『国民政府公報』一九四五・一〇・一三、五頁参照。
(21) 『台湾省行政長官公署公報』一九四六・八・三一、八三六～八三七頁参照。
(22) 注(5)黄、四〇頁参照。
(23) 「台湾省行政長官公署宣伝委員会公告 署宣字第〇〇六〇号」『台湾省行政長官公署公報』一九四五・一二・一九、六～七頁参照。
(24) 馬光仁『中国近代新聞法制史』(上海社会科学院出版社、二〇〇七年)二三七～二三八頁参照。
(25) 出版法九条は、「新聞紙或いは雑誌を発行する者は、発行人がまず発行前に、登記申請書に必要事項を記入し、発行所の所在地の地方主管官署に提出し、十五日以内に省政府或いは行政院が直接管轄する市政府に取次ぎ、許可を得た後、発行することができる。省政府或いは行政院が直接管轄する市政府は、前記の申請書を受理した後、特別な状況を除き、二十八日以内にこれを査定し、内政部に取次ぎ登記証を発行する。内政部は登記証を発行後、中央宣伝部に登記申請書の副本を送り登記する。申請書に記載する事項は、左のとおりである。一　新聞紙或いは雑誌の名称、二　事務組織、三　資本額及び経済状況、四　定期的に新聞紙を発行する場合は紙面数を明記する、五　発行所及び印刷所の名称及び所在地、

六　発行人及び編集人の姓名、年齢、経歴及び住所」と規定する。

(26)　出版法は、出版物を新聞紙（一定の名称を使用し、毎日あるいは六日以下おきに継続的に発行されるもの）、雑誌（一定の名称を使用し、毎週あるいは三か月以下おきに継続的に発行されるもの）、書籍およびその他の出版物（前二者以外のすべての出版物）の三種類に分けている（二条）。

(27)　注（23）、七頁。

(28)　出版法は、「第九条の登記申請を行わず、或いは登記すべき事項について事実と異なる陳述をして、新聞紙或いは雑誌を発行した場合は、新聞紙或いは雑誌の発行を停止することができる」（二六条一項）とし、「発行人が第九条或いは第一〇条の登記申請をせずに、新聞紙或いは雑誌を発行した場合は、一〇〇元以下の罰金に処する」（三六条）と規定する。

(29)　出版法は、「第二一条の規定に違反した場合、発行人、編集者、著作者及び印刷者を一年以下の懲役、拘留或いは一〇〇〇元以下の罰金に処する」（四三条）、「第二二条或いは第二三条の規定に違反した場合、編集者或いは著作者を拘留或いは三〇〇元以下の罰金に処する」（四四条）、「第二四条の定める禁止或いは制限に違反した場合、発行者、編集者、著作者及び印刷者を一年以下の懲役、拘留或いは一〇〇〇元以下の罰金に処する」（四五条）と規定する。

(30)　出版法は、「内政部は、出版物が第二一条に列記した事項の一つを記載した場合、或いは第二四条に定める禁止事項或いは制限事項に違反した場合、当該事項を明示し、出版物の販売及び頒布を禁止し、必要なときにこれを差し押さえることができ」（二八条一項）、「地方主管官署は、前条第一項に関する出版物を調査し、必要であると判断したときに、当該出版物の販売頒布を暫定的に禁止すること、あるいは暫定的に差し押さえることができ、同時に省政府或いは行政院に直接属する市政府に申立て、内政部に取次いで調査し処理する」（二九条）とし、「新聞紙或いは雑誌に掲載された事項により、第二八条第一項に定める処分を行う際に、その情状が重大な場合、内政部は一定期間或いは永久にその新聞紙或いは雑誌の発行停止することができ」（三二条）、「出版物の記載が、刑法の規定に抵触し法に基づき処理するもののほか、情状が比較的重大な場合、内政部或いは地方主管官署は、内政部に申し立て、審査のうえ許可を得たうえで、その販売頒布を禁止することができ、必要なときにはこれを差し押さえることができる」（三四条）と規定する。

(31)　行政処分に反する行為を行った場合にも、「第二九条に定める差押処分の執行を妨害するものは、二〇〇元以下の罰金に処」し（四八条）、「発行者が第二八条第一項の定める禁止事項に違反した場合、一年以下の懲役、拘留或いは一〇〇〇元以下の罰金に処し、その事情を知りつつ当該出版物を販売或いは頒布した者は、六月以下の懲役、拘留或いは五〇〇元以下の罰金に処」し（四九条一項）、「第二八条第一項（中略）に定める差押処分の執行を妨害するものは、六月以下の懲役、拘留或いは五〇〇元以下の罰金に処」し（五〇条）、「発行者が第三二条第一項の禁止事項に違反した場合、一年以下の懲役、拘留或いは一〇〇〇元以下の罰金に処する。その事情を知りつつ当該新聞紙或いは雑誌を発売或いは頒布をした者は、六月以下の懲役、拘留或いは五〇〇元以下の罰金に処する」（五一条）と規定する。

(32) 呉濁流は、行政長官公署による統治に対して「本省の知識階級は、光復の時に、日本統治時代よりも良くなると思っていたが、結果的に大多数の人は失望した」と述べ（呉濁流『無花果』草根出版、一九九五年、一九〇頁）、楊逸舟も「公有物が接収員の私有に帰しても、同胞、解放者の名において見逃されたし、手続きの曖昧なところも、（中略）無条件に肯定された。接収に関係のない同胞たちも寛大に、尊重に扱われた。（中略）整列して乗物を待っているところへ、途中から割り込まれても黙っていた。極端な例が、整列して切符を買ったり乗物にのったりするのは、日本奴隷化教育のあわれだと嘲笑され、そしてなるほどと納得するものもいた」（楊逸舟『台湾と蔣介石――二・二八民変を中心に』三一書房、一九七〇年、九頁）と述べている。

また、オーストラリアのジャーナリストであるジャック・ベルデンの証言にあるように、台北の街には「島から逃げ出す一匹の犬（日本人）と入ってくる一匹の豚（外省人）」を描いたポスターが貼られていた。そこには「犬はうるさいが人を守ることができる。豚は食って寝るだけだ」と書かれていたのであった。ジャック・ベルデン（安藤次郎・陸井三郎・前芝誠一共訳『中国は世界をゆるがす 下』（筑摩書房、一九五三年）二〇八頁。

(33) 二・二八事件は、一九四七年二月二十七日の夕方に台北で起こったヤミ煙草没収事件に端を発する。ヤミ煙草売りの寡婦が専売局ヤミ煙草取締員に乱暴されて負傷した。それに抗議するために行政長官公署にやってきた民衆に対し、取締員が威嚇発砲し、民衆の一人がその流れ弾に当たり死亡した。これが全島的な反政府的暴動の引金になったのである。

(34) 本事件の経緯は、何義麟『二・二八事件――「台湾人」形成のエスノポリティクス』（東京大学出版会、二〇〇三年）二二九頁以下が詳しい。

(35) 陳儀は、三月一日のラジオ放送で、①臨時戒厳令の解除、②逮捕された市民の釈放、③軍警の発砲の禁止、④官民処理委員会の設立、という四項目の解決案を発表した。浦野起央『資料体系 アジア・アフリカ諸国国際関係政治社会史 第二巻アジアⅢg』（パピルス出版、二〇〇一年）三五九八〜三五九九頁参照。

(36) 陳儀は、三月二日のラジオ放送でも、①事件の参加者の責任を追及しないこと、②事件関連の逮捕者を全面釈放すること、③公務員と市民の死傷者に、「台湾人」か「外省人」かを問わず、一律に補償すること、④善後処理のための委員会を組織し、政府要員および参政員・参議院以外に各界人民の参加を認めること、という四項目の原則を発表した。注(35)浦野、三五九九頁参照。

(37)「二・二八事件処理委員会」の設立から政治改革の交渉過程については、注(34)何、二三一頁以下が詳しい。

(38)田才徳彦「二・二八事件と『台湾人』――「台湾人」意識の変容過程を中心に」(『政経研究』四一―四、二〇〇五年)三九四頁参照。

(39)「台北綏靖区司令部奉令査封停刊報社情形一覧表」(『二二八事件資料選輯 四』中央研究院近代史研究所、一九九三年)一八九頁参照。

(40)注(34)何、二五四頁、徐邦男「戦後台湾における言論統制の実態と出版の現状」(『東洋研究』七〇、一九八四年)三〇頁参照。

(41)こうして「台湾人」には「外省人」に対する恐怖と怨恨が強く植え付けられ、政治的無関心が広まる一方、「台湾人」と「外省人」との政治的・社会的対立、すなわち「省籍矛盾」が定着することになり(注(38)田才、三九六頁参照)、台湾社会を理解するうえで暗黙の前提となったのである。後藤武秀『台湾法の歴史と思想』(法律文化社、二〇〇九年)八九頁参照。

(42)「処理台湾事件辦法」の内容は、中央研究院近代史研究所編『二二八事件資料選輯(二)』(中央研究院近代史研究所、一九九二年)一三〇～一三二頁参照。

(43)「孫文死後、毎週月曜日の午前中に開かれた記念集会」を指す。小野寺史郎「南京国民政府期の党歌と国歌」(石川禎浩編『中国社会主義文化の研究』京都大学人文科学研究所、二〇一〇年)三七〇頁。

(44)「蔣主席在国父紀念週報告台湾事件」(『台湾省行政長官公署公報』一九四七・三・一三、)八一六頁参照。

(45)注(5)黄、四一頁参照。

(46)陳儀は、一九四七年三月六日、二・二八事件に関して蔣介石に報告する際に、行政長官公署を省政府に改めるならば、省政府主席の職は、彼自身が一時的に兼ねると意欲を示していた。「陳儀呈蔣主席三月六日函」(中央研究院近代史研究所編『二二八事件資料選輯(二)』中央研究院近代史研究所、一九九二年)七八頁参照。三月十五日、南京で行われた遷都後初めての国民党三中全会で、陳儀は出席者から厳しい糾弾を受け、国民政府に陳儀を免職し罪状を調べ処罰させる提案

が採択された。湯熙勇「戦後初期台湾省政府成立及其人事布局」（黄富三・古偉瀛・蔡采秀主編『台湾史研究一百年――回顧與研究』中央研究院台湾史研究所籌備処、一九九七年）一三三頁参照。
(47)『台湾省政府公報』一九四七・五・一六、一頁参照。
(48) 注（36）何、二六〇～二六一頁参照。
(49) 注（5）黄、四一頁参照。
(50) 注（36）何、二六四頁参照。
(51) 注（36）何、二六四頁参照。
(52) 動員戡乱時期臨時条款は、中華民国「憲法第一七四条第一項の手続に基づき」制定された。
(53) 辛広偉『台湾出版史』（河北教育出版社、二〇〇〇年）二一七～二一八頁参照。
(54) 注（15）若林、八六～八七頁参照。
(55) 注（41）後藤、九五～九六頁参照。
(56)「台湾省戒厳期間新聞雑誌図書管理弁法」（薛月順・曾品滄・許瑞浩主編『戦後台湾民主運動史料彙編（一）従戒厳到解厳』國史館、二〇〇〇年）一四四～一四六頁参照。
(57) 注（41）後藤、九六～九七頁参照。
(58) 注（53）辛、二五三頁参照。
(59) 出版法二八条は、「出版物に必要な紙及びその他の印刷材料は、主管官署が実際の必要とする状況を調べ、これを計画的に供給することができる」と規定する。
(60) 出版法施行細則二七条は、「戦時、各省政府及び直轄市政府は、出版物を計画的に供給するために必要な紙及びその他の印刷材料を、節約原則及び中央政府の命令に基づき、管轄区域内の新聞紙、雑誌の数量を調整しなければならない」と規定する。
(61) 新聞紙雑誌及書籍用紙節約弁法五条は、「充分な資金、固定した住所のない新聞紙雑誌は、その登記を厳格に制限しなければならない」と規定する。「台湾省政府代電：新聞紙雑誌及書籍用紙節約辦法」（楊秀菁・薛化元・李福鐘編註『戦後台湾民主運動資料彙編（七）新聞自由』国史館、二〇〇二年）一一七頁参照。
(62) 台湾省各県市施政準則には、「各県市政府は、節約用紙辦法の規定を誠実に遵守し、新たに登記を申し立てた新聞雑誌を厳しく制限しなければならない」と規定された。「台湾省政府代電：民国四十年度台湾省各県市施政準則」（注（61）『戦後台湾民主運動資料彙編（七）新聞自由』）三九九頁参照。

(63)「行政院訓令：従厳審核新聞紙雑誌登記案」（注（61）『戦後台湾民主運動資料彙編（七）新聞自由』）四〇二頁参照。

(64) 注（53）辛、二五四頁参照。

(65) 注（40）徐、三一頁参照。

(66) 注（53）辛、四〇頁参照。

(67) 注（53）辛、四八頁参照。

(68) 注（53）辛、七四～七五頁参照。

(69) 戦前に日本の大学を卒業した「外省人」である雷震は、一九四九年に『自由中国』という雑誌を創刊し、蔣介石の独裁政権を批判し、「大陸反攻」が無謀なことであると主張した。これに多数の「台湾人」も賛同し、中国民主党の結成の動きが生じた。しかし一九六〇年に、雷震が逮捕され、懲役十年を言い渡されたため雑誌は廃刊になり、この動きも潰えた。

(70)「台湾人」であり、現職の台湾大学教授である彭明敏は、国際社会には一つの中国と一つの台湾が存在するという事実を認めようと主張し、一九六四年に「台湾人民自救宣言」を印刷し、配布しようとしたところを逮捕された。

(71) 薛化元（加治宏基訳）「ストロングマン権威主義体制の変容と蔣経国の政治改革をめぐる歴史的評価」（『中国21』三二、二〇〇九年）二四二～二四四頁参照。

(72) 一九七五年に創刊された党外雑誌『台湾政論』（一九七五年）をはじめ非常に多くの出版物に停刊、発禁、出版差止が命じられ、テレビ・ドラマの台本やコマーシャルの審査、テレビ番組の監督などによりテレビ局の統制に乗り出し、台湾語・客家語・先住民族の言語の使用が制限されるなどした。

(73) 薛化元「台湾の政治発展における蔣経国の歴史的評価——戒厳解除を中心に」（『広島法学』三二—二、二〇〇八年）二八～三〇参照。

(74) 李文『縦横五十年——呂秀蓮前傳』（時報文化出版企業、一九九六年）二一〇～二一六頁参照

(75) 台湾関係法二条C項には、「本法律に含まれるいかなる条項も、人権、特に約一八〇〇万人の台湾全住民の人権に対する合衆国の利益に反してはならない。台湾のすべての人民の人権の維持と向上が、合衆国の目標であることをここに再び宣言する」と規定された。「台湾関係法」（外務省アジア局中国課監修『日中関係基本資料集一九四九年～一九九七年』霞

山会、一九九八年）八八一頁。
(76) 注（71）薛、二四四～二四六頁参照。
(77) 楊志弘「民国七十三年、七十四年 雑誌出版業概況」（『中華民国七十五年 出版年鑑』中国出版公司、一九八六年）九九頁参照。
(78) 注（71）薛、二四四頁参照。
(79) 戒厳法（一九三四年一一月二九日国民政府公布・施行）は、「戒厳時期において、警戒地域内の地方行政官及び司法官が軍事に関する事務を処理する際には、当該地域の最高司令官の指揮を受けなければならない」（六条）、「戒厳時期において、接戦地域内の地方行政事務及び司法事務は当該地域の最高司令官の所管に移し、その地方行政官及び司法官は当該地域の最高司令官の指揮を受けなければならない」（七条）と規定する。
(80) 戒厳法は、「戒厳地域において、最高司令官は左の事項を執行する権限を有する」として「集会、結社及びデモ行進による請願を停止し、言論、学問、新聞、雑誌、図書が表明するスローガン、軍事を妨害すると認められるその他の出版物を取り締ることができる。上述の集会、結社及びデモ行進による請願は、必要な時にこれを解散することができる」（一一条一号）と規定する。
(81) 憲兵勤務令（一九五一年三月一日総統令公布・施行）は、「憲兵は国防部の管轄のもとで、軍事警察を掌理し、刑事訴訟法の規定に基づき司法警察を兼任する」（一条）と規定し、勤務範囲として「一般交通の維持に協力し、軍事交通を統制する」こと（七条七号）、「戒厳地区の戒厳業務を執行する」こと（同条八号）を挙げている。
(82) 「美麗島事件保存資料の公開拡大へ――「凶手」は誰かよりも、改革者は誰かが重要」（『台北週報』二〇八八、二〇〇三・三・二〇、台北駐日経済文化代表処HP http://www.roc-taiwan.org/ct.asp?xItem=21209 8&ctNode=3591&mp=202&xq_xCat=dataroom&nowPage=7&pagesize=15 参照）【閲覧日：二〇一五年八月二八日】。
(83) 戒厳法は、「戒厳時期において接戦地域内で、刑法の左の各罪について、軍事機関は裁判を自ら行うこと、あるいは法院の裁判にこれを附することができる」とし、具体的には「一、内乱罪。二、外患罪。三、秩序妨害罪。四、公共危険罪。五、貨幣・有価証券・有印文書の偽造罪。六、殺人罪。七、自由妨害罪。八、強奪・強盗及び海賊の罪。九、営利誘拐罪。一〇、損壊遺棄罪」が挙げられている（八条一項）。そして「前項以外のその他の特別刑法の罪を犯した者もまた同じである」（同条二項）とする。さらに「戒厳時期において警戒地域内で、第一項第一、二、三、四、八、九の各号及び第二項の罪を犯した者は、軍事機関が裁判を自ら行うこと、あるいは法院の裁判にこれを附することができる」（同条三項）と規定している。

（84）この裁判は、台湾警備総司令部軍法処看守所（景美看守所：一九六八〜一九九二）のなかの「第一法廷」で行われた（国家人権博物館籌備處ＨＰ http://www.nhrm.gov.tw/imageinfo?uid=72&pid=9 参照）【閲覧日：二〇一五年八月二八日】。現在、この地は「景美人権文化園区」（新北市新店区）となり、政治的受難者へのインタビュー、文物史料の収集と保存、歴史的遺跡の保存と復元、人権教育の推進などを行っている（国家人権博物館籌備處ＨＰ http://www.nhrm.gov.tw/Archive?uid=940 参照）【閲覧日：二〇一五年八月二八日】。

（85）もっとも呂秀蓮は、服役中に甲状腺がんが再発したことから、一九八五年三月、その治療のための仮釈放が認められ、五年四か月で服役を終えた。釈放後、呂秀蓮は、同年十一月に実施された統一地方選挙（台湾省第十回県市長選挙、第八回省議員選挙、第五回台北市議員選挙、第二回高雄市議員選挙）で多くの女性候補者が当選したことを踏まえ、台北市の元穠茶藝館で「党外婦女聯誼会」を主宰して意見交換を行い、さらに女性の権利・利益の問題について考えていくようになった。こうして一九八六年、呂秀蓮は、病気治療を理由として、アメリカに向かうことになったのである。注（74）李、二〇一、二〇三、二一六〜二一七頁参照。

（86）注（77）楊、九九頁参照。

（87）李元貞は、『婦女新知』の意義について「高雄事件後、台湾社会は八〇年代に入ると、様々な衝突や争いのなかで成長し続け、社会全体の観念は以前に比べ開放的になっていった。『婦女新知』は、一九八二年二月に創刊し、台湾社会が成長していく状況のもと、書店にあふれている三十余りの女性に関する雑誌のなかで、唯一、社会の変化によって生じる女性の問題に目を向けたのであった。前向きな関心を持たず、『逆境に甘んじる』思想で教育されてきた女性は、社会の変化に遮られ、漠然と従うほかなく、自己の生活の問題を処理する力もなかった。『婦女新知』は、このような状況のもとで、『女性としての自覚』という観念を提起し、女性が自ら独立して自主的に行う能力を訓練し、社会に積極的に参加し、潜在能力を発揮することを奨励した」のである、と述べている。李元貞『婦女開歩走』（婦女新知基金会出版部、一九八八年）五二頁。

（88）游鑑明「台湾地区的婦運」（陳三井主編『近代中国婦女運動史』近代中国出版社、二〇〇〇年）五〇三、五〇六〜五〇七頁参照。

(89) 注(71)薛、二四六頁参照。
(90) 林慧児「転換期を迎える台湾――蔣経国の急逝・李登輝体制の出発」(『海外事情』三六―四、一九八八年)八頁、劉文甫「新野党「民主進歩党」の誕生――一九八六年の台湾」(アジア経済研究所HP http://d-arch.ide.go.jp/browse/html/1986/105/1986105TPC.html.standalone.html 参照)【閲覧日:二〇一五年九月七日】。
(91) 注(15)若林、二三三～二三四頁参照。
(92) 注(88)游、五〇四、五〇七～五〇八頁参照。
(93) 梁雙蓮・顧燕翎「台湾婦女的政治参與――体制内與体制外的観察」(劉毓秀主編『台湾婦女處境白皮書――一九九五年』時報文化出版、一九九五年)一二五頁参照。
(94) 注(88)游、五〇九～五一〇頁参照。
(95) 注(73)薛、三四～三七頁参照。
(96) 劉黎児(若林正丈訳)「八、報道・出版」(若林正丈・劉進慶・松永正義編著『台湾百科』〔第二版〕大修館書店、一九九三年)二二六～二二七頁参照。
(97) 本多周爾「台湾の政治変動に伴う新聞メディアの変容」(『武蔵野学院大学日本総合研究所研究紀要』九、二〇一二年)三七七、三七九頁。
(98) 頼光臨「民国七十五、七十六年報業概況」(『中華民国七十七年出版年鑑』中国出版公司、一九八八年)九一頁参照。
(99) 注(96)劉、二二七～二二八頁参照。
(100) 注(93)梁ほか、一一三～一二三、一二五～一三〇頁参照。
(101) 李登輝(中嶋嶺雄監訳)『李登輝実録――台湾民主化への蔣経国との対話』(産経新聞社、二〇〇六年)三八〇～三八一頁参照。
(102) 一九九〇年三月、第八代総統に選出された李登輝は、中正紀念堂前で国民大会の解散、動員戡乱時期臨時条款の廃止、国是会議の開催、政治経済改革の工程表を定めることを求めて座り込みを行った大学生や大学教授(三月学運、野百合運動)の代表と接見し、各界の代表を集めて、政治改革の方向などを議論する国是会議の開催を約束していた。浅野和生「民主化二五年の台湾」(同編著『台湾民主化のかたち――李登輝総統から馬英九総統まで』展転社、二〇一三年)三九頁参照。

(103) 注(102)浅野、四〇～四一頁参照。
(104) その概略については、松井直之「台湾」(君塚正臣編著『比較憲法』ミネルヴァ書房、二〇一二年)六七頁参照。
(105) 注(102)浅野、四三～四五頁参照。
(106) 注(93)梁ほか、一二四頁参照。
(107) 注(88)游、五二〇～五二五頁参照。
(108) 注(88)游、五二五～五二七頁参照。
(109) 謝小韞「出版法走入歴史」(『中華民国八十八年出版年鑑』遠流出版、一九九九年)二九頁参照。
(110) 注(109)謝、三〇～三一頁参照。
(111) 注(109)謝、三〇～三一頁参照。
(112) 注(109)謝、三〇頁には「九月一二日」と記載されているが、三七頁の「附表一 廃止出版法作業流程表」には「九月一四日」と記載されている。
(113) 注(109)謝、三〇頁参照。
(114) 注(109)謝、三七～三九頁の「附表一 廃止出版法作業流程表」参照。

「はだしの医者」の視覚表象とジェンダー

姚　　毅

はじめに

「はだしの医者」は中国語「赤脚医生」の訳語で、農業に従事しながら医療衛生活動を行った半農半医の農村衛生員に対する親しみを込めた呼称である。「はだしの医者」という呼び名は文化大革命の最中である一九六九年に初めて登場するが、農村衛生員は一九五〇年代初頭から活躍していた。こうした「はだしの医者」と呼ばれる衛生員は一九七〇年代半ばには五〇〇〇万人にものぼり、社会主義時代の中国の農村部で助産を主とする母子衛生や一般疾患の予防治療などプライマリ・ヘルスケアを担当していた。「はだしの医者」は当時「新人新事（新しい人物、新しい出来事）」とされ、新聞雑誌など文字メディアだけでなく、ビジュアルメディアでも人気の題材となった。

本稿は、「はだしの医者」を題材とする絵画、年画、(1) 宣伝画、(2) 映画ポスター、挿絵、切手などビジュアルメディアを中心に以下のことを考察する。第一に、一九五〇年代から七〇年代にかけて、政治運動、大衆動員という激動の中で、「はだしの医者」が時代と共に如何に表象されてきたか、その変化と特徴を明らかにする。第二に、「はだしの医者」の何が表象され、何が表象されなかったのか、そこに覆い隠されたものがあるとすればどのような力が働いたかを考察する。第三に、ほぼ同時期の「鉄の娘」や「女性民兵」の表象にも目を配り、「はだしの医者」の表象から中国のジェンダーの政治性とともに、その実践性と複雑性をも読み取ろうとするものである。

一　「はだしの医者」の出現と消失

「はだしの医者」（以下はカッコを外す）の正式名称は「（農村／郷村）衛生員」であり、そのうち、もっぱら助産を担当する人は「接生員」と呼ばれている。衛生員の起源については諸説があり、一九三〇年代の定県実験区に遡る説もあれば、一九四〇年代の共産党の解放区に遡る説もある。(3) 全国的な規模で推進され養成されたのは、中華人民共和国成立後である。その取り組みは地方によっては土地改革よりも先行、一九五〇年八月の「労・農・兵に目をむけ、予防に重点をおき、漢方医・西洋医を団結させる」という医療・衛生活動の三大方針の公布よりも一歩先だっていたのである。(4) 衛生員の重要な任務は、伝染病予防、予防接種、一般疾患の治療、愛国衛生運動の宣伝、母子衛生、計画出産の推進などである。特に新生児・妊産婦の死亡率を下げるための「新式助産」（厳密な消毒、衛生的条件下での出産）の普及が当時の中心任務とされ、接生員の養成が急がれた。衛生員・接生員は、短期的な訓練を受けた中高卒の若者が望ましいとされたが、人材不足のために伝統的医療従事者、民間治療者や旧式産婆も再訓練を受けさせた上で活用した。

こうした衛生員・接生員は、一九五〇年代半ばに始まる農業合作化運動や大躍進の全国的な展開、それに伴う合作医療（協同組合方式の医療）の普及につれ、大量に養成されるようになった。山西省、河南省、河北省などの農村で農業合作社によって相次ぎ設立された保健駅（保健ステーション）が合作医療の原型であった。そのやり方は、村の行政当局が村民から集めた低額の資金を統一的に管理して治療費にあて、衛生員には他の労働者と同様に人民公社の労働点数を与える、というものだった。このような方式は、マスメディアによって次第に全国に広められた。一九五八年七月に設立された河南省柘城県慈聖人民公社の合作医療は、『人民保健』誌の創刊号で大々的に宣伝報道された。(5) 一九五九年十一月衛生部が山西省で全国衛生工作会議を開き、その後中央に報告書を送り、「人民公社社員の集団医療保健制度はよい」と提案したことにより、合作医療は農村医療衛生の基本的制度になっていった。後述するように、はだしの医者の視覚化はこの時期の衛生員から始まっている。

合作医療の設立と同時に、農村の「医師不足、薬欠如」の状況を改善するために、一九六〇年一月から、衛生部は都市部の医師を農村に派遣する巡回医療を開始した。また都市と農村を含む医療人材の不足を解消するために、高等教育機関に「短期教育コース」を新設させた。一九六五年四月、衛生部医学教育司の通達の中で衛生員・接生員の性格や選抜・訓練の具体的事項を規定した。通達は、衛生員を「半農半医の性格を持ち、農業生産に従事することを主とし、大衆向けの衛生工作を兼任する」と定義し、「衛生員・接生員になる人は、出身家庭がよく政治的忠誠心があり、中・小学卒業程度の知識水準を持ち、健康で、かつ衛生工作に積極的な青年社員」から選抜すべきであると具体的条件を示した。さらに「一九六五年から、三〜五年以内に、生産大隊毎に接生員、生産小隊毎に衛生員をおくようにする」との目標を設けた。また、接生員になるものは女性が望ましいとされ、女性の養成に力を入れた。(6)

このように衛生部は、都市と農村の医療資源の格差、農村の医療貧困の問題を解決するためにさまざまな措置を採っていた。しかしこれは根本的な解決にはならなかった。一九六五年衛生部が毛沢東に医療衛生状況を報告すると、それを聞いた毛沢東は激怒し、「医療の重点を農村に」という有名な「六・二六指示」を下した。『人民日報』がその主旨をまとめた「医療衛生工作の重点を確実に農村におかなければならない」という社説を発表したのは、(7) 三カ月後の九月一日だった。「六・二六指示」の直後から、衛生部は直ちに著名な医師も含む都市の医療従事者を農村に行かせ、予防・治療を行う巡回医療を全国規模で展開させた。同時に、都市医療従事者や医学生が農村へ、という「医療の上山下郷」運動も全国的に展開され、約一〇万人の医療衛生技術者が都市を離れて農村に定住するようになったという。[8] さらに、文革中の一九六八年に開始された大規模な「知識青年上山下郷運動」の中で、[9] 比較的高学歴の中高卒業生がはだしの医者になり、農村の医療状況の改善に貢献した。専門医が中心であった「巡回医療」は、治療だけでなく、衛生員、接生員の教育、訓練をも行い、はだしの医者の隊伍の発展、質の改善に多大な貢献をした。しかし、巡回医療は短期の上、交通の便のあるところにしか及ばず、「医療の上山下郷」は、都市医療資源の不足をもたらすなど、両者とも農村の医療貧困の状況を根本的に解決するには到らなかった。このような背景のもとで、農業合作化運動の中で徐々に成熟し続けてきた合作医療が脚光を浴び、農村で生まれ育ち、同じ村の人々の為に治療する「衛生員」「接生員」が重用されるようになった。

このように、一九五〇年代の合作医療から六〇年前半の巡回医療、医療の上山下郷運動、さらに毛沢東の指示など、政治運動と大衆運動の中で、衛生員の隊伍は大きく成長し、その名を知られるようになった。

はだしの医者のイメージ形成には、視覚表象が大きく寄与したが、文字メディアの影響も大きかった。はだしの医者の名を広めたのは、以下の二つのモデルの樹立がきっかけとなった。一つは王桂珍である。一九六八年夏、「三突出」[10] という文芸方針の下で、上海『文匯報』記者が上海郊外川沙県江鎮公社衛生院を訪れ、衛生員の王桂珍を取材して「上海郊外はだしの医者の発展状況の調査報告」という記事を書いた。この記事で初めて「はだしの医者（赤脚医生）」の名が使われた。同年九月、影響力のある『紅旗』と『人民日報』がそれぞれこの調査報告を転載し、「「はだしの医者」の成長から医学教育革命の発展方向を見る」という社説を発表した。九月末、毛沢東はこれを見て大いに称賛し、『紅旗』の記事の後ろに、「はだしの医者は素晴らしい」と批語した。[11] 王桂珍の名はたちまち全国に知れ渡り、はだしの医者の模範、学習の手本となった。

王桂珍モデルの樹立とほぼ同時に、もう一つの「模範」が樹立された。それは合作医療の父と呼ばれる衛生員・覃祥官が、一九六六年八月に創設した「楽園公社合作医療」である。六八年一二月五日『人民日報』は「貧農下層中農に大いに歓迎される合作医療制度」という記事でそれを紹介し、毛沢東の語録「医療工作の重点を農村に置かなければならない」を付け加えた。毛沢東はこの記事を読み、楽園公社の経験を「医療衛生戦線上の大革命」と称賛した。このように、六八年以降、毛沢東が称賛し、国家メディアである『人民日報』と『紅旗』がこぞって宣伝した二つの「模範」は全国に名を轟かせ、「合作医療」とともに「はだしの医者」の呼び方が広まった。全国での学習運動の中で、その数が未曾有の速度で増えていき、七〇年代半ばには、はだしの医者は全国で五〇〇万人に達した。(12)

文革の高揚がおさまった一九七〇年代後半になると、質の伴わない数のみの追求が問題になり、はだしの医者の整理整頓による質の向上が図られて、その数は徐々に減少していく。改革開放政策が始まった八〇年代初期には、人民公社が解体し、各地の農村に耕作請負制が広がった。医療領域にも請負制が実施され、五〇年代から実行されてきた「合作医療」は存続の基盤を失い、解体された。一九八五年一月二五日、『人民日報』は「「はだしの医者」の名称を使わず、農村医療従事者の隊伍を発展させよ」を発表し、はだしの医者の名称は徐々に使われなくなった。その後、元のはだしの医者の中で、国家統一試験を受験し合格した者は、「郷村医生」という資格を与えられ、現在も各地の農村で活躍している。

以上見てきたように、「衛生員」「接生員」は一九五〇年代初期から地域の医療保健システムの中で活躍し、五〇年代半ばには合作医療の中に組み入れられ、制度化された。一九六五年から七〇年代にかけては、巡回医療、医療の上山下郷運動、合作医療の全面的展開、さらに後述するように批林批孔運動や計画出産の展開に伴って全盛期を迎えたが、八〇年代半ばには合作医療の崩壊によって名実共に消失した。はだしの医者の呼称は、『紅旗』『人民日報』など有力紙によって広められ、その規模の拡大も政治運動、大衆宣伝に負うところが大きかった。このように見ると、はだしの医者は、政治的産物であると言っても過言ではない。

このような背景もあって、一部の先行研究では、はだしの医者は資本主義と対峙する社会主義中国の象徴であり、近代医療の「救世主」だとされている[13]。また、イデオロギーはさておき、最小の医療資源を最大限に利用した、優れて合理的現実的な制度であると評価するむきもある[14]。本稿では視覚表象を中心に、はだしの医者が如何に表象されてきたか、その政治性と現実性を読み解きたい。

二　はだしの医者の視覚表象の変遷

筆者が確認した最初のはだしの医者（本節では一九六八年以前の衛生員なども便宜的にこれに含める）の視覚表象は、一九五七年四月に発行された『中国婦女』（第四期）の裏表紙の内側の挿絵「助産に行く（接生去）」であった（図1）。先述したように、この時期は合作医療が模索されている最中で、「新式助産」が最も重視された時期であった。医薬箱を自転車の荷台に乗せて疾走する衛生員の姿は、新時代の風俗を反映するにとどまらず、衛生員への民衆の期待を表現したものである。同じく『中国婦女』では、五九年第十四期に「峨眉山下で薬草を採る娘」[15]（図2）、十五期に「新生」[16]（新生児を抱く女性衛生員）、十八期に「新型の産婦人科病院」[17]、二十期に「貴州三都水族自治区水族の衛生員陸桂香」[18]（図3）など多くの挿絵が見られる。女性の利益を代弁する『中国婦女』の性格から、新生児・妊産婦の死亡率を下げることを目的とする新式助産及びそれを担う衛生員、新型病院を突出して表象するのは当然であろう。

はだしの医者の姿をいち早くキャッチしたのは、芸術家であった。芸術家たちは「文芸は労農兵に奉仕する」という当時の文芸方針の下、自己改造の一環として工場や農村へ入り、熱気に包まれた社会主義建設の場面を描くようになった。はだしの医者は合作医療や人民公社とともに「新生事物」とされ、たちまち彼らに人気の題材となった。はだしの医者に関する作品を数十点残した著名な画家・黄胄はその代表である[19]。彼の一九六一年の「往診」（図4）は、

図1　「助産に行く」(『中国婦女』1957年第4期)

図2　「峨眉山下で薬草を採る娘」(『中国婦女』1959年第14期)

図3　「貴州三都水族自治区水族の衛生員陸桂香」(『中国婦女』1959年第20期)

図4　「往診」(黄胄作、1961年)

色とりどりの草花や樹上にさえずる鳥を背景に、少数民族の服装を身にまとい、肩に医薬箱をかけた女性が人民解放軍兵士と親しげに話しているのを描いている。鮮やかな民族衣裳とシンプルな軍装が対照的であるが、医療に従事する少数民族の女性、そして少数民族居住地に進駐する人民解放軍はともにその時代の「新生事物」であった。また、著名な画家・陸儼少[20]は社会主義教育運動の中で安徽や江蘇などの農村に入り、一九六四年に『山水人物冊』を創作し、医薬箱を肩にかけて山道を歩く若い女性を描いた。この絵は、壮大な山を背景に人物を小さく配する伝統的山水画の技法が用いられている。このように、風景の中にはだしの医者を点景として登場させる伝統山水画の手法は、はだしの医者表象のピークである文革期には姿を消し、文革収束期に再登場する。六四年の宣伝画「獣医の少女（獣医姑娘）」（図5）は、はだしの医者の宣伝画としては珍しく獣医を描いているが、草木、動物、横に置かれている医薬箱、知恵の象徴である老農に教えを請う若い女性といったモチーフは、後の宣伝画・年画の常套として反復される。[21]六四年の「あぜ道をゆく衛生員（田頭衛生員）」も、左肩に医薬箱、右肩に鍬を持ち、あぜ道をゆく女性が描かれている。このように六四年までのはだしの医者の視覚表象は、ほぼ人民公社の衛生員・接生員の姿であった。

一九六五年「六・二六指示」及び翌年開始された文化大革命など政治的な嵐の中で、はだしの医者は「新生事物」や「三突出」の代表として、宣伝画や年画はもちろん、絵画、彫刻、映画、劇などあらゆる芸術ジャンルで人気の題材となっていく。人気の理由は、実際に工場農村に行った画家たちが、かれらの活躍に感銘を受けたこともあるが、新聞・雑誌に掲載されやすかった、あるいはコンクールに採用されやすかったのも理由の一つである。[22]この時期の表象を見てみよう。

一九六五年の宣伝画「農村に向かい、五億の農民に奉仕する（面向農村、為五億農民服務）」（図6）、「朝日を胸に革命しよう、半農半医人民のため（胸懐朝陽幹革命、亦農亦医為人民）」（図7）、そして『中国青年』二十三期の表紙「全力で人民に奉仕する（全心全意為人民服務）[23]」（図8）などは、タイトルからも判るように、明らかに「六・二六指示」

の具現化である。図6は、医薬箱を大きく描くことではだしの医者という主題を突出させ、背景に小さい高圧鉄塔を配し、農村の近代化を暗示している。褐色の肌、麦わら帽子の紐を握る右手は、労働を賛美すると共に農民特有の壮健美を強調している。図8は図1と同様に、自転車と荷台に乗せた医薬箱を描いているが、女性が自転車に乗って疾走しているのではなく、自転車を担いで河を渡る姿である。山を越え、河を越え、風雨吹雪を問わず、呼ばれたら駆けつけるという、はだしの医者の精神を称える表象は、繰り返される定番であった。年画「毛主席が派遣してくれた素晴らしい医者（毛主席派来的好医生）」（一九六七、図9）は、休憩している農民を背景に、母のひざに乗った子供を農作業の合間に治療している情景を描いている。タイトルの「派遣してくれた」は、都市からの巡回医療、あるいは毛沢東の呼びかけに応じて農村に定住した若者などを連想させると同時に、医療は毛沢東の恩恵であることも暗示している。

一九六八年以後、『紅旗』や『人民日報』などの大々的宣伝によって、[24]はだしの医者の名は瞬く間に全国の津々浦々に知れ渡り、はだしの医者を扱った書物、はだしの医者を訓練する教科書などが多数出版されるようになった。これらの書物の表紙は、ほとんどはだしの医者の図像で飾られ、書名にも「はだしの医者」の名が用いられている。六九年に出版された教科書『はだしの医者の手引き』の表紙（図10）は、一般に見られる色鮮やかなシャツではなく、軍服風のカーキ色の服、毛沢東バッジを胸につけ、毛沢東語録を手にしているのが特徴である。はだしの医者の紅衛兵バージョンというべき表象である。『はだしの医者は素晴らしい』は主に『人民日報』や『紅旗』に掲載された各地の先進的人物を報道する記事を一冊にまとめたものである。全部で八編からなり、主人公のはだしの医者は男女半々で、挿絵も男女半々であった。少数民族の男女はそれぞれの民族衣裳をまとい、漢民族の女性には軍服姿も見られる。[25]興味深いことに、軍服姿のはだしの医者の図像はこれ以後ほとんど見られなくなる。

一九六八年末、大規模な「知識青年の上山下郷運動」が展開され、翌六九年、これを記念して組切手「知識青年が

図6　「農村に向かい、五億の農民に奉仕する」（宣伝画、1965 年。陳広彪・温晋根『中国宣伝画史話』貴州出版集団貴州教育出版社、2012 年、147 頁）

図5　「獣医の少女」（宣伝画、1964 年）

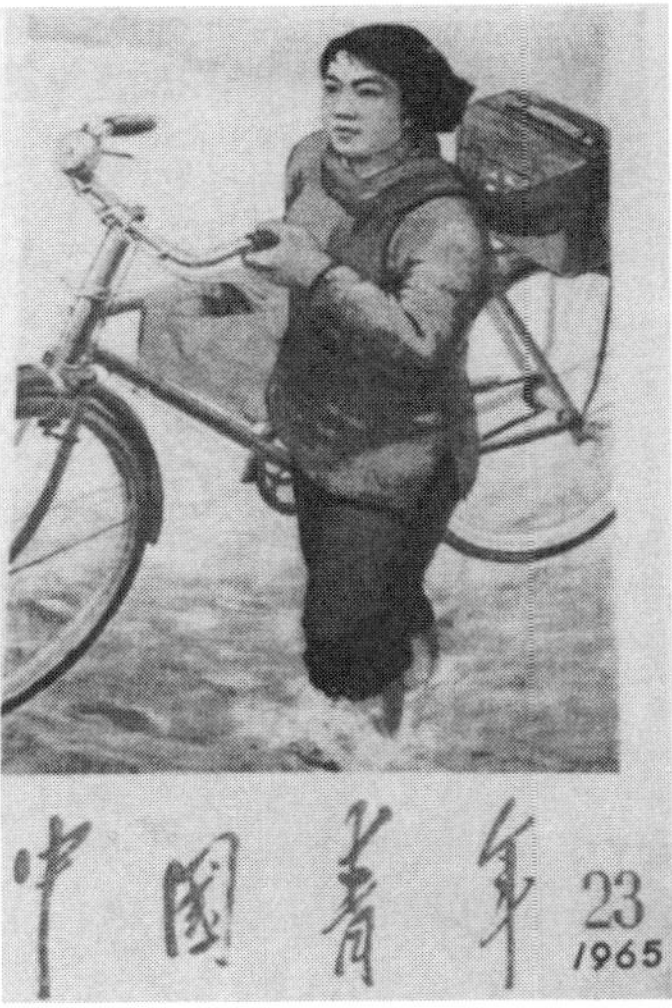

図8　「全力で人民に奉仕する」（『中国青年』第 23 期、1965 年）

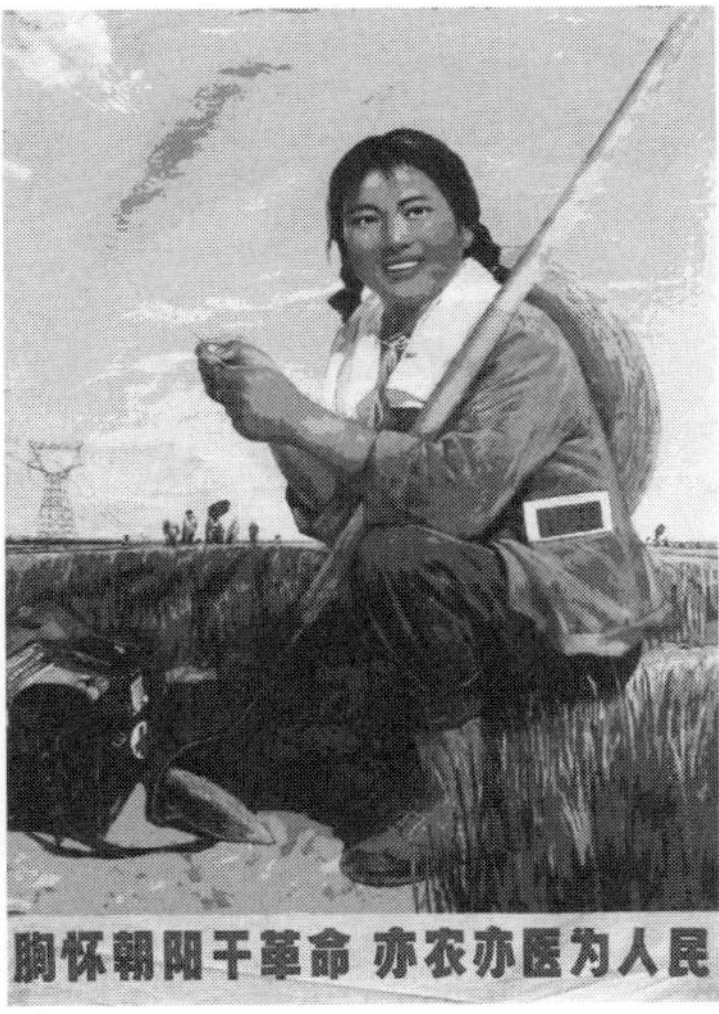

図7　「朝日を胸に革命しよう、半農半医人民のため」（宣伝画、1965 年）

図9　「毛主席が派遣してくれた素晴らしい医者」（張帆作、1967年。陸克勤編著『新年画図録——中国年的回憶』上海書店出版社、2008年、225頁）

図10　『はだしの医者の手引き』（表紙、1969年）

農村に（知識青年在農村）」が発行される。この切手は「毛主席著作を学習する」「労働」「老農民に科学実験の知識を乞う」「はだしの医者」の四枚からなり、都市に生まれ育った若者が農村に行って何をしているか、あるいは何をすべきだとされているかを図像で表現したものである。四枚目の「はだしの医者」は、田畑を背景に、女性のはだしの医者が母親に抱かれた子供を診ている姿が描かれ、図9に似ている。他の三枚には軍服姿があるが、「はだしの医者」は他のはだしの医者の表象と同様、ゆったりしたシャツとズボンを身につけていて、都市の知識青年というより素朴な農村娘に見える。文革の高揚期である一九六八～六九年のはだしの医者の表象は、文化大革命色に染められてはいるが、同時期の他の「革命」的宣伝画と比べれば、政治色が比較的少なかったと言えるだろう。

一九七〇年代からは、「知識青年上山下郷」のほかに、荒廃した経済生産の再建が重視されたことを反映して、社会主義建設を主題とする表象が増える。また計画出産運動の全面的推進と批林批孔運動の展開など当面の課題と政治状況に応じて、はだしの医者の視覚表象も多様化している。宣伝画「配慮（関懐）」（一九七〇）、「薬草採り（採薬）」（一九七二）など定番テーマのほかに、「半農半医、社員のため、生産のため、ひたむきに（亦農亦医、一心為社員、一心為生産）」（一九七三）のように「生産」が加えられた。宣伝画「豊作の場も戦場（豊収場上摆戦場）」（一九七五）は、生産運動の成果である「豊作」と「戦場＝革命」とを結びつけ、批林批孔運動中のスローガンである「革命を把握し、生産を促進する」を視覚化したものである。七四年に有名な年画「漁港新医[26]（漁港新医）」（図11）などが発行される。「漁港新医」は医薬箱を肩にかけた女性が「涼茶」を入れたバケツをさげて、港に帰って来る漁師を迎える場面を描いている。活気に満ちた港を背景に、バケツを持つ力強い手と裸足によって、元気はつらつとして素朴な美に溢れる漁民娘の姿が活写されている。この絵は健康美、壮健美、純粋素朴美を表現した代表作と言える。「漁港新医」は、もともと「阿芳医生」というタイトルだったが、七四年全国美術展覧会に出品され

図11　「漁港新医」（梁京武・趙向標主編『老年画』龍門書局出版、1999年）

図12　組切手「はだしの医者」（1974年）

図13　「革命の為に晩婚・計画出産を実行しよう」（宣伝画、1975年）

図14　『はだしの医者の歌』（表紙、1975年）

る際に、「漁港新医」に改名されたという。つまり阿芳という一人の医者の肖像画は、時代を代表する「新医」に類型化されたのである。

一九七四年には合作医療とはだしの医者の成果を称揚するものが多く、宣伝画「はだしの医者は山村に普及し、合作医療は新気風（赤脚医生遍山村、合作医療気象新）」がその代表である。その他に、組切手「はだしの医者」[27]（図12）、年画「お婆さんが種痘をしてくれる（阿姨替我們種牛痘）」などが発行され、さらに、『合作医療は素晴らしい』[28]という本が出版されるなど、豊作の一年と言える。六月二六日に発行された組切手「はだしの医者」は「六・二六指示」九周年を記念するためのものであった。一枚目の「予防」（左上）は、ひまわりの花と農家を背景に、女性が大勢の児童に予防注射をしている姿、二枚目の「往診」（右上）は、女性が肩に医薬箱、背中に麦藁帽子、懐中電灯を手に夜の雨風をついて水中を歩いている姿、三枚目の「薬草採り」（左下）は、二人の女性が、背に薬草を入れる箱を負い、手に鋤を持って、山で薬草を採集している姿、四枚目の「治療」（右下）は、女性が田畑のあぜ道で、労働中に病気になった農民を針で治療している姿が描かれている。この組切手は、はだしの医者の表象のモチーフをすべて凝縮しており、内容も構図も年画や宣伝画などと酷似している。例えば、「薬草採り図」と題するものはほぼ若い女性二人（図2のように一人の場合もある）が山中で薬草を採っている姿を描いている。

一九七四～七五年は、はだしの医者の人数の増加とともにその表象も量産さ

図 15　映画『春苗』のポスター

図 16　映画『紅雨』のポスター

れる。「腸の感染症を積極的に予防する（積極予防腸道伝染病）」、「革命の為に計画出産を実行しよう（為革命実行計画生育）」、「革命の為に晩婚・計画出産を実行しよう（為革命実行晩婚・計画生育）」（図13）など、当時全面的に展開されていた愛国衛生運動及び計画出産に関するものが多くあり、ほぼ同じテーマが繰り返されていた。その他に、美しい木刻版画「村の医者（郷村医生）」や『はだしの医者の歌』[29]の表紙（図14）などもあった。特に、『はだしの医者の歌』は、医薬箱、麦藁帽子の他に鍼灸用の針を手にした女性を表紙に飾っている。後述するように、「針」を持つ表象は非常に珍しい。

図 17　はだしの医者王桂珍（『人民画報』1976. 8）

一九七〇年代半ばから、はだしの医者の数は減少に転じ、それと関連して、はだしの医者の宣伝画も七五年をピークに徐々に減少する。しかし映画や絵画などの分野ではまだ人気を誇っている。七五年にはだしの医者を主人公とする映画『春苗』（図15）と『紅雨』（図16）が全国で同時上

図 18 「はだしの医者賛」（陸儼少作、1976 年）

図 19 「飛雪春を迎ふ」（黄冑作、1976 年）

映され、それを宣伝するポスターや特集記事が相次いで出された。特に「文革映画」の代表格である『春苗』については、七六年一月の『人民電影』及び同年八月の『人民画報』がそれぞれ特集を組んでいる。『春苗』の主人公春苗は、はだしの医者の第一人者である王桂珍がモデルであったため、『人民画報』は映画の内容やポスターとともに、王桂珍（図17）及びその仲間たちの活躍を写真付で紹介している。

辻田智子の研究によると、『春苗』のシナリオを書いた曹雷は、一九七〇年から三年間断続的に王桂珍の家に泊まり、自らはだしの医者の生活を体験したという。幾度かの修正を加えたのち七二年まず話劇のシナリオができあがった。上演された劇は「現実の生活に近く、真実味があったので人を感動させた」(30)という。一方、映画『春苗』は、四人組の指示に従って、思想・路線闘争を主軸にするよう数回の改編を経て、素朴で親しみやすい実在の王桂珍も、「真実味」のあった話劇の春苗も姿を消し、毛沢東語録を手に、厳粛な面持ちで、資産階級医療権威に反対する「革命英雄」に変身したのである。

文化大革命収束後の一九七六年から七八年までは、年画・宣伝画が減少していくのと対照的に、プロの画家たちが優れた作品を残している。例えば、陸儼少の「はだしの医者賛（赤脚医生賛）」（図18）、黄冑の「薬草採り図（採薬図）」（一九七六）、「飛雪 春を迎ふ（飛雪迎春）」（一九七六、図19）、「春の日に巡回診察（春日巡診）」（一九七七）、「はだしの医者（赤脚医生）」（一九七八、図20）などである。七六年以降の画家たちの表象には少し変化が見られる。「はだしの医者賛」では、人物が画面の中心を占めるという旧来のスタイルを脱して、手前の道端に置かれた医薬箱と木にかかっている赤いシャツではだしの医者の存在を暗示している。背景には広大な野原、労働する人々、船の行きかう運河などが配され、一幅の風景画となっている。黄冑の大作「はだしの医者」は、スカートの上に美しいボディーラインを際立たせるロングコートを身にまとい、馬を引きながら雪道を歩く女性を描いている。この絵の特徴は何よりも、医薬箱をコートに隠れるように小さくさりげなく描き、対照的に女性のボディーラインに衆目が集まるように描いているところにある。今までの定番であったゆったりした服装や誇張した医薬箱はもとより、彼自身が好んで描いた民族衣裳（例えば図4、図19）も姿を消している。この二枚の絵は、人物を突出させず風景の中に溶け込ませる新たな構図や、タブー視されていた女性の身体美を突出させるスタイルによって、「紅色芸術」から脱する新たな方向を模索しているようにみえる。七八年の中国は改革開放という新たな時代への出発点にあり、はだしの医者を生み出した歴史を見直す動きとともに美の理想と基準にも変化の兆しがあらわれた。新しいスタイルによるはだしの医者表象は、

図20「はだしの医者」（黄冑作、1978年）

こうした新しい時代に対応したものだと言える。

三　はだしの医者の表象の特徴——何を視覚化したのか

以上見てきたように、一九五〇年代から七〇年代にかけて、数多くのはだしの医者の視覚表象が世に出された。しかし、これについての研究はほとんどなく、作品の作者、発行の時期や場所、発行元など基本的な情報さえほとんど把握されていないのが現状である。本節では、上述したはだしの医者の表象の特徴をまとめながら、はだしの医者の何が表象されたかを読み取る。

はだしの医者の表象の特徴は以下の五点にまとめることができよう。

第一に、若い女性による表象が圧倒的に多いことである。筆者が確認できた限り、男性のはだしの医者が描かれているのは、映画『紅雨』のポスター、絵画「はだしの医者(31)（赤脚医生）」（一九六八、図21）、前述した『はだしの医者は素晴らしい』の挿絵の数点のみだった。同時代に民兵、知識青年、紅衛兵などの宣伝画、年画、美術品が多く見られるが、これらはほぼ男女双方によって表象されている。女性表象が際立って多いのは、はだしの医者だけである。だが後述のように、はだしの医者は実際には男性のほうが多かった。この意味については、第四節の分析に譲りたい。

第二に、小物、装飾、背景などアイコンや画面の構成が単一的固定的、かつ寓意的であること。消毒液や脱脂綿、ハサミなどの簡単な治療道具一式の入っている医薬箱は、どの表象にも見られる必須アイテムで、大きな赤十字のマークがつけられ、はだしの医者の身分を示す記号になっている。画面には鋤や鍬などの農具、労働を連想させる麦藁帽子などが配され、医薬箱とあわせて「半農半医」を演出している。画面の中心にいるのは、ゆったりしたシャツとズボンを身につけ、裸足か素足に靴履き、日に焼けた健康そうな顔色の素朴な若い娘がほとんどである。労働の喜び、人民に奉仕する喜びを表現するために、人物は明るい微笑みを浮かべ、さらに歓喜・平和を表す草花や鳥なども添えられている。背景は、「農業は大賽に学べ」「社会主義は素晴らしい」などのスローガンや、近代化を意味する高圧鉄塔などの他に、田畑で働き休憩する人々が描かれることも多い。これらは「半農半医」「人民に奉仕する」というはだしの医者の性格や位置づけを表現しようとしたものである。女性の身体の線を隠すゆったりした服装は、労働しやすいという面もあるが、何よりもこの時代の女性のファッションに共通する特徴である。こうした単一的、概念的なアイコンの使用や画面構成の反復は、ある固定したメッセージを見る者に執拗に訴えかける効果的手法である。

第三に、はだしの医者の性格と役割の視覚化である。はだしの医者の表象の中には、図6のように、具体的な行為ではなく意気揚々たる気概、強い意志だけを表現するものも少なくなかったが、最も多かったのは、はだしの医者の具体的な仕事を描くものであった。治療や往診のほかに、予防接種、薬草の採集、助産などを行っている場面が繰り返し描写されている。このような表象は、革命的意思や忠誠を示すというより、熱心に満足げに仕事に従事している姿を伝えるものであった。一九七〇年代前半、「愛国衛生運動」や「計画出産」「批林批孔」が全面展開されるようになると、これに登場するはだしの医者像は、基本的に前述の表現を踏襲しながらも、運動や動員の雰囲気を強く感じさせるものになる。

図21「はだしの医者」（方増先作、1968年）

第四に、針と薬草の描き方のアンバランスである。周知のように、針と薬草は中国医学では神器とされ、中国医学ばかりか、はだしの医者の象徴でもあった。『春苗』『紅雨』などの映画や『人民日報』などの文字メディアにはもとより、外国向け或いは外国人によるメディアにも必ず登場する。例えば、一九七二年イタリアの監督アントニオーニが制作した長編ドキュメンタリー『中国』[32]や、一九七五年アメリカ人が制作した記録映画『はだしの医者』[33]では、薬草の栽培と並んで、針治療もクローズアップされている。特に『中国』は、針で産婦の下半身だけを麻酔して帝王切開するプロセスをほぼカットなしに記録し、見る者に強烈なインパクトを与えている。一方、すでに指摘したように、『はだしの医者の歌』の表紙と切手一枚を除き、針を持つ姿あるいは鍼灸の場面を描いた表象は稀であり、これと対照的に、薬草を採集する表象はどの年代にも繰り返し登場している。しかもそこで薬草を採集するのは、きまって若い娘である。実際には経験豊富な中高齢男性が薬草を採集する場合が多く、文字メディアもこれを報道しているが、その現実は無視されている[34]。

第五に、時代の美意識（特に農民の）への迎合とその再生産である。文革高揚期や批林批孔運動期には、強い意志を持った英雄的な表象や闘争的な表象も見られるが、ほとんどの表象では人物は明るく健やか、民衆に親切で仕事に情熱的であるように描かれている。画面に配されている道具や背景を含めて、労働美、健康美、そして素朴と純粋さを表現しようとしている。これらの表象はわかりやすく、農民の審美観を体現し、農民に共感され、親しまれている。特に、宣伝画と年画は、発行量が多く、農民が消費の主体となるので、制作者は受け手＝農民の「興味」「馴染み」「好み」を取り入れ、表現に工夫しなければならない。性的欲望の対象、あるいは消費の主体としての女性表象の定番コードはここでは明らかに不都合である。農民の好みであり、のぞみである健康・勤勉——労働能力と生殖能力を意味する——を描くことで、「はだしの医者」という新しい人物、新しい出来事に対する好奇心と好感を喚起し、それを受け入れさせようとしたのである。

以上見てきたように、はだしの医者の視覚表象は、大衆運動や政治的イベントといった目的に合わせて作られたもので、典型的な政治プロパガンダと言える。「阿芳医生」がコンクール出品のために「漁港新医」に改名されたことや、素朴な王桂珍が幾度かの改変を経て革命的な主人公春苗に変身させられたこと、また宣伝画・年画・切手は「三突出」「新人新事」を描くべしという上層部の「指示」があったことなどが示すように、制作の場には国家の権威や統制が働いていた。作品のテーマや基調には定められた枠があり、「自由」に主題を取捨選択し、「自由」に表現できたわけではない。はだしの医者の表象からは、こうしたむき出しの政治性を容易に読み取ることができる。内容の誇張と反復、形式の概念化と公式化によって、整合性を持った特定の意図やメッセージを執拗に伝えようとしたのである。その意図とメッセージとは、毛沢東の恩恵の称揚、党への服従と忠誠、労働・健康の美意識など文革期の主流意識であり、さらに具体的には、苦労を辞さず、人民に奉仕するはだしの医者の精神を称えるものであった。

四　はだしの医者の表象の現実性と実践性——男性表象はなぜ消されたのか

前節では、はだしの医者の視覚表象から何を読み取れるかを見てきた。しかし表象の政治性とは、何が表象されたか、如何なるメッセージを発したかを見出すことだけでなく、何が排除され、表象されなかったのか、そこではどんな力が働いて、どんな都合により隠蔽されたのかを「発見」することでもある。

はだしの医者の視覚表現において何が欠落したかと問う時に、第一に挙げるべきなのは、すでに指摘したように、男性のはだしの医者である。ところが実際には、はだしの医者は決して若い女性が多かったというわけではなく、むしろ男性のほうが多かった。全国的データはないが、幾つか数字を見よう。一九七一年広西チワン族自治区では、二万八六一四人の中で、女性は三七七二人しかいなかった(35)。山西省晋東南地区では、一九七五年、九七五三人のうち女性が二二三五人、二三パーセントを占める。同じ山西省の晋城県では、女性のはだしの医者の養成に力を入れ、一九七五年、一二九〇人のうち女性四一〇人まで増えたと自負している(36)。張開寧による聞き取り調査からも男性が断然多かったことがわかる(37)。女性が少なかったため、もっと多くの女性のはだしの医者を養成するように政府がたびたび通達をしたほどであった(38)、新聞でも常に女性のはだしの医者を増やした地域を報道し賞賛している(39)。

では、なぜ視覚表象と現実とはそれほど異なっていたのだろうか。視覚表象は現実を反映するものではなく、男女平等、女性の社会進出を推進するプロパガンダとして暗黙の了解を得ていたものだと解釈する人も多いだろう。確かに、一九五〇～七〇年代は、伝統的な古い慣習が容赦なく打ち壊され、中でも男尊女卑、女性蔑視などの封建的思想は打破すべき最大の敵だとされた。社会参加による女性の解放は、政治的正当性と道義性に裏打ちされ、あらゆる視覚表象の定番コードとして書き込まれていた。「鉄の娘」や女性民兵のような性別役割分業の打破や越境が賞賛され、装飾的、消費的な女性像はすべて排除された。しかし、すでに見てきたように、はだしの医者の視覚表象には、男女平等や女性解放をことさら強調するようなスローガンやアイコンは登場しない。

先行研究をみると、鉄の娘とはだしの医者の表象について興味深い指摘をした金一虹は、文革期に広く流行した工農兵を描くプロパガンダポスターが如何にジェンダー化されたかを読み取ってみせた。彼女は、このようなポスターに描かれる労働者は男性であり、農民は女性であることを発見し、工業と農業のジェンダー化された表象は、経済構造の等級化とも相応するとした。[40] 確かに、ポスターや切手に現れるこの時期の表象は、工は男性、農は女性、兵（解放軍）は男性というジェンダーの配分が多かった。[41] しかし、工は女性、農は男性という表象もないわけではなく、はだしの医者の表象ほど偏ってはいなかった。[42]

一方、牧陽一は、文革期の女性の視覚表象から三つの傾向が検出できるという。第一は「鉄の娘」と呼ばれる非ジェンダー化、「男性化」された表象で、第二は「はだしの医者」のような、本来の女性が持つ「柔和さ、繊細さ」を重視した看護、医療活動に従事する女性像、第三は革命の継承者としての少女像である。[43] はだしの医者の特異性を「発見」したこの論文は非常に示唆的であるが、当時の中国における医療事情の認識にいささか欠けていると言わざるをえない。その一つは、「看護・医療」をまとめて女性の固有領域としていることである。近代において、看護は女性、医療（特に専門医）は男性というジェンダー化された分業が成立し、男性優位を制度化したという見方は、この分野における先行研究ではもはや共通認識になっている(44)。実際、はだしの医者の役割は単純な看護ではなく、看護と医療、すなわち男性的役割と女性的役割を兼ね備えたものだった。今ひとつは、はだしの医者は正規の医師ではなかったものの、当時の農村では一般の農民と差があるのはむろんのこと、場合によっては人民公社の幹部よりも高収入、高学歴で、尊敬される人気職業であり、れっきとした農村エリートだったことである。さらに言えば、図像の中のはだしの医者から見てとれるのは、「柔和さ、繊細さ」よりはむしろ「頼もしさ、明朗さ」である。

それでは、はだしの医者と「女性」が結びついた理由はどこにあるのだろうか。その手かがりは、当時の現実と、文字メディアとの照合から探らなければならないと思われる。

現実として第一に挙げられるのは、女性を治療する男性治療者への民衆の拒否現象である。助産、子供の予防接種、さらに後に展開されることになる計画出産などは、いずれもはだしの医者の主な職分であった。特に助産は女性の身体、しかも最も隠匿される部分への接触が避けられない。今まで「慣習」となっていた羞恥心や道徳観から、女性自身だけでなく、男性（女性の夫）も男性治療者に強い抵抗感があり、堅く拒否した。男性治療者への抵抗現象は、非正規のはだしの医者だけでなく、正規の産婦人科医師に対しても同じである。

第二に、政府の黙認と加担である。男性治療者の拒否は、男性（夫）による女性身体の私有視、すなわち、女性とその身体は男性の所有物で、他者からの接触と侵犯は所有者への挑戦であり侮辱である、という古い観念と密接にかかわっている。つまり、男性治療者への拒否現象は、農村に広く存在する家父長的規範の作用に他ならなかった。しかし、性別役割分担の打破と越境を建前としている政府は、じつはこうした家父長的と思われる規範を容認した。その上で、それを女性への配慮と読み替えて、女医、特に女性のはだしの医者の養成を制度化したのである。

第三に、男性産婦人科医師への牽制である。当時、男性医師が職権を利用して女性患者に猥褻行為を行う事件が多発していた。新聞・雑誌はこうした問題を個々人のモラル、職業道徳の問題としてではなく、思想的立場の問題、女性蔑視の問題として厳しく糾弾し、政治問題にまで格上げして大々的に報道したのである。[45]そこにマスメディアの政治的恣意性と合目的性がはっきり見て取れる。このような状況下では、男性が助産或いは計画出産領域に進出を申し出ることは極めて困難だったにちがいない。

さらに興味深いのは、農民に親しまれやすく、生活の息吹を感じさせる視覚表象とは対照的に、新聞・雑誌のはだしの医者関連記事には、闘争的な語りや毛沢東語録の機械的な解釈が満ち溢れていることである。例えば、小卒の学歴しかなく、正式な医学教育を受けていない貧農の女性がはだしの医者になり、人民に奉仕する一心で、自ら薬草を採集したり、自分の体で鍼灸の実験をしたりして、難病治療にも挑戦し、医学的奇跡を起こした、というような記事は、『人民日報』に数多く発表されている。[46]低学歴、女性、難病の治療、成功の奇跡などのキーワードが際立っていて、その「成功」の鍵は専門性・技術性でなく、正しい思想に導かれた結果だとお決まりの説明がされている。このように、都市と農村、男性と女性、技術と思想、西洋医学と中国医学という対立構図が作られており、はだしの医者が後者の象徴とされシンボルとされたのである。

再びはだしの医者の視覚表象に欠けているものに話を戻そう。図像学では一般的に、男性は理性、支配、権威を意味する。男性医師の視覚化は、常に技術性と専門性、権威性という想像と欲望をかき立てる危険性を内包している。従って、男性医師の視覚化は、女性の表象によって発するはだしの医者のイメージ及びメッセージの統一性、整合性が攪乱され、挑戦されることを意味する。このような危険性と不調和性を内包するものの視覚化が封殺され、「政治的無意識」によって排除されたほうが、好都合であろうと推測できる。こうして見ると、はだしの医者の視覚表象からの男性排除は、「男女平等」「女性解放」という公式イデオロギーの整合性を維持するための一種の巧妙なカモフラージュであると同時に、女性の活動空間を確保する極めて実践的な技法でもある。

おわりに

本論は、はだしの医者の何が視覚化され、何が視覚化されなかったか、それが意味するところを文字資料、時代背景と併せて分析した。視覚化されたものは勿論、視覚化されなかったものもまた、時の制度や社会システムと結びつき、支配的言説を構成していた。はだしの医者の視覚表象は、アイコンや表情、画面の配置や内容などにおいてステレオタイプな表象を繰り返し、「農村に重点を」「人民に奉仕する」「半農半医」など政治的メッセージを発していた。またあらゆる差別の撤廃、労働・健康・爽快・素朴などの美意識を伝達し、それを通じて社会主義的新人の創出を促した。はだしの医者の視覚表象は、生活の息吹に富み、農民の審美観を体現して、農民に親しまれるものだった。特に発行量が多い年画、宣伝画は、大衆に喜ばれる形式をとり、視覚に訴えることで、はだしの医者の存在と価値を広く認知させたのである。

しかし、はだしの医者の視覚表象は、ほとんど若い女性によって代表されることで、はだしの医者は男性が多いという現実を隠蔽した側面も見られる。男性のはだしの医者の視覚表象の欠如は、農村に存在している強い家父長意識への妥協と譲歩、さらにはそれの温存や利用の側面があったことを示してもいる。こうした妥協や譲歩を、伝統批判の不徹底性、多様な議論の封殺と批判するのは容易い。しかし、はだしの医者にかかわる政策を具体的に追っていくと、妥協し交渉しながら、本来批判すべき家父長的規範を女性のニーズに読み替えることで男性からの異議を抑えつつ女性の社会進出を促し女性の活動空間を創出した、という実践性に富む側面も見られる。はだしの医者の視覚表象から読み取ることができた、このようなイデオロギーも現実も超えた実践性は、社会主義時期の女性を「男性化」「女性性の否定」と定式化する枠組に収まりきらず、中国におけるジェンダーの多様性・複雑性を示唆してくれる。

注

（1）年画とは、農民を中心とする民衆の世界で、来たるべき新しい年の幸福・豊作・金儲けなどを願って、門や入口の戸や居間の壁などに貼る絵画である。

（2）宣伝画は宣伝扇動して、世論や雰囲気を作り出すことを目的とする絵画である。一般的に人の目を引くところや人が集まる公衆場所に貼られるので、宣伝効果が抜群である。

（3）楊念群『再造「病人」：中西医衝突下的空間政治一八三二～一九八五』（中国人民大学出版社、二〇〇六年）三六一～三六二頁。

（4）たとえば、中央衛生部の防疫医療隊が河北省涿県の県内に入ったのは、一九四九年十月の人民共和国成立宣言の数日後のことである。姚毅「母子衛生システムの連続と転換――建国前後の北京市を中心に」（『近きに在りて』五八、二〇一〇年）四四～五八頁。

（5）「一個公社的合作医療――柘城県慈聖人民公社」（『人民保健』一、一九五九年）。

（6）衛生部医学教育司「関於継続加強農村不脱離生産的衛生員、接生員訓練工作的意見」の通達の中で合作医療の任務を次のように規定している。即ち、国家が制定した各項の衛生工作、方針を宣伝し、執行すること／大衆を動員し、蠅、ネズミなどの駆除、病気の根絶を中心とする愛国衛生運動を展開すること／治療の仕事に真剣に従事すること／漢方薬を採集、栽培、製造、使用すること／生産隊の衛生員と助産者に業務訓練と技術指導をすること／晩婚と計画出産を宣伝すること／母子衛生、母子保健を指導すること／衛生科学知識を宣伝すること。張開寧・温益群・梁平編『従赤脚医生到郷村医生』（雲南人民出版社、二〇〇二年）一七頁。

（7）「六・二六指示」は当時非常に重視され、会議などで伝達されたが、この社説は、「六・二六指示」に言及しなかった。また一九六五年から六七年の『人民日報』や他のメディアも、それを宣伝しなかった。

（8）W.StuartMaddin, Integration of Tradition and Modern Medicine, Joseph R.Quinn(ed.), *China Medicine as We Saw It*, US Public Health Service: DHEW Publication, 1974, pp.3-11.

（9）「知識青年上山下郷」とは、都市の知識青年が農山村に赴きまたは定住して農業生産に従事することである。一九五〇年代から始まり、大規模な運動は一九六八年からである。一九六六から一九六八年に卒業する中高生の殆どがそれに呼応し農村へ赴いた。

(10)「三突出」とは、三つを際立たせることである。文化大革命中提唱された文芸創作の原則として、「正面人物」（肯定的人物）を際立たせ、「正面人物」のなかでは「英雄人物」を際立たせ、「英雄人物」の中では「主要な英雄人物」を際立たせること。一九六八年五月二三日于泳会が『文匯報』に発表した「譲文芸舞台永遠成為宣伝毛沢東思想的陣地」という文章の中で提起した。

(11)「従「赤脚医生」的成長看医学教育革命的方向」（『紅旗』三、一九六八年九月、『人民日報』一九六八.九.一四）。

(12) 注（6）『従赤脚医生到郷村医生』二〇頁によると、はだしの医者が一八〇万、衛生員が三五〇万、接生員が七〇万余りいたという。統計によっては、生産大隊所属をはだしの医者、生産小隊所属を衛生員と分けている。旧式産婆からの接生員は、はだしの医者への昇格が難しかった。

(13) J・S・ホーン著、香坂隆夫訳『はだしの医者とともに』（東方書店、一九七二年）。

(14) 例えば、一九七八年カザフスタンで採択された包括的プライマリ・ヘルスケア（ＰＨＣ：Primary Health Care）に関する『アルマ・アタ宣言』は、「二〇〇〇年までにすべての人に健康を（Health for All）」を目標に掲げたが、その際に中国の「はだしの医者」がＰＨＣのモデルと考えられたことはよく知られている。また蘭普頓は政治制度や経済の視点だけでなく、はだしの医者の普及は指導部の内部矛盾と関連していたと指摘した（蘭普頓「大躍進時期的医療政策」『科学文化評論』三―一、二〇〇六年）。台湾の劉紹華も同じく政治経済との関係からはだしの医者を論じた（劉紹華「当代中国農村衛生保健典範的変遷――以合作医療為例」『健康與社会』聯経出版、二〇一三年）。さらに Xiaoping Fang による総合的な研究は、はだしの医者の存在の合理性と同時にその実態を詳述した（Xiaoping Fang, *Barefoot Doctors and Western Medicine in China*, New York: University of Rochester Press, 2012）。

(15)「峨眉山下採薬的小姑娘」（『中国婦女』一四、一九五九年）。

(16)「新生」（『中国婦女』一五、一九五九年）。

(17)「新型的婦産科医院」（『中国婦女』一八、一九五九年）。

(18)「貴州三都水族自治区水族衛生員陸桂香」（『中国婦女』二〇、一九五九年）。

(19) 黄冑（一九二五～九七）、河北省蠡県出身。画家、社会活動家。一九四九年五月中国人民解放軍に参加し、西北軍区政治部文化創作員に任じる。部隊生活と新疆少数民族の日常生活を反映した優秀な作品を多く制作した。

(20) 陸儼少（一九〇九～九三）、上海市嘉定出身。山水画に優れる。浙江美術学院教授、浙江画院院長などを歴任。

(21) 男性老農が若い女性に知識を教え、思想教育を行うというパターンはあらゆる文芸ジャンルに見られる。はだしの医者の表象に関するものは、例えば、一九六四年年画『培育新医』（李世平、丁香作）、『合作医療好』（上海人民出版社、一九七四年）挿絵、一九七四年宣伝画「赤脚医生遍山村　合作医療気象新」、一九七五年宣伝画「虚心向群衆学習　一心為群衆服務」などがある。

(22) 辻田智子「文革期文芸の一考察――『春苗』の書きかえを中心として」（『京都産業大学論集』人文科学系列　四二、二〇一〇年三月）。

(23) 「全心全意為人民服務」（『中国青年』二三、一九六五年）。

(24) 例えば、『人民日報』は、一九六八年一二月八日～一九六九年一二月四日の間に、「関於農村医療衛生制度的討論」を連続して二三期掲載した。

(25) 『赤脚医生手冊』（上海科学技術出版社、一九六九年）。颯英編『赤脚医生好』（香港朝陽出版社、一九六九年）。

(26) 作者陳衍寧（一九四五～）は、広東省出身。肖像画を得意とし、文革期に多くの連環画や「無産階級の歌」などを制作した。

(27) 切手のデザイナー李大瑋（一九四一～二〇〇九）は、一九六五年郵政部切手発行局に就職。この「赤脚医生」の他にも、「毛主席去安源」など多くの切手のデザインを手がける。

(28) 上海人民出版社編『合作医療好』（上海人民出版社、一九七四年）。

(29) 馬生海『赤脚医生的歌』（山西人民出版社、一九七五年）。

(30) 注（22）辻田智子論文。

(31) 作者方増先（一九三一～）は浙江蘭渓出身。中国画に長じ、浙江美術学院教授、上海中国美術館館長などを歴任。代表作に「孔乙己」「母親」などがある。

(32) 『中国』は一九七二年イタリア映画監督アントニオーニが北京、林県、蘇州、南京、上海で撮影したドキュメンタリーである。翌年「故意に中国を醜悪化」「反中国的」と批判され、上映禁止となった。一九八〇年中国は正式にアントニオーニに謝罪した。

(33) Documentary: *The Barefoot Doctors of Rural China*, USA,1975, Produced and directed by Diane Li.

(34)「針刺術」は一般的に中国の医療領域の科学成果の一つとされている。一九七六年発行された組切手「医療衛生科学的新成就」の一枚目は「針刺麻酔」であった。また、一九六九年出版された『医学新奇跡』もこれを取り上げた。ちなみに、この本の主人公や挿絵は男性（しかも解放軍兵士）が多かった。このように見ると「針・鍼灸」は医療の「専門性・技術性」を示すものと思われる。しかしはだしの医者の表象からは、「男性」の姿だけでなく、「針・鍼灸」も消えていたのである。ここからも窺えるような、専門性とジェンダーの関係については今後の課題とする。

(35) 注（6）『従赤脚医生到郷村医生』一一〇頁。

(36) 山西省晋東南地区革命委員会「熱情扶持新生事物——合作医療」『合作医療好』（山西人民出版社、一九七五年）一頁。中共晋城県革命委員会「沿着毛主席革命衛生路線不断前進」『合作医療好』一二頁。

(37) 張開寧などによる調査では、はだしの医者は女性が多いと語ったのは三箇所だけで（一〇七頁、一一三頁、三〇一頁）、他の場所ではすべて男女半々か男性が多い。ある訓練班は八〇パーセントが男性であったという。注（6）『従赤脚医生到郷村医生』九一頁、九九頁、一〇七頁。

(38) 一九六五年四月、衛生部医学教育司の通達「関於継続加強農村不脱離生産的衛生員、接生員訓練工作的意見」に、「一九六五年から、三～五年以内に、生産大隊毎に接生員、生産小隊毎に衛生員をおくようにする」と規定した。また、衛生部など五つの部署が連合して公布した『農村合作医療章程（試行草案）進一歩鞏固完善農村合作医療制度』（一九七九年一二月一五日）には、「生産大隊毎にはだしの医者二人以上、うち一人が女性」と人数と性別まで規定していた。はだしの医者の回想では、一九六〇年代半ば、生産大隊毎に少なくとも女性を一人選抜し養成するようにという上の指示があったという。注（6）『従赤脚医生到郷村医生』八〇頁、九九頁。小浜正子・姚毅『中国農村におけるリプロダクションの変遷　B村の女性たちの語り（史料集）』（平成二一年～二三年度科学研究費（基盤C）研究成果報告書、二〇一四年）。

(39)「掖県大力培養女赤脚医生　全県已有女赤脚医生九百多名。她們在農村医療衛生工作、特別是婦幼保健和計画生育工作中、発揮了重要作用」（『人民日報』一九七四.三.一三）、「龍崗公社重視培養女赤脚医生」（『人民日報』一九七五.六.一二）。

(40) 金一虹「振り返り再考する——中国文化大革命期のジェンダーと労働、そして「鉄の娘」運動」（『ジェンダー史学』六、二〇一〇年）二二頁。

(41) 例えば、一九六九年一〇月一日に発行した組切手「工農兵」は全部で十一枚あり、人物像は五枚、延安など革命の聖地は六枚。三枚目は「農」（女性）、四枚目は「工」（男性）、五枚目は兵＝解放軍兵士（男性）、十枚目はトラック運転手（女性）、十一枚目は錬鉄労働者（男性）になっており、確かに農民は女性によって表象されている。また沈嘉蔚の絵画「為我們偉大祖国站崗」（一九七四）の解放軍兵士も男性である。

(42)　例えば、一九七三年「三八国際女性デー」を記念して発行した「中国婦女」の組切手、「鉱山新兵」（女性鉱山労働者）、「女幹部」（女性村幹部）、「海燕」（女性通信兵）はその代表である。

(43)　牧陽一「不是鉄、也不是花（鉄でもないし、花でもない）――文革から現代アートへの女性の視覚表象」（韓敏編『革命の実践と表象――現代中国への人類学的アプローチ』風響社、二〇〇九年）五三頁。

(44)　姚毅『近代中国の出産と国家・社会』（研文出版、二〇一一年）。

(45)　姚毅「伝統の現出とジェンダー秩序の再編――産婦人科女医養成を例に」（第六二回現代中国学会全国学術大会〈ジェンダー〉特別分科会：現代中国におけるジェンダー・生育・人々の絆、二〇一二・一〇・二一、一橋大学、における報告）。

(46)　範権「医務界在躍進基礎上再躍進」（『人民日報』一九五九・四・二九）。「我這個農村婦女是怎様成為「赤脚医生」的」（『人民日報』一九六九・一〇・二六）。曹興娣「粛清「技術第一」在医療工作中的流毒」（『人民日報』一九六九・一二・一）。「用毛沢東思想統率医療技術　「赤脚医生」能治「不治之症」」（『人民日報』一九六九・一二・四）。「做亦農亦医的革命医生」（『人民日報』一九六五・八・一〇）。

行動派フェミニストの街頭パフォーマンスアート
——図像を中心に——

遠山日出也

はじめに

中国では、二〇一二年以来、女子大学生などの若い女性たちを中心とした「行動派フェミニスト（女権主義行動派）」（以下、「行動派」と略す）を名乗る人々が、就職や大学入試における男女差別、性暴力、ドメスティック・バイオレンス、女性の性的自己決定権などの問題について、さまざまなアクションをおこしてきた。彼女たちは、「ジェンダー平等活動グループ（性別平等工作組）」などのグループを作り、全国各地で活動を繰り広げた。こうした運動が起きた背景には、第一に、大学教育などにおけるフェミニズム理論の普及、第二に、人権NGO、とくに女性問題に関する情報発信をしてきた「女性メディアモニターネットワーク」（代表・呂頻《リューピン》）や、さまざまな差別是正に取り組んできた「北京益仁平センター」（創設者・陸軍《ルージュン》）の性差別撤廃プロジェクト（責任者・武嶸嶸《ウーロンロン》）による支援や研修、第三に、比較的自由な発信が可能な微博《ウェイボー》（中国版ツイッター）などのインターネットメディアの普及などがある。

行動派の運動は、署名、企業や機関への公開書簡、訴訟、行政への情報開示申請、全国人民代表大会の代表への働

きかけなどとともに、街頭でさまざまなパフォーマンスアート（行為芸術）をおこなうことに特徴がある。(1)

彼女たちが街頭パフォーマンスアート（以下、パフォーマンスアートと略す）による訴えを多用したのは、従来の女性NGOのように政府に建議などを出すだけでは、NGOには力や権限がないために、政府は動かないので、世論に訴える必要があった（呂頻）からである。(2) しかし、中国ではデモや集会は厳重に規制されており、マスメディアも報道しないので、パフォーマンスアートの形で訴えたのである。言い換えれば、フェミニストがパフォーマンスアートをした意義は、その主張を街頭での活動をつうじて世論に広く訴えた点にある。

街頭での政治活動がパフォーマンスアートの形態をとることが中国の特色であることは、他の国・地域で類似した行為がなされた場合も、それらは、「パフォーマンスアート」を自称しなかったり、政治的行為ではなかったりする場合が多いことに示されている。一九九六年に台湾の台北駅で女子大学生らがトイレの男女の便器数の不公平さを訴えるためにおこなった「男子トイレ占拠」は、行動派が同様のアクションを計画した際にも先行事例として参照したが、(3) 台湾では「パフォーマンスアート」とは称さなかった。また、中国のパフォーマンスアートは、街頭に短時間集合してすぐに解散するので、しばしば「フラッシュモブ（快閃《クワイシャン》）」とも表現される。しかし、伊藤昌亮によるフラッシュモブの一般的定義である「バカバカしく、くだらなく、わけのわからないもの」には当てはまらない。ただし、伊藤も、旧ソヴィエト連邦の国々では「政治的フラッシュモブ」もあると言い、その事例としてベラルーシの「独裁政権」下のケースを挙げている。(4) 中国の場合も、それに準じたケースだと考えられよう。

もちろん他国にもフェミニストによる街頭パフォーマンスアートはあるが、二〇一二〜一四年の中国ほど、それが多数おこなわれた例は見当たらない。

中国では、北京益仁平センターが二〇一〇年頃からB型肝炎差別反対の運動でパフォーマンスアートを活用してきた。(5) 二〇一二年二月に行動派がおこなった「男子トイレ占拠」アクションの計画も、同センターの分枝機構である深

圳衡平機構が主催した合宿で立てられており、そこで陸軍が「パフォーマンスアート講座」をおこなっている。(6)

パフォーマンスアートについては、その参加者、主張の内容、運動における位置づけなど、さまざまな観点から考察が可能だが、本稿では、とくにパフォーマンスアートを視覚的に見た場合の効果や影響に注目する。すなわち、パフォーマンスアートを図像として考察することによって、彼女たちの運動の特徴や戦略の一端を明らかにする。パフォーマンスアートは、それを現場で見る人より、写真などの図像として見る人の方がはるかに多いが、その効果について、呂頻は、パフォーマンスアートは「画面の設計を重視して（中略）いるので、伝達の効果は一つの文章、ましてや一つの微博よりずっとまさっている」(7)と述べている。

ただし、本稿では、微博にも着目する。その理由は、第一に、先述のように、自由に発信できる微博は行動派にとって不可欠だからである。第二に、微博は双方向性をもっているので、書き込まれるコメントやそれに対する返答から、パフォーマンスアートに対する彼女たちの仲間や外部の反応、運動のあり方が理解できるからである。

本稿では、まず第一節で、行動派の新しさを明らかにするために、それ以前の性差別批判の図像や形象の特徴を簡単に見る。第二〜五節では、行動派が生み出したパフォーマンスアートの特徴を明らかにするとともに、運動に対する反発や困難への対処を分析する。第二節では、一般人が実際に演じていることの意義と困難について論じ、第三節では、パフォーマンスアートが芸術というよりも主張を訴えるための手段であることから生じる特徴とそれに対する反発について、第四節では、女性自身の闘いや主体性を表現していることとそれに対する反発について、第五節では、弾圧を避けつつ、一定の効果は有する抗議の方法を取っていることなどを述べる。最後に全体の論旨をまとめたのち、先に述べた中国の政治的条件が、パフォーマンスアートのあり方自体にも影響を与えていることや、それだけでは説明できない点について述べる。

一　パフォーマンスアート以前の女性差別批判の図像

戴錦華《ダイジンホワ》は、中華人民共和国の改革開放以前の主流表現は、「女性の低い地位、悲惨な運命、社会的苦難、ジェンダーの悲劇」などを過去の問題としてしか扱わなかったと述べた。戴は、当時の花木蘭《ホワムーラン》（男装して従軍した伝承中の女性）の形象も、「女が男に及ばないと誰が言ったのか」という意味での女性解放の意義はもっていたが、それは同時に国家アイデンティティに奉仕するものだったと言う(8)。

とはいえ、一九五〇年代初めの婚姻改革運動の時期や、五六～五七年のスターリン批判から「百花斉放・百家争鳴」にかけての時期の新聞・雑誌には(9)、女性差別批判の漫画も掲載されている。それらは、家庭内の虐待、離婚の困難、家事負担の不平等、採用差別、幹部登用差別などを批判しており、風刺としてすぐれたものもある(10)（図1・2）。「大躍進」期には男性が重工業に動員されたため、花木蘭や穆桂英《ムーグイイン》（女性の将軍として伝えられる人物）の形象は、それまで男性がやっていた農作業や重労働を女性だけで担う「花木蘭（穆桂英）隊」として現実化した(11)。これはまさに戴錦華が指摘したように、男性並みの能力を発揮して国家に貢献することだった。しかし、一九五六年の『山西日報』には、女性は能力をもっているにもかかわらず、差別されていることを批判する文脈でも穆桂英の形象は引用されている。すなわち、その記事の筆者は、映画《穆桂英が指揮をとる》を見た後に、同省の陽泉市が幹部の昇進において女性を差別し、子どもを産んだ女性を余剰人員扱いにしている現状に思いを致し、こう述べている。「私は、穆桂英のために、穆桂英が数百年前に生まれたことを喜ぶ。もし現在の陽泉の機関の中にいたら、全軍の指揮をとるどころか、おそらく事務員や労働者にもなれなかっただろう(12)」と。

とはいえ、一九五〇年代のマスメディアの風刺漫画では、女性はもっぱら被害者として登場しており、女性を守る

図１　タイトル「女性を「思いやる」幹部」

「女性幹部の養成に力を入れよう」「女性を重視しよう」というスローガンが貼ってあるのに、実際には、「歳をとっている」「子どもがいる」「もうすぐ嫁に行く」という理由で、女性を幹部養成のための研修に行かせずに、すでに多くの役職についている男性を研修に行かせていることを風刺している（「“体諒”婦女的幹部」『中国青年報』1956.4.7）

図２　妻：早く手伝って。大変なの……
夫：こっちは玄奘が危なくて、もっと大変なんだ

『漫画』63、1956年

図３　「人身保護命令」が、女性をDVから守っている（「人身保護令看上去很美」『中山日報』2012.12.6）

図４　DV反対ネットワークと北京市婦連が共同で、北京の東単・東四・前門・宣武門などの繁華街の街頭に掲示した。男性が同じポーズをとっているポスターもある（『人民日報』2002.8.14）

のは、法制の役割である。内容的にも、婚姻自体に対する疑いをはさむような質のものは見当たらない。この点は、改革開放後も基本的には同じである（図３）。

ただし、改革開放後は、女性ＮＧＯが結成されるなど、下からの女性運動が起きた。その一つである二〇〇〇年に結成された家庭内暴力反対ネットワーク[13]のウェブサイト[14]には、運動の図像も多数掲載されている。その多くは、シンポジウムや法律の宣伝、法律相談などの写真だが、同ネットワークは、それだけでなく、女性が前に手を突き出してＤＶを拒否しているポスターも街頭に掲示し、マスメディアでも報道された（図４）。また、被害女性用の『画冊』には、複数の女性が闘う姿勢を示している絵や、家族の外での女性どうしのつながりを描いた絵も掲載されている。[15]また、同ネットワークは、ＤＶ反対運動の一環として、ヴァギナ・モノローグス[16]の中国語版である《陰道独白》の上演運動も始めた。この運動からは、「ヴァギナ」という言葉を口に出すことによって、被害者が性暴力を恥じるのではなく、加害者にこそ罪があると感じるようになる経験も生まれた。[17]また、この演劇のポスターのヴァギナの図像はしだいに抽象から具体へと変化している。[18]以上のような点は、のちの行動派につながる要素をもっている。

二　パフォーマンスアートにおけるプライバシー保護

行動派のパフォーマンスアートは、以上で述べたような従来の図像と共通点もある。しかし、まず、実際に街頭などで一般人が演じて、それを広く宣伝している点が従来と異なっており、それによって生じるインパクトがある。たとえば、微博のコメントにおいて、パフォーマンスアートに対する賞賛として最も多いのは、それをおこなった者たちの「勇敢」さや「勇気」を讃えるものである。これは、危険を冒していることが観衆にインパクトを与えていることを示している。とくに二〇一二年十一月からおこなわれた、実効あるＤＶ防止法を求める署名運動の際に、彼女たちが、女性の身体の自主権をアピールする目的もあって上半身裸になって署名を訴えた写真を拡散した行為に対しては、「すごく。。勇。。敢。。」「身を捨てて正義をおこなっている！」「ほんとうに体を張っているよ、ＤＶ反対の署名活動を続けよう！！！！！！」(19)といった、「勇敢」さを讃えるコメントが目立った。

また、後にも述べるように、パフォーマンスアートはそれをおこなった本人にもインパクトを与える（ただし、この点は、右のように《陰道独白》上演運動にもあり、必ずしも街頭活動に特有のものではない）。

こうした効果はあるが、一般人の写真を拡散することは、それによって社会的・政治的攻撃を受ける危険性もはらんでいる。かといって一概に顔を隠せばいいというわけでもない。たとえば、二〇一二年六月、上海地下鉄の公式微博が、下着が透けている服を着た乗客の写真を掲載して「こんな恰好をしたら、痴漢にあわないほうがおかしい」という発信をした。これに抗議するパフォーマンスアートを二人の若い女性がおこなったが、そのとき顔が隠れる扮装をしたところ、「抗議している者はなぜ顔を出さないのか？」(20)という非難が寄せられた。この問題に対して、行動派の人々はどのように対処したのだろうか？

たとえば、二〇一三年二月、大学入試の合格ラインの男女差別に抗議するために、炎であぶった焼き芋の形のパネルを使って、そうした男女差別があるなら、教科書を焼いて焼き芋を作った方がましだと訴えるパフォーマンスアートがおこなわれた。それに参加したある女性は、「人に見られても怖くないので、マスクはしなかった。なぜなら私がしていることは間違っておらず、隠す必要がないからだ」(21)と言った。こうしたケースも、もちろんある。

その一方、ジェンダー平等活動グループは、参加者の安全を考えて、必ずしも顔を出す必要はないという指示を出したこともある。(22)とくに、同グループが活動家養成のための合宿の日程にパフォーマンスアートを組み込んだ場合は、必ず全員が仮面をつけている。たとえば、二〇一三年十月、同グループが、広州で「青年能力養成・ジェンダー平等秋令営（秋季キャンプ）」をおこなった際、その一環として、妊婦を不当解雇したオンライン共同購入サイト・美団網《メイトワン》の事務所の前で、妊婦の扮装をして歌と踊りで抗議した。その際は、全員が仮面をつけておこなった[23]。

また、本人は顔を出すことが可能であっても、「他の大学生に、「顔を出さなくても、権利を守ることはできる」見本を示したかった」（求人の女性差別に対する訴訟を起こした曹菊《ツァオジュー》[24]）という理由で顔を出さなかった女性もいる。

右の二つの場合は、いずれも匿名での参加も可能にして、運動を広げようとする試みであろう。

また、先に触れた、上海地下鉄で痴漢を女性の服装のせいにすることへの抗議行動をした女性たちは、「焦点を二人が誰かということよりも、私たちのスローガンに当てたかった」[25]という理由で顔を隠している。

興味深いのは、二〇一三年半ば以降、仮装それ自体が意味をもっていると同時に、顔を隠す役割も持っているパフォーマンスアートが出現したことである。二〇一三年六月、武漢市武昌区の教育庁前で、女子大学生たちが「怪傑ゾロ」の扮装で歌を歌って、学校教師の女子児童への性暴力をなくすよう訴えるパフォーマンスアートをした[26]。その際、ゾロの仮面について「とてもすばらしい二つの使い道の道具！」[27]というコメントが書き込まれている。これは怪傑ゾロの仮面が正義の味方であることを示すとともに、顔を隠す役割もしていることを意味していると考えられる。同年十一月、長沙で女性がパネルで家を建てるパフォーマンスアートをして、DV被害者の女性にシェルターを提供するよう訴えたが、その際、女性たちは揃いの服を着た。このことについて、行動派のリーダーの一人である鄭楚《ジョンチュー》然《ラン》は「今後は制服とコートを統一するのがいい！　秘密を守れるし、見栄えがする！」[28]と述べた。これも、プライバシー保護と見栄えの双方を目標とすることを示している。また、二〇一四年二月には、北京・武漢・広州で多くの若い女性が、モザイクの付いた仮面をかぶって、セックスワーカーにも尊厳があるから報道時には彼女たちにモザイクをかけるように訴えた[29]。さらに、同年九月以降、大学や交通委員会の門前で、さまざまな女性が、赤ずきん（「色狼＝痴漢」に狙われることを意味する）の扮装をして、青いサングラスをかけてセクハラ防止を訴えた[30]。これらの仮面や扮装も、客観的には同様の役割を果たしている。

三　フェミニズムの主張を広げる手段としてのパフォーマンスアート

彼女たちのパフォーマンスアートは、中国現代アートの一部として紹介されているようなパフォーマンスアートに比べれば、アート色ははるかに薄い。この点は、それらが現在の中国条件下で政治的主張をするための手段だという性格が強いからである。ジェンダー平等活動グループの中核メンバー(31)の一人である王曼《ワンマン》も、「私は、パフォーマンスアートは市民の訴えの表現であり、一つの戦術にすぎないと思っている」(32)と述べている。

多くの人にわかりやすいようにするためであろう、第一に、パフォーマンスアートは、しばしば花木蘭や穆桂英、白蛇伝の登場人物といった、古くから親しまれてきた物語の人物の扮装を使っている。また、しばしば替え歌を歌いながら踊りを踊っており、この点は、かつての婚姻法貫徹運動などでも使われた伝統的方法だと言える。たとえば、先述の武漢市武昌区の教育庁前での、教師の性暴力をなくす訴えの際には、《小女孩上学歌（女の子が学校に通う歌）》という歌を歌いつつ、踊りを踊った(33)。その内容は、セクハラ教員を追い出して、女の子が安心して学校に行けるようにするよう校長や教育部長に求めるものだったが、この歌は、《上学歌（学校に通う歌）》という、中国でよく歌われる、子どもが学校に行って勉強するのを励ます歌の替え歌である。

第二に、先述の「男子トイレ占拠」計画を立てた合宿でのパフォーマンスアート講座で、陸軍はその手法の一つとして「流行語、流行の現象」の活用を挙げている(34)。たとえば、二〇一四年十二月、「フェミニスト行動派」の微博は、バスや地下鉄での痴漢防止措置を求める活動をする「大きな赤ずきん」のボランティアを募集した(35)。これは、台湾のテレビドラマ「大きな赤ずきんと小さな狼」という、背が高く強いヒロインと、か弱い御曹司とのラブコメディから取ったものと思われる。

ただし、《小女孩上学歌》も「大きな赤ずきん」も、ポピュラーなものの単なる模倣ではなく、ジェンダー視点による改変が加えられている点が重要である。

しかし、デモや集会が困難な中で、こうしたパフォーマンスをして社会に訴えるという手法に対しても、「作秀《ズオシウ》（実のないパフォーマンス）」「炒作《チャオズオ》（誇大でセンセーショナルな宣伝）」だという非難がしばしば加えられてきた。たとえば、鄭楚然は、広東省人力資源・社会保障庁の庁長に「私と一緒に公共職業紹介所（人材市場）を訪問して、女性の就業市場での苦境と差別を知ってください」という手紙を出すとともに、そのことを写真でアピールした。それに対して、南方人材市場の管理事務局の副主任は、鄭の行動は「作秀的な面があり、注目を集めることによって求人の秩序を乱している」、「直接関係部門に言うべきだ」と非難した。しかし、鄭は、「作秀」という「ラディカルな行為によって「多くの応募者に、法律という手段で自分の権益を守ることができることを知ってもらう」という私の目的は達成した」と述べている。(36) また、「柳絮《リウシュー》」と名乗る学者は、副主任には「お詫びをして、自分がうかつだったことを自己批判する誠意がなく、逆に鄭楚然のまじめで「等級を飛び越した」直訴に怒る（中略）ような言動には本当に驚く」と述べた。(37) このような反論は、「炒作」「作秀」という非難が、個人の権利を前提とするのではなく、現行の体制と秩序を前提としていることを明確にしたと言えよう。

四　女性自身の闘い・主体性を表現するパフォーマンスアート

パフォーマンスアートには、女性差別に対する女性自身の闘いを表現しているものが非常に多い。先述のように、パフォーマンスアートはあくまで女性差別批判をわかりやすく伝える方法なので、新聞紙上の風刺漫画などにも同様の図像はある。たとえば二〇一二年八月、広州の文塔（合格祈願などをする場）前の広場で、女子大学生らが、大学入

図5　合格ラインのハードルが、男子学生は低く、女子学生は高いことを描写している（「"男孩危機" 拿分数来拯救？」『青年報』2012.7.22）

図6　ハードルを「公平」と書かれた斧で叩き壊そうとしている。その後、参加者がこのハードルを踏みにじる（「広州大学生街頭行為芸術——公平大斧砍向高考性別歧視」『羊城晩報』2012.8.20）

試の男女の合格ラインの差別に抗議するために、男女で高さが異なるハードルを叩き壊すパフォーマンスアートをしたが、当時の新聞の風刺漫画にも、大学入試の男女差別を男女で高さが異なるハードルでたとえたものはある（図5）。しかし、彼女たちのパフォーマンスアートの場合は、それだけでなく、女性たちがハードルを叩き壊している点が大きな違いである（図6）。

花木蘭・穆桂英についても、従来のように、単に女性の能力の高さ（またはその能力を生かさない女性差別に対する批判）を言うために引き合いに出すのではなく、花木蘭・穆桂英自身が女性差別撤廃のために行動している。しかも、その行動は、以下に示すように次第に積極的になっている。

二〇一二年四～五月、各地の公共職業紹介所や合同企業説明会（人材招聘会）の前で、就職の男女差別を批判するパフォーマンスアートがおこなわれたが、その多くは、花木蘭の扮装をした女性が、「木蘭が現代にタイムトラベルした。鎧を脱いで仕事に就きたいのに、いかんせん仕事が見つからない」と書いたパネルを掲げるものだった(38)（図7）。

とくに二〇一二年四月二十二日と五月十三日、二〇一三年三月六日と四月十日には、花木蘭（二〇一三年四月のみは、金庸の小説の登場人物である「東方不敗」に扮した女性が、「男性のみ」「男性優先」という条件を掲示した企業のブースの担当者に対して、その理由を問いただして抗議もしている(39)（図８）。花木蘭に扮した女性が、ボールペンでブースの「男性のみ」の文字を線で消して、「男女不問」と書きこんだ例さえある(40)。

さらに、二〇一三年十一月には、陝西省体育館前の合同企業説明会の入口で、数十人の女子大学生らが、「穆桂英が職場で指揮をとって、性差別に宣戦する」というパフォーマンスアート(41)をおこなった。これは、穆桂英が文字通り「大きな刀で性差別をたたき切る」（行動派の活動家・猪西西《ジューシーシー》のコメント(42)）ものだった（図９）。

婚姻やセクシュアリティの面に関しても、二〇一二年二月のジェンダー平等活動グループ最初のパフォーマンスアートがすでに、バレンタインデーに、怪我をしたような化粧をし、血で染まったかのように見えるウェディングドレスを着てＤＶ反対を訴えるという、ロマンチックラブ批判の意味を込めたものだった(43)。また、同年六月の上海地下鉄に抗議した先述のパフォーマンスアートで掲げられたのは、「わたしはみだらでもいいが、あんたのセクハラはい

女性英雄に扮しての抗議行動

図７　2012年４月８日、西安で（「“花木蘭”穿越西安招聘会呼吁企業招聘性別平等」西部網 2012.4.9）

図８　2012年５月13日、鄭州で（「“花木蘭”現身招聘会嘆找工作還得扮男児」『鄭州晩報』2012.5.14）

図９　2013年11月11日、西安の合同企業説明会場前で。「未婚」「美人で性格がいい」「男性のみ」「3年間は出産しない」などの差別的求人を刀で切ろうとしている（「招聘会門口女大学生扮“穆桂英”抗議就業性別歧視」『西安晩報』2013.11. 11）

図10　後ろは『瀟湘晨報』のビル。左の立っている者が掲げているプラカードには「性道徳は、被害にあう理由ではない。海南の幼い女の子に二次被害を与えることを止めてください」とある（「四女青年長沙街街上演“陰道独白”声援海南幼女」女声網 2013.5.21）

けない」というスローガンだった。[44] さらに、同年十一月には、女性の身体の自主権や身体についての性別規範の打破をアピールするために上半身裸になってDV反対を訴えるなど、[45] 彼女たちの運動は、セクシュアリティに関する女性の主体性・能動性を強く表現している。

　先述のように《陰道独白》の上演運動は以前からおこなわれてきたが、行動派の劇団であるBCome 小組はそれを公共空間に引き出した。具体的には、二〇一二年十一月、北京の地下鉄の車両内で、《陰道独白》にもとづくフラッシュモブ「ショートスカートはお誘いじゃない」をおこなって、痴漢を女性の服装のせいにするような考えを批判した。[46]

　二〇一三年五月には、長沙で、海南省万寧市の小学校長による性暴力の被害者に二次被害を与える報道をした『瀟湘晨報』に抗議するため、四人の若い女性が足を広げて地面に座り、切れ目を入れて赤い果肉を露出させたスイカを股のところに置いてヴァギナに見立てて、《陰道独白》の「私のヴァギナはお誘いじゃない」の節を朗読した（図10）。同年十月には、北京外国語大学の女子学生たちが、やはりヴァギナ・モノローグスを改編した《陰道之道》を上演する前に、各自が「私のヴァギナは言う」というタイトルの下に、自らの主張を書いた写真をインターネット上に掲載した。[47] これらの事例では、自分自身のヴァギナを表現している。

　さらに、二〇一四年七月、北京師範大学南門で十あまりの都市から来た大学生らが、大学が性教育をおこなうよう訴えたパフォーマンスアートをした際には、ある男性が「AVは性教育ではない」と書いたパネルを掲げるとともに、別の女性が、ピンク色のヴァギナの形をしたものから顔を出して「私には性の安全がほしい、性のよろこびもほしい」と書いたパネルを掲げた(48)。同年八月に北京と広州で、数人の若い女性が、コンドームを配布して避妊の重要性を訴えた際にも、「ほしいのはオーガズム。傷つきたくはない」と書かれたボードを掲げた女性がいた(49)。

以上のように、女性の性的主体性・能動性の表現や女性器の表現も後になるほど強まっている。

しかし、行動派が女性の闘いや主体性を表現したことによって、それに対する反発も強まった。反発がとくに強かったのは、性的な主体性・能動性を表現したパフォーマンスアートである。たとえば、「わたしはみだらでもいいが、あんたのセクハラはいけない」と訴えた微博の写真にはコメントが三六四付いたが、その七～八割は、「不公平だ」「上海地下鉄のメッセージは、親切な忠告だ」といった、否定的なものだった(50)。裸でDV反対を訴えた行為に対しても、同様に、「こんな恥知らずの女房だったら、私も殴らなければいけない(51)」といったコメントをはじめ、多くの批判や攻撃が微博に書き込まれた。裸身の美醜を論評して、醜い裸だと言う者もおり、褒めている場合も、「胸の形がほんとうにきれい(52)」など、通俗的価値観にもとづく論評も多かった。北京外国語大学の「私のヴァギナは言う」に対しても、「恥知らず」といった非難がネット上で無数に書き込まれた(53)。

これらのうち、まず露骨な性差別に対しては、同じ微博のコメント欄で、女性の権利の観点に立って正面から反論がなされている。たとえば、裸になったことを「恥知らず」と罵った男性に対しては、「あなたがＡＶを見るとき、自分は恥知らずだと思うか?　あなたはご機嫌をとられていないと、機嫌を損ねるのか?」（行動派の活動家・小鉄《シァオティエ》）(54)と反論した。

そうした反論をしただけでなく、写真やそれに対するコメントを通じて、新しい美的感覚の構築がなされている。たとえば、大学入試の男女差別について教育部に抗議して坊主頭になった女性の写真に対しては、「帥」（イカス）、「酷」（クール）というコメントが多く付いている(55)。男性が坊主頭になった場合も、「男性も加わった！」と歓迎されたが、[56]右のような賛辞が多く寄せられたのは女性の坊主頭である。

また、上半身裸の写真に対しては、あれこれ論評するのではなく、無条件に「美しい」と述べるコメントが多いのが大きな特徴である。また、「乳房が垂れているのが美しい。誰が乳房はピラミッドのように立っていなければならないと決めたのだ。。。。。」(白亦初《バイイーチュー》)[57]といった賛辞もあった。また、一般的価値観から見ても豊満できれいだと思われる胸の写真についても、実は、既成の美とは異なることを指摘しているコメントもある。たとえば、小鉄は、行動派のリーダーの一人である李麦子《リーマイズ》の豊満できれいな形の胸の写真に対して、「麦子も、私のｔ（レズビアンの男役、李麦子を指すと思われる）に対するステロタイプなイメージを打ち破った。ＤＶに対してだけでなく、ジェンダー気質と身体についてのステロタイプなイメージにも反対している」[58]と述べている。

先述のように、パフォーマンスアートは演じる者自身に対してもインパクトを与えるが、裸の写真に関して重要なのは、本人が自分の身体を受容したことである。平らな胸の写真を公表した肖美麗《シアオメイリー》は、写真の発表を通じて、「私は私の身体を徹底的に受け入れた」、「タブーを犯すことは、自分のタブーを犯すことでもあり、自分の姿形に対するさまざまな恥ずかしさは、あとかたもなく消えていった」[59]と述べた。

以上で述べたように、裸や坊主頭の写真を公表したことは、それについてのコメントと相まって、既成の美的価値観を批判し、新しい美的感覚を構築する意味をもった。その点は、攻撃への対応をつうじていっそう明確になったと言える。

こうしたラディカルな表現をすることは、それによって論争が広がることをつうじて、自らの主張を幅広い人々に知ってもらい、支持者を拡大する戦略だとも捉えられた。二〇一二年十一～十二月に、呂頻は、いわゆる「過激」な方法で論争を挑発するときには、実は多くの支持者を獲得している、なぜなら、多くの人にそれが知られるからだと述べている。[60]たとえば、先述の「わたしはみだらでもいいが……」と訴えた上海地下鉄でのパフォーマンスアートについて、「もしこのようなラディカルな表現がなかったら、多くの人は私たちの存在をまったく知らなかったかもしれない」(61)と言う。

また、議論が激烈になったことは、知識人を含めた多くの人に発言の機会を与え、議論を深めた。たとえば、上海地下鉄事件の際、李思磐《リースーパン》（「広州ニューメディア女性ネットワーク」というNGOの代表、ジェンダー平等活動グループの連絡簿にも、「専門家」として名前が掲載されている）(62)は、「「放蕩な女」に対する審査は、実は女性全体に対する審査である。なぜなら、このような審査は、すべての女性を「定義される」状態に置くからだ」と主張した。(63)

五　パフォーマンスアートにおける抗議の対象と方法

パフォーマンスアートのおこなわれる場所（画像で言えば背景）は、パフォーマンスアートの抗議ないし要求の対象である場合が多い。行動派は、この点においても、しだいに権力に対する批判を明確にしてきた。

二〇一二年二〜三月のパフォーマンスアートは繁華街などでおこなわれており、特定の機関や団体に向けたものであることは表現していない。しかし、四〜五月、花木蘭の扮装などで就職差別に反対した際は、公共職業紹介所、合同企業説明会などの前でおこなっており、対象がやや明確になった。六月以降は、特定の民間企業の前でも抗議のパフォーマンスアートをするようになった。すなわち六月には、「クレイジー・イングリッシュ」という英語学習法の創始者の李陽《リーヤン》が妻に対して暴力をふるってきたにもかかわらず無反省であることへの抗議を、彼が経営している「クレイジー・イングリッシュ」総本部前でおこなった。(64)また、七月には、求人で女性差別をした北京巨人教育グループへの抗議を巨人教育ビル前でおこなった。(65)そして、十一月には、官庁の前でもパフォーマンスアートをするようになった。すなわち、武漢市の漢口江漢区民政局前で、三人の若い女性が血染めのウェディングドレスをまとってDV

反対を訴え[66]、湖北省人力資源・社会保障庁前では、女性公務員の採用試験の際に不必要な婦人科の検査をしていることに抗議した[67]。

また、民間企業の場合は、社屋内に入っている写真もある。たとえば、妊婦を不当解雇した美団網に抗議した際には、ビル内でもパフォーマンスアートをしており、その写真に対しては「最後の一枚（ビル内の写真）はとても覇気がある」というコメント（行動派の活動家・布拉耳《ブーラーアル》）[68]も付いている。

行動派自身も、パフォーマンスアートを企業や機関の前でする意味について意識していたようである。そのことは、文塔の前でおこなった大学入試の男女差別に抗議するパフォーマンスアートに対して、陳亜亜《チェンヤーヤー》（自らもパフォーマンスアートに参加したことがある上海社会科学院文学研究所の研究員）が「支持する！　けれど（中略）教育委員会の門前か、差別的な学生募集政策をとっている大学の門前ですれば、影響がもっと大きかったのではないか？」[69]というコメントをしていることからも推測できる。

しかし、公的機関の門前でのアクションに対しては、圧力もかかったようだ。陳亜亜は、二〇一二年十二月におこなった上海市婦女連合会（以下、婦連と略す）前でのDV反対のパフォーマンスアートの写真を微博に掲載したが、そのコメント欄で、「私に電話が二本かかって来た。ともにこの微博を削除することを勧めるものだった。私の精力は限られているから、三回目の電話を受けるのが嫌だったので、処理した後の写真を発信して、元の微博は削除した」[70]と述べている。陳の他のパフォーマンスアートの写真に対しては圧力があったという記述がないので、公的機関の前でのパフォーマンスアートの発信は、他よりデリケートな行為である可能性が高い（後述のように婦連の前だから問題になった可能性もある）。

次に、行動派の官庁前などでのパフォーマンスアートの方法について図像から検討する。まず、その特徴を理解するために、パフォーマンスアートの手法を使わずに以前から官庁前で抗議活動をしてきた、「出嫁女」の運動の図像を見てみよう。「出嫁女」とは、農村において、他の村または都市の男性と結婚したが、「婿入り」などさまざまな理由で戸籍を実家の村に置いている女性である。彼女たちの土地権はしばしば村によって侵害されるため、この問題について、長年、多くの出嫁女が役所に陳情（上訪）をしてきた。

出嫁女の権益を訴えている王秀英《ワンシウイン》の微博「農嫁女（出嫁女の別称）権益討論」に、「洪湖水」という動画が掲載されている。これは、湖北省洪湖市柏枝村の出嫁女たちの運動の動画だが、その中に、洪湖市人民政府と中国共産党洪湖市委員会が入っているビルの正面玄関前での活動が収録されている。この場面では、巨大なビルの電光掲示板に「第一〇二回国際女性デー」「全市の広範な女性姉妹の祝日おめでとう」という文字が流れる下で、十人ほどの出嫁女たちが「法律の尊厳を守れ　わが村民の権益を返せ」、「柏枝村の出嫁女は、父母官である趨書記にお願いします」と書かれた大きな横断幕を広げている。非常に示威的な光景であり、電光掲示板の文言との対比も強烈な皮肉になっている（図11・12）。その後、警官たちが抵抗を押し切って横断幕を撤収する場面も収録されており、弾圧の記録としても貴重である。

この動画だけでなく、「維権網」や「博訊新聞網」のような体制外サイトには、出嫁女たちが地方政府や婦連の前で横断幕を広げてアピールしている写真が多数掲載されている。たとえば、広西チワン族自治区婦連の玄関前で二〇数名の出嫁女たちが「「出嫁女」の権益を守れ！　性差別の撤廃、男女平等を要求する！」と書かれた大きな横断幕を横に広げてアピールしている写真がある（図13）。

こうした出嫁女らの運動に対しては、一部地方の政府や裁判所が、出嫁女の活動が「社会の安定」に影響するという理由から、彼女たちの土地権を保障する措置をとるなどの成果を挙げている[71]。ただ、右のようなアピール自体は、弾圧されやすく、そうした画像は、せいぜい微博に掲載できる程度で、国内のマスメディアには掲載されない。

これとちがって行動派のパフォーマンスアートでは、横断幕を大きく広げるような行動はしていない。地方政府や共産党委員会前での行動も見当たらない。しかし、個別の機関や民間企業の前では、パフォーマンスアートをしつつ、プラカードなどを掲げることも少なくない。たとえば、先述のように二〇一二年、女性公務員の採用試験における不必要な婦人科検査に抗議した際には、「湖北省人力資源・社会保障庁」と書かれた看板の前で、四人の若い女性が、丸で囲んだ「検」という字に斜線を引いたマークを描いた大きなパンツ状の衣装をまとって、腕を×印の形に交差させて立ち、その後ろでは、別の女性たちが「公務員になるのに、婦人科検診は不要」などと書いたプラカードを掲げた（図14）。また、同年七月には、女性の応募を拒否した巨人教育グループのビルの前で踊りを踊って、同グループのスローガンをもじった「大きな人（巨人）も小さな人もみな立派な業績を上げることができる、男性も女性も大業をなすことができる」という対聯《ついれん》（対句を書いた掛物）を掲げるパフォーマンスアートをした(72)（図15）。

　これらの画像を見ると、出嫁女たちのアピールより占有空間が少なく、スローガンの文字も小さく、通行の妨げに

「出嫁女」たちの地方の政府・党委員会・婦連前での抗議行動

図 11　洪湖市政府と党委員会ビルの上の電光掲示板に国際女性デーを祝う文言が流れている（農嫁女権益討論 tz の微博 2013.11.14 掲載の「視頻：洪湖水」）

図 12　図 11 のビルの下で「出嫁女」たちがアピール（上の動画の次の場面）

図 13　広西チワン族自治区婦連前（「南寧出嫁女持続到広西政府抗議」博訊新聞網 2010.8.18）

もなっていない。ましてデモやストライキのように多人数が集まっているわけでもないので、あまり示威的ではない。けれど、官庁や企業に対して女性たちが要求をしている点では、それらと類似したアピール効果をもっている。しかも、やり方が穏健で、ストレートな政治的表現もしていないせいか、国内のマスメディアでも報道されている。(73)

また、行動派は、とくに婦女連合会に対する抗議は抑制的なようだ。第一に、婦連前でのパフォーマンスアートの写真はわずかで、二〇一二年十二月二日の西安の陝西省婦連前と上海市婦連前での「血染めのウェディングドレス」をまとったDV反対のものくらいしかない（図16・17）。第二に、その際に掲げたプラカードも、上海では、「暴力は身近にあるのに、あなたはまだ黙っているの？」「愛情≠暴力の開始」、西安では、同じ「暴力は身近に～」と「殴るのは親しさではない。罵るのは愛ではない」である。「あなた」という言葉は婦連を指しているとも解せるとは

官庁・企業前での行動派のパフォーマンスアート

図 14　湖北省人力資源・社会保障庁前（「大学生抗議女性公務員録用婦科体検標準」新浪新聞中心 2012.11.27）

図 15　左右に対聯、下に「平等就業」と書いたものを掲げている。後ろは巨人教育ビル（「“招工歧視女性　不行！”」大公網、掲載日不明 http://www.takungpao.com/edu/node_9721.htm）

婦連前での行動派のパフォーマンスアート

図17　陳亜亜が「処理した後」（268頁）の写真だが、後ろのビルは上海市婦連であることはわかる（voiceyayaの微博2012.12.6）

図16　西安の陝西省婦連前（陝西広播電視台「女大学生穿染血婚紗行為芸術表演反対家庭暴力」放送日不明）

いえ、これらはいずれも従来からどこでも使っているスローガンにすぎない。しかし、そうした穏健なやり方のせいか、陝西省婦連前でのアクションはテレビでも報道された。

　また、広州ニューメディア女性ネットワークの微博は、広東省婦連の前で二人の男性（この二人と行動派との関係は不明）が、女子児童への教師の性暴力に対処するように求めるプラカードを掲げた写真を掲載したが、[74] このエントリに対しては、「職責を尽くさず、いたずらに禄を食んでいる婦連！」などと婦連批判のコメントが多く書き込まれた。行動派の于磊《ユーレイ》も、「問責できないのか？　主席から普通の職員に至るまで（中略）賃金は納税者からもらっているのに、なぜ問責できないのか？」と疑問を述べた。それに対して、李思磐は「問責するのはいいが、近年ずっと淑女猛男という「性別教育」をしている基礎教育部門（注：広東省では、「淑女クラス」を作るなど性別役割を強化する教育が一部でおこなわれている）を、もっと問責するべきではないか？　婦女児童工作委員会があるではないか？　この、政府の部門を跨いだ委員会は、副省長が統率しているのだから、優先して問責するべきではないか？」と答えている。これは、婦連よりも責任が大きい機関を追及するべきだということだが、婦連とは一定の協力関係を構築したい思惑もあるかもしれない。

　実際、その後、二〇一四年十二月に、二人の女性の乗客が、地下鉄の痴漢問題について、広州地下鉄総公司などに「婦連が宣伝活動をするなら協力する」と言われたのを受けて、広東省の婦連と婦女児童工作委員会に要請に行っている。その際に門前で撮った写真が微博で発表されているが、その写真を見ると、プラカードを掲げたり、パフォーマンスアートをしたりはせずに、要請書だけを顔の前に掲げている。(75)

最後に、行動派とも交流がある女性農民工支援団体のケースを見てみよう。その一つである深圳の手牽手工友（手をつなぐ労働者）活動室は、二〇一四年三月、女性農民工がおおぜいで国際女性デーを祝って、《紅色娘子軍》（革命での女性兵士の活躍を描いた映画）の主題歌を改編した《女工自主歌》を歌いつつ踊るイベントを開催した。彼女たちは、「採用は男女平等に」「家事は男女いっしょに」などのプラカードを持って道路を行進した（図18・19）。これは、実質的には集会やデモであり、その意味では、先述の出嫁女の運動同様、比較的ラディカルな運動形態である。

けれど、手牽手工友活動室はそれを、「集会」「デモ」とは称しておらず、特定の行政機関や企業に対する要求も掲げていない。

図 18　新媒体女性の微博 2014.3.4

図 19　プラカードには、「家事は男女いっしょにやろう　3・8 国際女性デー」と書かれている（「女工演繹紅色娘子軍　呼吁女性独立自主」手牽手工友活動室のブログ 2014.3.4）

しかし、写真・動画を見るかぎり、集会やデモと同じように見える。また、この活動は、マスコミは報じていないけれども、直ちには弾圧されたり、微博などのエントリが削除されたりはしていない。このように比較的穏健な運動でありながら、図像では自らの集団の主張を力強く視覚的にアピールできている。こうした特徴は、彼女たちが行動派とつながりがあることと関係しているのではないか。

おわりに

図像という観点から、行動派フェミニストの街頭パフォーマンスアートを考察すると、以下のようなことが言える。

歴史的に見ると、改革開放以前においても、一九五〇年代のメディアには女性差別批判の漫画などが出現していた。行動派のパフォーマンスアートも、図像という点ではその流れを汲んでおり、花木蘭や穆桂英に関しても、女性の能力やその抑圧を示す素材としては継承している。さらに、改革開放後の女性ＮＧＯは、女性差別に対する女性自身の闘いを表現したポスターや絵なども、その数は多くないが、作成した。女性をセクシュアリティにおける主体として立ち上げた《陰道独白》の上演にも取り組んだ。これらの点も行動派は継承している。

行動派は、社会運動に対する制約が強いなか、従来にない民間の社会運動の一環として、わかりやすいパフォーマンスアートによって、マスメディア上でもフェミニズムのメッセージを発信することに成功した。また、単なる図像でなく、実際に一般の人が演じていることは、観衆や本人に対して独自のインパクトを与えた。

また、行動派のパフォーマンスアートは、女性自身の主体的な闘いを従来より強く表現し、しかもその表現をしだいに強めた。花木蘭や穆桂英自身が女性差別と闘い、その闘いはしだいに積極的になった。セクシュアリティの面での女性の主体性・能動性も表現し、その表現もしだいに強めてきた。抗議ないし要請の対象も、特定の官庁や民間企業に焦点を合わせる傾向を強めた。

しかし、行動派のパフォーマンスアートが以上のようなものであったことは、権力や世間から攻撃を受ける原因にもなった。この点については、以下のような対応をしている。

まず、攻撃があったとしても、話題になること自体が支持を広げることになるという戦略がある。話題になることによって、マスメディアにもフェミニスト知識人らが議論を深めた論説を掲載できた。さらに、微博という比較的自由で双方向性をもったメディアによって共感を広げ、反論し、新しい美的感覚を構築した。

行動派は、参加者の顔を公にしたり、横断幕を掲げたりすることには慎重だが、それは活動の安全を保つことによって参加者を広げつつ、メディアにも報道されやすくするためである。とくに婦連に対する抗議には慎重なのも、戦略的な配慮と関係していると思われる。

また、慎重ながらも、官庁などに対して要求を突き付けていることを明示した写真を発信している点では、体制批判的な運動にある程度近い効果をもたせている。また、二〇一三年以降は、参加者が仮面をかぶることによって顔を隠すだけでなく、パフォーマンスアート上の意味ももつという二重の効果をあげる活動をおこなう工夫もしている。

なお、出嫁女、女性農民工などの運動は、表現などに工夫を凝らしている例もあるが、全体に行動派よりも示威的である。それゆえに成果を収めた面もあるが、弾圧されがちだった。ただし、この点でも、行動派とも関係が深い手牽手工友活動室の場合は、比較的慎重な手法を取ることによって、直ちに弾圧されることは回避してきたように見られる。

以上をまとめると、行動派のパフォーマンスアートはわかりやすいものでありつつ、女性自身の闘いや主体性を表現するもので、しかもそれをしだいに強化することによって、フェミニズムに注目を集め、議論を起こすこともできた。また、慎重な方法をとることで、参加者を広げ、マスコミにも取り上げられる一方で、官庁などに対して要求をしているというアピール効果はできるだけ落とさない工夫もしていたと言えよう。

また、本稿では、第二節でパフォーマンスアートをした一般人に対する攻撃への対応、第四節で運動の手段であるがゆえのパフォーマンスアートのあり方（親しみやすさ、流行の利用など）、第五節で行政に対する抗議活動への弾圧を回避するための配慮などを論じてきた。これらの考察からは、政治活動に対する抑圧が強いという条件の下でおこなわれていることが、パフォーマンスアートのあり方自体とも関係していることがわかる。

ただし、もちろん政治的・社会的抑圧自体はどの国にも存在する。また、それは、とくにネット言説やジェンダー問題に関しては顕著なので、右の点は必ずしも特殊中国的なものではない。たとえば、上海地下鉄で抗議行動をした女性は「焦点を二人が誰かより、スローガンに当てたかった」という理由で顔を隠したが、アメリカの「ゲリラ・ガールズ」も、女のアーティストはアーティストとしてのキャリアよりも容貌や年齢、恋愛関係を取り沙汰されるから、それらではなく、提起した問題に焦点を当てるためにゴリラのマスクで顔を隠して活動した[76]。

また、第四節で触れた、女性器表現を含めた、セクシュアリティをめぐる女性の主体性・能動性の追求という点は、中国の政治的条件に直接関わる問題ではない。たとえば日本の「行動する女たちの会」（一九七五〜一九九六）はさまざまな問題について行動した点で中国の行動派と共通性があるが、同会の行動は、セクシュアリティの問題に関しては、「性の商品化」反対に重点が置かれていた[77]。中国で女性の性的主体性や能動性が強調された背景には、ヴァギナ・モノローグスの中国語版上演運動の影響があろう。また、上海地下鉄でパフォーマンスアートをした女性が、「みだら」という語は「スラットウォーク」の核心と一致していると語ったり[78]、女性メディアモニターネットワークの微博（担当者は熊婧《シォンジン》という若い女性）や李麦子の微博がウクライナのFEMENに共感を示したりしていることからは、そうした同時代の運動の影響（または共通の発生基盤）にも注目する必要があろう。

二〇一五年三月、行動派の活動家の李婷婷《リーティンティン》（李麦子）、王曼、韋婷婷《ウェイティンティン》、武嵘嵘、鄭楚然らがバスの中で痴漢防止キャンペーンを計画したという理由で刑事拘留された。このニュースは国外でも大きく報道され、欧米や日本でも五人の釈放を求める運動が起きた。五人は四月に釈放されたものの、「取保候審」という、容疑者扱いが継続される措置が取られたことにより、表立った活動は困難になった。五月には、ジェンダー平等活動グループの後身として二〇〇四年に設立されたNGO「鄭州蔚之鳴」も閉鎖を余儀なくされた。他のフェミニストも、街頭でのパフォーマンスアートは難しくなり、とくに全国一斉の活動は全くできなくなった。

参加者の安全に配慮し、アピールの方法も穏健だった行動派が弾圧された一因は、習近平政権が人権NGOに対する抑圧を以前よりも強化したことにある。(80) たとえば、北京益仁平センターの分枝機構で、先述の「男子トイレ占拠」計画を立てた合宿を主催した深圳衡平機構は、二〇一一年には党紙の『南方日報』から「年間公益組織賞」を受賞したほどだったが、(81) 二〇一五年三月以降、北京益仁平センターもその分枝機構も、家宅捜索を受けるなど厳しく弾圧されている。

とはいえ、五人が釈放された要因の一つとして、行動派の活動方法が慎重で、国内のマスメディアも彼女たちの活動を肯定的に報道してきた点を挙げることはできよう。

また、行動派のパフォーマンスアートの方法は、その後も継承されている面がある。まず、五人の拘留中、国内の支援者たちが五人のお面をかぶり、彼女たちが「男子トイレ占拠」をおこなった現場や普段の生活の場に出向いて、あたかも彼女たちが自由に活動しているかのような画像を発信する活動をしたが、(82) これは、二〇一四年十一月に鄭楚然がバンコクで開催されたアジア太平洋地区「北京＋二〇」NGOフォーラムに出席するための出国を阻止された際、出国できた小梁がフォーラムの会場で、鄭の写真をモップに付けて持ち歩いて、本来は鄭も集会に参加するはずだったことを訴えた「パフォーマンスアート」(83)（呂頻の表現）と同様のものである。また、二〇一五年五〜六月、肖美麗は「女性は腋毛を剃るべきだ」という規範を批判するために「第一回女子腋毛コンクール」をおこなって、女性たちから自分の腋毛の写真を募集した。(84) この活動も、世間の反発を恐れず、自らの身体をつうじて従来の性別規範を揺るがそうとした点で、これまでのパフォーマンスアートを継承している。

さらに街頭パフォーマンスアートもおこなわれ始めた(85)。ただし、一～数人によるごく散発的なものであるうえ、通行人が行き交う中でおこなっている図像が発信されていない点は状況の厳しさを示している。

注

（1）以上については、拙稿「中国の若い行動派フェミニストの活動とその特徴――『ジェンダー平等唱導・アクションネットワーク』をめぐって」（『女性学年報』三四、二〇一三年）、魏偉「街頭・行為・藝術――性別権利倡導和抗争行動形式庫的創新」（『社会』二〇一四年二期）。二〇一二年三月以降の拙ブログ「中国女性・ジェンダーニュース＋」（http://genchi.blog52.fc2.com/）と『女たちの21世紀』の連載・大橋史恵「中国フェミ的見聞録」も関連記事を多く掲載している。
（2）「女権主義運動需要争論――広外〝女権主義是必要的嗎〟講座分享」『酷拉時報』二〇一三・一二・一六。
（3）武嶸嶸「性別平等冬令営（成長営）簡報」性別平等倡導計劃（Google Group）二〇一二・一二・二四。
（4）伊藤昌亮『フラッシュモブズ』（NTT出版、二〇一一年）一三、一一二、四〇六頁。
（5）陸軍がB型肝炎差別反対の活動家の雷闖のパフォーマンスアートに注目したことから、同センターの活動にも取り入れられた（「TO1983大学校長雷闖和他的1997封信」『法制日報』二〇〇九・七・一七）。武嶸嶸も、二〇〇九年の鄧玉嬌事件（娯楽施設勤務の女性が強姦されそうになったため抵抗し、加害者を死に至らしめて逮捕された事件）の際、パフォーマンスアートをおこなっている。
（6）注（3）武嶸嶸報告に同じ。
（7）呂頻「〝女性主義〟不是洪水猛獣」『羊城晩報』二〇一二・一二・一七。
（8）戴錦華『中国映画のジェンダー・ポリティクス』（御茶の水書房、二〇〇六年）六八頁。
（9）この時期の女性解放と民主主義全般との関連性については、拙稿「第一次五カ年計画期の都市における女性労働の保護と平等」（『中国女性史研究』一七、二〇〇八年）参照。
（10）関西中国女性史研究会編『増補改訂版　中国女性史入門』（人文書院、二〇一四年）の拙稿中にも、一九五三年の『新中国婦女』の婚姻法貫徹運動準備号に掲載された、DVによる離婚申請を冷たくあしらう役人を風刺した漫画の一コマと一九五六年の『山西日報』に掲載された農村における家事負担の男女不平等を批判した漫画を掲載している（二六、一〇八頁）。
(11)「花木蘭戦闘営」『人民日報』一九五八．一〇．九、「穆桂英運輸隊」『人民日報』一九六〇．一．一一など。
(12) 肖寒「看了穆桂英掛帥以後想起的」『山西日報』一九五六．一二．一二。
(13) 拙稿「中国におけるドメスティック・バイオレンスに対する取り組み」（『中国21』二七、二〇〇七年）参照。
(14) 反対家庭暴力網（http://www.stopdv.org.com/）。
(15) 李洪濤・斉小玉編『遠離家庭暴力　共享美好生活』（中国社会科学出版社、二〇〇四年）の絵の三六、五二。
(16) イヴ・エンスラーが、さまざまな女性にヴァギナについて尋ねたインタビューをもとにしたモノローグ形式の芝居。岸本佐知子訳『ヴァギナ・モノローグ』（白水社、二〇〇二年）は、一九九八年のオリジナル版の翻訳。
(17) 米暁琳・卜衛「〝訴苦〟與愉悦——関於反対性暴力戯劇《陰道独白》的対話」（卜衛・張琪主編『消除家庭暴力與媒介倡導——研究、見証與実践』中国社会科学出版社、二〇一一年）。
(18) 栄維毅「陰道独白中国大陸演出十年記」中国新聞周刊網二〇一三．八．一。
(19) 肖美膩的微博二〇一二．一一．一三。
(20) 想起的花開的微博二〇一二．六．二四。
(21) 女権之声的微博二〇一三．二．二八への伝説中的小S小姐へのコメント。
(22)「致淑女班的行動者」GEAAN（google group）二〇一三．三．二七。
(23)「女大学生化身孕婦写字楼前載歌載舞」社会性別與発展在中国二〇一三．一〇．二一、「青年培力与性別平等秋令営会議公報」工作組内部郵件組（google group）二〇一三．一〇．一七。
(24)「〝就業性別歧視第一案〟当庭和解」『中国青年報』二〇一三．一二．二〇。
(25)「〝要騒不要擾〟抗議者——〝穿的少該被擾是流氓邏輯〟」網易新聞二〇一二．六．二六。
(26)「武漢大学生化身〝佐羅〟，教育局前唱歌呼吁建立校園性侵害防治体系」社会性別與発展在中国二〇一三．六．一九。
(27) 新媒体女性的微博二〇一三．六．一九への没対象有対象腿のコメント。
(28) 梁小門的微博二〇一二．一一．二七。
(29)「大学生街頭呼吁——請性工作者打馬賽克」網易新聞二〇一四．二．一五など。

(30) 女権之声的微博二〇一四・九・一〇、「中大女生化身〝小紅帽〟吁請関注公交性騒擾」『羊城晩報』二〇一四・一一・二八。
(31) 梁海媚「性別工作組、受教育権核心人員通訊録。請大家検査修正」（GEAAN二〇一三・四・二三）には、「中核メンバー」として五二人が記されていた。
(32) 「女権之声沙龍講稿完全版首発」女声網二〇一二・一二・三。
(33) 「呼吁建立校園性侵害防治体系　大学生教育庁前唱《小女孩上学歌》」社会性別與発展在中国二〇一三・六・一九。
(34) 注（3）武嶸嶸報告に同じ。
(35) 女権行動派很好吃的微博二〇一四・一二・三一。
(36) 「〝将杜絶性別歧視招聘語言〟」『信息時報』二〇一三・八・一五、「省人社庁保証――人才市場不再出現〝限招男性〟」『南方都市報』二〇一三・八・一五。
(37) 柳絮「邀庁長逛人才市場是作秀嗎?」『南方都市報』二〇一三・八・一六。
(38) 「〝花木蘭〟穿越西安招聘会」『陽光報』二〇一二・四・九、「杭州驚現〝花木蘭〟穿越求職　呼吁関注就業歧視」湖南在線二〇一二・四・一六、「〝花木蘭〟穿越来応聘」『長江商報』二〇一二・四・二九、「阜陽一招聘会現場驚現穿越版〝花木蘭〟」中安在線二〇一二・五・二。
(39) 「〝花木蘭〟穿越招聘会　呼吁給女性平等就業機会」『現代快報』二〇一二・四・二三、「〝花木蘭〟現身招聘会　嘆找工作還得扮男児」『鄭州晩報』二〇一二・五・一四、「女大学生扮〝花木蘭〟求職　抗議招聘性別歧視」中新網二〇一三・三・六（来源：大河網）、女権之声的微博二〇一三・四・一〇、「大学生穿越求職　西安招聘会場現〝東方不敗〟」華商網二〇一三・四・一一（来源：三秦都市報）。
(40) 注（39）の「〝花木蘭〟穿越招聘会　呼吁給女性平等就業機会」。
(41) 「招聘会門口女大学生扮〝穆桂英〟　抗議就業性別歧視」『西安晩報』二〇一三・一一・一一。
(42) 新媒体女性的微博二〇一三・一一・一一。
(43) 「北京女大学生情人節発起行為芸術反対伴侶暴力」女声網二〇一二・二・一四。
(44) 「拒絶〝自重〟――微博引爆反騒擾弁論」（『女声』一一六、二〇一二年）。
(45) 「身体政治在線――〝裸照反家暴〟活動述評」（『女声』一三一、二〇一二年）。
(46) 女権之声「視頻――陰ＤＡＯ独白　北京地鉄〝快閃〟」優酷 http://v.youku.com/v_show/id_XNDgxNTA0ODAw.html

(47) 彼女たちのメッセージの分析とその意義については、李銀河「北外女生女権宣言賞析」(李銀河的博客二〇一三・一一・一三)がまとまっている。
(48) 女権之声的微博二〇一四・七・二九。
(49) 女権之声的微博および新媒体女性的微博二〇一四・八・二。
(50) 注(20)想起的花開的微博に同じ。
(51) 小鉄的微博二〇一二・一一・二三。
(52) 麦子家的微博二〇一二・一一・一六。
(53) 「〝我的陰道説錯了什麼〟」(『女声』一四〇、二〇一三年)。
(54) 注(51)小鉄的微博に同じ。
(55) 女権之声的微博二〇一二・八・三〇、想起的花開的微博二〇一二・九・一、Du-st-ar 的微博二〇一二・九・九など。
(56) 小様子_AFRB 的微博二〇一二・九・一、雷闖的微博二〇一二・九・二など。
(57) 注(51)小鉄的微博に同じ。
(58) 注(52)麦子家的微博に同じ。
(59) 注(45)『女声』記事に同じ。
(60) 呂頻「〝女性主義〟不是洪水猛獣」『羊城晩報』二〇一二・一二・一七。
(61) 「閭丘露薇対話呂頻——促平等要先戒女権主義恐惧症」網易女人二〇一二・一一・三〇。
(62) 注(31)梁海媚報告に同じ。
(63) 李思磐「着装審査打圧女性空間権」『東方早報』二〇一二・六・二五。
(64) 大兎紙「視頻——投訴合唱団 - 李陽請非暴力溝通 - 工作人員爆笑回応」http://v.youku.com/v_show/id_XNDE3NTMxNDky.html
(65) 「女畢業生提起首例就業性別歧視訴訟」『中国青年報』二〇一二・七・二五。
(66) 「武漢三名女青年化身〝受傷新娘〟　街頭反対家暴」荊楚網二〇一二・一一・二六(来源:楚天都市報)。
(67) 「大学生抗議女性公務員録用婦科体検標準」『法制日報』二〇一二・一一・二七。
(68) 女権之声的微博二〇一三・六・一八。

(69) 女権之声的微博二〇一二・八・一九。
(70) voiceyaya的微博二〇一二・一二・六。
(71) 「出嫁女権益保護如何突破重囲――広東南海模式調査」『中国婦女報』二〇〇九・七・三〇など。
(72) 女権之声的微博二〇一二・七・二四。
(73) 紙媒体一、ネット媒体三、写真報道九、時評二の計一五のメディアが報道したという（「【新聞捜集】武漢大学生抗議女性公務員録用査婦科」GEAAN二〇一四・三・一二）。
(74) 新媒体女性的微博二〇一三・五・二七。
(75) 女権行動派的微博二〇一四・一二・二三。
(76) 北原恵「ゲリラ・ガールズ」（『インパクション』八五、一九九四年）三二頁。
(77) 山口智美「行動する会を女性運動史に位置づける」（高木澄子・中嶋里美編『行動する女たちの会　資料集成』第一巻、六花出版、二〇一五年）一五～一六頁。
(78) 注（25）網易新聞の記事に同じ。
(79) 女権之声的微博二〇一二・一二・三、二猫帰来的微博二〇一二・八・一八、麦子家的微博二〇一三・一・一四。
(80) 「独立NGO在中国遭遇寒冬」美国之音二〇一五・三・一〇。
(81) 「南方致敬公益盛典開幕」『南方日報』二〇一一・一二・一六。
(82) "Interview:Masked Chinese Activists 'Show Solidarity' with Detained Feminists" Asia Society2015.4.7
(83) 呂頻「拒絶沈黙的人需要」呂頻的微博二〇一四・一一・一七、小梁「機場奇遇記」女権之声的微博二〇一四・一一・一五。
(84) 美麗的女権徒歩的微博二〇一五・五・二六、二〇一五・六・一一。
(85) たとえば、マスメディアには報じられていないが、二〇一五年九月、女性であるためにコック見習いへの採用を拒否された高暁（仮名）の裁判を支援するために、裁判所前で若い女性たち数人が、エプロン姿でフライ返しと白菜を手に持って、「主婦は高暁を応援する」「女もシェフになれる」と書いたプラカードで訴えた（「広東就業性別歧視第一案昨開廷「煮婦」法院門前撑女大厨」新媒体女性的微博二〇一五・九・一八）。

日本における中国女性／ジェンダー史研究
――中国女性史研究会の歩みを軸として――

秋山洋子

はじめに

本稿は、前に掲げた九篇の論文とは性格を異にしている。前者が「中国のメディア・表象とジェンダー」にかかわるテーマを扱っているのに対して、本稿が扱うのは、この論集を刊行した中国女性史研究会自体である。いわば本稿は、論集全体に対する補注ともいうべきものである。

中国女性史研究会は、一九七七年夏に創設された。本論集の刊行後まもなく、創立四十周年を迎えることになる。登録会員が百人を超えるかどうかという小さい研究会ではあるが、創設当時は本家中国にも存在しなかった中国女性史という研究分野を開拓し、歩み続けてきたことの意味は小さくないだろう。その四十年間に、新しい世代の研究者を迎えつつ、創設当時のメンバーも会員としてかかわり続けている。

本稿は、四十年にわたる中国女性史研究会（以下、適宜、中国女性史研と略す）の歩みを軸に、日本における中国女性／ジェンダー史研究の歴史を跡づけようという試みである。中国女性史研の歩みについては、歴代代表であった末次玲子、前山加奈子らが折に触れて文章を発表してきたし、会誌『中国女性史研究』によってもたどることができる。(1) 本稿の目的は、それらの資料をふまえた上で、日本における中国女性史研究の歩みを、日本における女性史、女性学、ジェンダー研究といった大きな枠の中で位置付けることにある。

ただし本稿は、中国女性史研究会を代表するものではなく、筆者の責任において書いたものである。筆者は一九九〇年に入会、その後は一会員として会の運営の一端をになってきた。また、一九六〇年代に大学で中国文学を専攻、七〇年代に「ウーマン・リブ」と呼ばれた第二波女性解放運動に関わり、フェミニズム／女性学を通して文革以後の中国文学・女性問題に出会いなおしたという経歴を持っている。そういう経歴、立場も、この考察の中に反映されることになるだろう。

一　創設から八〇年代――「解放史からジェンダー史へ」

1　中国女性史研究会創設時の時代背景

中国女性史研究会は、一九七七年に創設された。この年の夏、第二回の「婦人研究者問題シンポジウム」(2) がひらかれ、その「在野研究者」分科会で中国女性史研究を志す末次玲子、前山加奈子、佐藤明子の三人が出会い、すでに研究者として地位を確立していた柳田節子が顧問格で加わることで研究会として発足した。

研究会の中では伝説的に語り伝えられる四人の出会いの場となったこのシンポジウムは、第二次世界大戦の敗戦後、女性に大学の門戸が開かれ、建前上は男女平等になったものの、依然として男性中心の構造がゆるがぬ学問の世界で就職や研究継続の困難に直面していた女性研究者たちが、自ら問題を話し合い解決するために開いたものだった。それだからこそ「在野研究者」分科会が設定されていたのであり、ここでの出会いが中国女性史研究会発足のきっかけになったのは、偶然というよりは必然というべきだったかもしれない。

一方、一九七〇年代は、女性史研究にかかわるいくつかの大きな動きがあった。第一は、六〇年代後半の米国に始まり、資本主義圏ほぼ全域を巻き込んだ第二波女性解放運動の影響である。第二次大戦を経て一見男女平等になったかに見える社会の中で、社会構造や意識の中に埋もれた女性差別を告発するこのラジカルな運動は、思想としてのフェミニズム、学術分野としての女性学を生み出した。(3)日本でも、中国女性史研の創設と同時期、七七年から七九年にかけて複数の女性学研究会・学会が誕生した。(4)フェミニズム／女性学から生まれた「家父長制」「ジェンダー」といった概念は、歴史学をはじめとする学問分野に大きなインパクトを与えることになる。

第二の動きは、日本女性史研究の発展と、そこから発生した女性史論争である。戦後の日本では、井上清の『日本女性史』（三一書房、一九五五年）、高群逸枝の『女性の歴史』（講談社、一九五二年）などが出版され、各地で女性たちの熱心な学習活動が展開された。しかし、歴史学研究の場で女性史が正当な位置づけをされることはなく、細々と民間の研究が続いている状況であった。

七〇年代になると、女性運動の影響もあって、女性史関係の著作の出版がさかんになった。(5)地域女性史の研究も活発になり、七七年愛知で最初の「女性史のつどい」が開催された。これと並行して、女性史をめぐる論争がわきおこった。これは、戦後歴史学の主流であったマルクス主義歴史学に対して、二方向から異議申し立てがされたことから始まった。ひとつは、井上女性史を概念的な「女性解放史」であると批判して、無名の女性の「生活史」を書くべきだとした村上信彦の問題提起である。もうひとつは、マルクス主義の階級支配一元論に対して、フェミニズムの立場から階級支配とは次元の違う性差別＝家父長制の存在を指摘し、女性は階級支配と性支配の二重の抑圧のもとにおかれてきたとした、水田珠枝の問題提起である。七〇年代当時は、女性史研究の開拓者たちもマルクス主義歴史学の影響を強く受けていたため、この二つの問題提起に対する反発も強く、論争は解放史、生活史、フェミニズムの三つ

巴で展開され、解決は八〇年代に持ち越されることになる。(6)

2　中国女性史研究会初期の歩み、共同研究の出版

中国女性史研究会は、末次玲子を代表、柳田節子を顧問格にして発足した。発足当時は、会のめざすべき女性史像を掲げることはしなかったという。末次玲子は、自らの女性史研究の目的を「男性本位に書かれた歴史像から欠落してきた女性の歴史を掘りおこして、歴史の全体像の構築を試みること」と「不平等な男女関係の形成と克服の過程を明らかにすること」の二つだと考えていたという。(7)

まずは地道な勉強をと、月一回の例会を活動の軸に、女性史に関する基礎的文献を読んでいった。テキストにした陳東原『中国婦女生活史』（初版、商務印書館、一九三七年）や、李又寧・張玉法主編『近代中国女権運動資料一八四二〜一九一一』（台北伝記文学社、一九七五年）などは、台湾で復刻・出版されたものであった。中国女性史研が発足した一九七七年は、前年の毛沢東の死、四人組の逮捕によって中国文化大革命が終息し、改革開放政策にむけて舵が切られた時である。十年にわたる文革中は、日本でも資料の不足、文革支持をめぐる研究者間の対立など、中国研究にも負の影響が及んでおり、文革の終息は研究再開の好機であった。(8)ただ、政策転換から学術復興までには時差があり、当初は台湾出版の資料に頼らざるを得なかった。

日本の研究書として最初に例会で取り上げたのは、小野和子『中国女性史』（平凡社、一九七八年）である。同書は、日本のみならず世界で最初に書かれた中国近現代女性通史であり、のちに韓国語・英語・中国語にも翻訳される。ただ、中国共産党の指導する革命を女性解放の軸とする「解放史」の視点で書かれ、文革中の「批林批孔」を女性運動として評価するなど、時代の制約を免れない面もあった。同書については例会で検討し、それを受けて前山が書評をまとめているが、同書を高く評価する一方で、前記のような点には批判的コメントをしている。(9)

発足当初は自前の会誌を持たなかったので、会員の研究成果は歴史学の専門誌などに発表されている。中でも『歴史評論』は、女性史研究を積極的に支援し、毎年国際婦人デーの三月に女性史特集を組んでいた。

初期の会員の研究成果としては、谷口やすよによる漢代皇后権の研究が注目される。男性の支配権が絶対とみられていた中国王朝において、皇帝が帝嗣を定めず死亡した場合、皇后に帝嗣決定の特権的な権限があったことを証明して、古代史研究に一石を投じた(10)。

研究会としての最初の出版は、『中国女性解放の先駆者たち』（日中出版、一九八四年）で、十五項目十七人の評伝がまとめられている。執筆にあたっては、共同研究、共同作業というスタイルをつらぬき、各担当者が原稿をまとめて雑誌に発表した後、一冊にまとめた。登場する女性の多くは中国の公的な革命史でも認められている革命家・愛国者であるが、労働運動で活躍した劉群先、辛亥革命の指導者黄興の妻徐宗漢など、夫の陰に名が埋もれた女性を掘り起こそうという意欲はうかがわれる。また、「はじめに」では、中国革命が女性解放に大きな役割を果たしたことを認めた上で、「中国女性解放運動を、中国革命史と同一視したり、まして中国共産党史に一元化してはならない。（中略）中国共産党成立後も、女性解放の流れは、ただひとすじであったわけではない」としている(11)。

このあと、一九八七、八八年度青山なお研究奨励金を受けて、研究会有志による共同研究「中国女性史からみたキリスト教」が行なわれている。その成果は後述する会誌『中国女性史研究』五号、六号誌上で特集されている。

3　会誌の創刊、フェミニズム／女性学との出会い

四人で発足した中国女性史研究会は、五年後には十二人、十周年の八七年には二十人と、着実に会員を増やしていった。この間に、会としての性格も固まってくる。ひとつは、「女性史研究」を核とはしているが、狭義の歴史にかぎらず、文学、社会、政治など学際的な関心を持った会員が集まったことである。もうひとつは、女性研究者の置

かれている困難な状況のなかで、互いに支え合うことによって研究を継続しようという姿勢である。なお、会員の多数は女性だが、どの時期にも積極的に会の運営に関わる男性会員が存在している。

一九八九年、会誌『中国女性史研究』が創刊される。創刊号は、ワープロ打ち（パソコンは普及していなかった）の原稿を貼り合わせて版下を作るというアナログな手法で作られた、わずか二十二ページの小冊子だったが、外にむけて会の存在を示し、会員にとっては研究発表の場として貴重な第一歩となった。前山加奈子は創刊の辞にかえた詩を巻頭に寄せ、その末尾を「絆をさらに固くして／薄暗がりの一幕を／いま、新たなる思いで開ける」と結んでいる。以後、会誌はほぼ年一度のペースで発行され、二〇一六年二月には第二十五号を発行している。

この会誌創刊前後の時期に、フェミニズム／女性学との出会いがあり、「解放視点からジェンダー視点へ[12]」という女性史独自の研究方法を探る方向がはっきりしてくる。末次玲子は会誌創刊号で、「こうして中国女性史研究においても、いまや女性の世界史的敗北からその克服過程に到る通史的考察が次第に可能になりつつある。女性史の視点から個々の史実を発掘し、歴史の見直しを提言する段階から、女性史の展開の独自の法則性を明らかにし、これをいかに全体史の中に位置づけるかが課題となる段階に立ち至ったといえるであろう」と述べている[13]。なおこれは、日本女性史とフェミニズム／女性学との出会いと、ほぼ時期を同じくしている[14]。

中国女性史研究会の歴史をたどってみると、この出会いには、いくつかの道筋があった。最初の大きなインパクトは、欧米における中国女性史研究の展開からきている。六〇年代後半に始まった第二波フェミニズムから生まれた欧米の女性学／女性史は、八〇年代には具体的な研究成果を生み出すようになる。中国近現代史の分野では、従来の共産党主導による女性解放という定式に異議をとなえる研究成果が発表される。中国女性史研では、E・クロル『中国におけるフェミニズムと社会主義』、M・ウルフ『引き伸ばされた革命』、K・A・ジョンソン『中国における女性、家族、農民革命』などを共同で読んだり、例会報告で取り上げたりして、マルクス主義女性解放論とは異なる視点や

方法にふれていった。(15)

八〇年代半ばになると外国人研究者との接触の機会も増えてくる。のちに米国における中国女性史研究に大きな足跡を残すスーザン・マン、ドロシー・コーなどが日本に研究滞在し、例会に出席して報告するなどの交流をしている。日本在住で民国期の社会経済史を専門とするリンダ・グローブも八〇年代半ばに入会し現在に到っている。

日本の女性学との出会いは、創設メンバーよりは若い世代の、八〇年代に大学院生であった会員の主導によるものだった。たとえば、会誌二号に「中国前近代史研究のための覚え書」を寄せた秦玲子は、「はじめに」の中で、「女性史とは何か」という問題を解決するために学部時代から大学院にかけて読んできた著者として高群逸枝、落合恵美子、もろさわようこ、荻野美穂の名を挙げ、さらには日本のリブ運動を主導した田中美津の『いのちの女たちへ』の一節をさりげなく引用している。また、小浜正子は邦訳出版されたJ・ステイシー『フェミニズムは中国をどう見るか』（秋山津子訳、勁草書房、一九九〇年）を例会でとりあげ、日本で初めて紹介された「本格的な女性学による中国研究の書物」として、単なる紹介に止まらず女性学／フェミニズムの方法について広く論じた。(16) ちなみに、筆者は同書の翻訳者として例会に招かれ、そのまま入会することになった。

その後も、一九九一年春の合宿で上野千鶴子の『家父長制と資本制』（岩波書店、一九九〇年）を読み、九三年十月例会ではJ・スコット『ジェンダーと歴史学』（荻野美穂訳、平凡社、一九九二年）をとりあげるなど、中国対象に限定しない女性史／女性学への関心は続いた。

会誌の論文のタイトルに「フェミニズム」という語が登場するのは、会誌三号（一九九一年）に掲載された前山加奈子「雑誌『女聲』と関露――フェミニズム的見地からの再検討」で、日本の占領下上海で日本資本のもとに発行され、政治的には民族への裏切りと切り捨てられていた雑誌『女聲』とその編集者である関露が発した同時代の女性たちへのメッセージを再評価する試みである。ひとたび「漢奸」と名指された関露の活動が再評価されるのは、中国では二十一世紀を待たなければならなかった。

中国女性史研究会と女性学／フェミニズムの接近が、中国における女性学の台頭と時期を同じくしていたことも興味深い。八〇年代改革開放政策のもと市場化にむかった中国では、新たな女性問題が噴出していた。これに対応するには、女性問題を新しい視点で捉え直し、中国独自の女性学を確立すべきだという動きが民間の研究者から起こってくる。その代表は当時河南省鄭州大学の教員であった李小江だが、女性史研では早くからこの動きに注目してきた。会誌三号には、李小江から寄せられた中国婦女博物館建設への協力を依頼する文が掲載されている。

二　一九九〇年代——論集の発行、交流の動き

中国女性史研究会の一九九〇年代は、いくつかの大きな動きがあった。ひとつは、会員個人にとどまらず、会として研究成果を世に問うていこうという方向で、いくつかの出版企画として実を結んだ。女性史という小さな枠の中にとどまるのではなく、日本の中国研究、歴史研究に問題提起をしたいという大望もあった。

九〇年代の研究会の活動としては、国際的な交流もあった。九五年に北京で開催された第四回国連世界女性会議を頂点に、中国でも日本でも多くの国際会議やシンポジウムが開催されたが、それらに参加するにとどまらず、会として企画にかかわるようにもなった。

会の運営面では、九六年に会則が決められ、同年三月に第一回総会が開催された。創立後二十年にわたって会則も総会もなしで運営できたとはのどかなことだが、毎月の例会で合意すればすむような、互いの顔の見える会だったということである。

手作業だった会誌作りも、九七年の第七号からパソコン編集に切り替え、二〇〇二年にはホームページを開設した。

葉書で出していた例会通知をパソコンメールに切り替えることができたのも、一九九〇年代後半だろう。九〇年代に加入した若い世代の会員のおかげで、遅ればせながらＩＴ時代の波に乗ることができたわけだ。些細なことであるが、歴史の一こまとして記しておく。

一九九九年、二十二年にわたって代表を務めてきた末次玲子が代表を辞し、創設以来会の運営を支えてきた前山加奈子が二代目代表となった。

1　柳田記念論文集への参加と「革命正史」の翻訳

中国女性史研の論集をだそうという最初の試みは、『柳田節子先生古稀記念　中国の伝統社会と家族』（汲古書院、一九九三年）への参加という形で実現した。最年長の会員である柳田節子は、敗戦によって女子学生に門を開いた大学に最初に入学した世代であり、宋代史研究者として宇都宮大学、学習院大学などで教鞭をとった。中国女性史研究会創設時、唯一の専任職にある教員として、自分の研究室を例会に提供するなど、会の活動を支えてきた。一九九二年学習院大学を定年退職するにあたって、宋代史研究者を中心に記念論文集が計画されたが、柳田の意向によって中国女性史研究会からもこの論集の編集・執筆に参加することとなった。そのため、第一部を「伝統社会の構造」、第二部を「家族・ジェンダー・女性運動」として、中国女性史研究会から柳田節子自身と秦玲子、大島立子、針谷美和子、リンダ・グローブ、前山加奈子、江上幸子、末次玲子、小浜正子が執筆した。若い研究者を育てたいという柳田の意思が生かされた結果となり、執筆者にとっては研究者としての出発点に立った時期の貴重な一歩となった。なお、中国史の論集でジェンダーという語が使われたのも、本書が先駆けだったのではないか。

中国女性史研究会として九〇年代最初の出版は、中華全国婦女連合会『中国婦女運動史（新民主主義時期）』（北京・春秋出版社、一九八九年）の共同編訳である。文革中活動停止になっていた中華全国婦女連合会は七八年に活動を再開、研究面では女性運動資料の収集に力を入れた。その膨大な女性運動資料をもとに前記の運動史を刊行した。この原書を六割程度に圧縮して翻訳したものが中国女性史研究会編訳『中国女性運動史　一九一九～四九』（論創社、一九九四年）で、それでも五百余ページという大部の本になった。この本は、官製女性団体である婦女連が作ったテキストであるから、当然ながら中国共産党を中心とした女性解放史である。会員の中にはいまさら「解放史」でもあるまいという疑問もあったが、それに対して、これは中国の歴史において歴代の王朝が自分の立場から書かせてきた「正史」にあたるもので、その存在があってこそ、それに対抗する歴史も書かれるのだと反論がされた。その意義と問題点については、「編訳者　あとがき」で述べられている。筆者にとっては中国女性史研に入会して初めての共同作業で、翻訳自体は正直いって面白くなかったが、完成した訳書には原書にない年表や索引をつけたこともあり、基本的史実や人物を確認する「工具書」としては手放せないものになっている。結果としてこの仕事は、中国共産党の路線で書かれた解放史と中国女性史研との最後のつきあいとなった。

2　国際交流とシンポジウム開催

一九九〇年代の前半、中国では、女性にかかわるシンポジウム開催や出版がさかんになった。第四回国連世界女性会議の九五年北京開催が決定したためである。これに先立つ八〇年代後半は、前述した李小江らによる女性学創設の動き（李はこれを「婦女研究運動」と自称した）が盛り上がりをみせていたが、八九年天安門事件をきっかけに民間の自主的活動は息を潜めざるを得なくなった。九〇年代にはそれにかわって「中国最大の女性ＮＧＯ」として国連世界女性会議のホスト役を引き受けた婦女連を中心に、国家にバックアップされた女性ブームが起きた。

たとえば、北京大学は一九九二年から九四年まで三回にわたって女性をテーマにシンポジウムを開催し、中国女性史研の会員も参加し報告した。また、日本でもプレ世界女性会議的な国際会議がいくつか開催された。たとえば、九二年四月には、女性学研究団体などの実行委員会形式で「アジア女性会議」が開催され、各国の女性活動家を招請した。中国からは北京大学中外女性歴史文化センターの鄭必俊教授が来日した。この機会を利用して、中国女性史研究会は総合女性史研究会（現、総合女性史学会）と共催で、鄭教授を招いてシンポジウム「東アジア女性史と儒学」を開催した。中国の研究者を独自に招請するだけの経済力はなく、招請手続きなども現在に比べ煩雑だったためである。

一九九四年八月には、やはり国際女性学会の招きで李小江氏が来日することになったので、それにあわせて七月例会で彼女の最近の著作を読み、八月に交流会をおこなった。会としては初対面であり、例会では鋭い質問も出たが雰囲気は友好的で、李小江自身も好意的に回想している(17)。

九五年に北京で開催された第四回国連世界女性会議は、九〇年代最大の女性イベントで、参加者は約三万人、日本各地からも五千人が参加した。中国女性史研からは六人がNGOフォーラムに参加し、興味深い体験をした。この会議はさまざまな問題をはらんでいたが、結果としては中国の女性が世界と接点を持ち、ジェンダーやNGOといった新しい概念を導入する契機となった(18)。

九〇年代後半、中国女性史研がかかわった最大のイベントは「アジア女性史国際シンポジウム」であった。この構想は、前述のシンポジウム「東アジア女性史と儒学」に端を発したもので、総合女性史研究会と中国女性史研究会を中心とした実行委員会による二年半にわたる準備の末、九六年三月十六、十七日に東京の中央大学駿河台記念館で開催された。アジア各国から招請した研究者十名、さらに自主的にパネルを組んで参加した米国の中国史研究者を含めて、二日にわたり六分科会、報告者が三十四名という大規模なシンポジウムとなった(19)。このように大規模な企画を共催するのは、小世帯の中国女性史研にとっては大きな負担であり、また、中国からの研究者招請では、最初に予定されていた李小江が世界女性会議後の政治的締め付けの余波で来日できなくなって、急遽若手の譚深に交代するなどの波乱もあった。それにしても、公的な後楯を持たない民間の女性史研究グループが、百万円単位の資金集めから外国との交渉までやり遂げることができたのは、国際交流に対する当時の熱い思いが支えていたからだった。

3　論集の出版と研究の方向

中国女性史研究会独自の論集をだそうという試みは、それから五年後、会の二十周年を期して実行された。論集の発行は一九九六年に決定され、二年余の作業期間を経て『論集　中国女性史』（吉川弘文館、一九九九年）が発行された。編集委員は江上幸子、大島立子、末次玲子、前山加奈子、柳田節子の五名となっている。企画にあたっては特にテーマを設けず、なるべく多くの会員に執筆を呼びかけ、最終的には十八名が執筆した。集まった原稿が多様であったため、全体をⅠ　伝統的女性像の見直し、Ⅱ　さまざまな女性論の形成、Ⅲ　主体的に生きた女性たち、Ⅳ　国家とジェンダー、という四部構成とし、時代的には宋代から一九九五年の国連世界女性会議までの期間をカバーすることになった。

編集委員によって書かれた「はじめに」の冒頭で、従来の中国女性史は「前近代においては、儒教イデオロギーが正統とする両性関係や家父長制支配が時代を追って強化されるにつれて、女性の受難が深まり、近現代は政治と経済の変革のなかで、女性がそうした状況を克服してきた過程である」とされてきたとして、このような女性史像を、二つの面で見直そうとする。

第一は前近代史においてである。かつて前近代の中国女性はひとしなみに、儒教的道徳規範のもとで男性と厳しく差別され、「暗闇の世界」のなかでその抑圧に呻吟していたとみられてきた。（中略）しかし新しく視点を変えて歴史をひもとくと、女性がひたすら受け身の状況に甘んじていたのではない事例も多々みられる。女性を単に伝統的ジェンダーの被害者としてみるのではなく、ジェンダー形成に主体的にどう関わったかを明らかにすることも課題になってきている。

第二は近現代史においてである。十九世紀に列強の侵略を受け、富国強兵のために社会改革の必要性が認識されて以来、女子教育や国家における女性の役割なども論ぜられるようになった。女性自身も改革運動に加わり、社会との接触が生まれた。しかし、改革や革命運動は圧倒的に男性主導によって進められ、女性解放も彼らにとって必要とされる範囲内に制約されていた。したがって、男性優位の家父長制は近現代において消滅したのではなく、形を変えて存在している。それゆえ、女性が男性主導の運動にいかに関わり、どのような矛盾に直面したかに焦点をあてて、捉え直しがなされている。(20)

これらの「見直し」は、前述した女性史論争における三つ巴の対立の構図をあてはめるならば、前近代においては「解放史」の裏返しである「被虐史」に「生活史」を対置し、近現代史においては「解放史」に「フェミニズム」を対置したといえるだろう。「女性史は、「被害者」としての歴史、そしてそれからの解放としての歴史観を、みずから脱皮しつつあった。それが一方においては前近代における女性の肯定的表現、他方においては近代における女性の抑圧の発見に向かったのは、それまでの一面的な歴史観に対してバランスを回復するものであった」(21)とする上野千鶴子の分析がここに当てはまる。

ただ、この「まえがき」は、これまでの女性史の欠陥を指摘し、何を補完するべきかは示しているが、いかなる女性史を構築していくかという方向性を十分に示しているとは言いがたい。とりわけ近現代史については、最終章を「国家とジェンダー」と名づける大胆な構成をしたにしては、「男性主導」「男性優位の家父長制」というにとどまり、国家や政党の問題にまで射程が及んでいない。また、前近代史において再発見された積極的な女性像と、近現代史において再確認された女性の抑圧や矛盾とを、いかにつないで女性史の全体像を構築するかという点も言及されていない。

これに対して、小浜正子は書評のなかで、本書が歴史に埋もれていた女性の存在をすくい上げ、女性を可視化したことを評価すると同時に、いくつかの問題点を指摘した。

女性の存在を歴史記述の中に参入させることは、女性の具体像の解明にとどまらず、さらに社会構造全体の中で女性がどのように位置づけられ、なぜそれらが「見えなく」されてきたかの構造——男性支配の家父長制の構造——の考察に進む必要がある。さもなければ、時として互いに矛盾した姿をも見せる個別の女性像は拡散し、容易には女性の可視化に繋がらない怖れもあろう。(22)

そして、前近代史においては、儒教的な身分秩序の枠に収まらない女性たちの存在が、前近代中国の家父長制の形成にどのようにかかわっていたのかの解明が今後の課題であるとする。近現代史においては、改革や革命が男性主導だったことを指摘するだけでは不十分で、「まず問題にすべきは、改革や革命運動の目的と性格それ自体と、それがどのようなジェンダー構造を再編したかである」として、同書の論文の中には近現代中国における形を変えた家父長制を解明する手がかりが多くあると示唆している。小浜は当時地方在勤で執筆・編集に参加できなかったため、書評を通して中国女性史像の再構築の作業に参加したいと考えたという。「まえがき」に小浜の書評を補完することで、創立二十年を迎えた中国女性史研究会がめざす女性史研究の方向が見えてきたといえるのではないか。

三　新しい世紀の始まりから現在まで

一九九〇年代から二〇〇〇年代にかけて、日本における女性／ジェンダー史研究は大きく飛躍した。二〇〇四年のジェンダー史学会創設は、八〇年代に始まった女性史研究と女性学／ジェンダー研究との対話の一つの到達点であり、同時に新しい出発点だといえる。この学会の設立・運営には、中国女性史研究会の会員も積極的にかかわっている。

中国女性史について関心を持つ研究者の数も増加した。関西では、九〇年代後半から研究会活動を始めていたグループが、二〇〇一年度に科学研究費の「ジェンダー」細目が新設されたのを機にプロジェクトを立ち上げ、関西中国女性史研究会（研究代表、野村鮎子）として論集『ジェンダーからみた中国の家と女』（東方書店、二〇〇四年）を刊行した。その後も台湾女性史という新しい分野を開拓するなど、中国女性史研にとって頼もしいライバルとなっている。また、女性学／ジェンダー研究の学際的な性格を反映して、歴史学以外の分野から中国女性史に切り込む研究も登場した。瀬知山角『東アジアの家父長制――ジェンダーの比較社会学』（勁草書房、一九九六年）、白水紀子『中国女性の二十世紀――近現代家父長制研究』（明石書店、二〇〇一年）、坂元ひろ子『中国民族主義の神話――人種・身体・ジェンダー』（岩波書店、二〇〇四年）などは、この時期の注目すべき成果である。

学際的な関心にくらべると、本流の中国史研究におけるジェンダーへの関心は遅れていたが、それでも学会シンポジウムのテーマとしてジェンダーが取上げられることもふえてきた。それらの企画、報告には、中国女性史研の会員が参加している。(23)

研究環境の変化としては、国際的な情報の交流、人の移動が格段に増えたことがある。中国の図書館や檔案館の整備が進んで外国人にも利用しやすくなり、檔案資料の利用は近現代史では必須になってきた。それと同時に、新聞・雑誌類の電子化が急速に進み、ＣＮＫＩをはじめとする巨大なネット収蔵庫が誕生した。八〇年代から中国の雑誌研究を志した前山加奈子は、女性史研の会員を誘って北京や上海の図書館、檔案館に日参し女性雑誌の目次を筆写したが、そんな苦労も昔話になった。

インターネットによる情報の収集・発信の代表的な例としては、二〇〇六年に遠山日出也が開設したブログ「中国女性・ジェンダーニュース＋」、ウェブサイト「中国女性・ジェンダー関係主要ＨＰリスト」がある。同時代の中国女性関連情報の重要なニュースソースとして広く利用されている。(24)

目を中国に転じると、九五年世界女性会議以後、西側の女性学／フェミニズム理論の導入、婦女連を中心とした女性学の再編成・全国ネット化が進行し、女性学／ジェンダー研究は学界で認められる存在になりつつある。とりわけ、女性／ジェンダー史分野では、二〇〇〇年代になって天津師範大学の杜芳琴・シカゴ大学の王政らを中心に、理論的深化と学術分野確立をめざす大規模プロジェクトが展開され、大きな成果をあげた。(25)

1　通史をめざして――『中国女性の一〇〇年――史料にみる歩み』と末次玲子『二十世紀中国女性史』

『論集　中国女性史』は研究会創立二十周年を記念して総力をあげたものだったが、それとはまた別に、会員の中には以前から、近現代の通史を作れないか、それも大学でテキストに使えるような実用性をかねたものを、という希望があった。通史に準じる実現可能な形として提案されたのが、中国女性史の基本史料を選んで解説をつけ、時代順に編纂するという形だった。この構想は早くも九四年に提案されているが、論文集刊行が先行し、本格的に着手したのは二〇〇一年からである。当初は翌年の発行をめざしたが、作業は難航し、『中国女性の一〇〇年――史料にみる歩み』(青木書店)が出版されたのは二〇〇四年だった。

中国女性史にかかわる基本史料を選んで時代順に編纂する、といってみれば簡単そうだが、史料の選定から翻訳、解説、写真や挿図、それに要所に挿入するコラムの担当を決め、その全体を把握しながら進めてゆく編集作業は、論文集とは桁違いの労力を要する。翻訳者・執筆者は総勢三十七人にのぼり、これらの翻訳・執筆者と連絡を取って原稿の催促やチェックを行う編集委員(江上幸子、石川照子、須藤瑞代)の仕事は苛酷なものになった。じつは筆者は企画の段階で「意義はわかるが、そんな大変な作業は現在の力量では無理」と異議を唱えたために編集委員を免れたのだが、編集委員の奮闘ぶりを座視することができず、仕上げの段階では全面的に協力することになる。最終チェック・校正にあたっては、代表の前山が職場近くに借りていた仕事場に泊まり込んでの「合宿」になったことも印象深い思い出となっている。

同書の「まえがき」では、一九九〇年代以降の中国女性と女性史／女性学研究の変化に対応する新しいテキストの編集をめざしたこと、従来の「運動史」が無視してきた「平凡な女性たちが日々織りなしてきた歴史」をすくいあげたいという思いがあったことが述べられている。清末から二十世紀末までをつらぬく項目を一覧すると、史料集の形をとっているとはいえ、中国女性史研究会として世に問うた中国近現代通史といえるのではないかと思う。なお、中国女性史教授用のテキストとして構想された本としては、関西中国女性史研究会による『中国女性史入門――女たちの今と昔』もほぼ同時期に出版された(26)。こちらは年代順ではなくテーマ別に項目を立てるという方式で前近代もカバーしており、両者それぞれの特長があって甲乙つけがたい。

近現代中国女性史の通史としては、二〇〇九年に刊行された末次玲子『二十世紀中国女性史』にも触れておきたい。これは末次玲子の単著であるが、創立以来研究会をリードしてきた末次の研究成果の総決算であり、「この間の中国女性史研究会の到達点を、最もふさわしい著者によって多くの人の手に取りやすい形で世に出したもの(27)」といえる。同書は一九六〇年代に中国研究を志した研究者グループ「二十世紀中国研究会」による「中国にとっての二十世紀」というシリーズの一冊として企画された。末次は早くから執筆にかかっていたが、完全を期して改稿を重ねるためなかなか完成に到らず、シリーズとしての紙数や出版期限などの制約もあって、最後はグループの世話人である石島紀之氏や女性史研有志の協力により、かなり強引に区切りをつける形で出版にこぎつけた。そのため、本編の記述は日中戦争までとなり、二十世紀後半は終章で概観するにとどまった。著者としては不本意な点もあったと思われるが、本編の部分は末次の本領が発揮された質の高いものであり、ジェンダーの視点による初めての中国近現代女性通史というにふさわしい内容である。残された二十世紀後半部分は、中国女性史研究に携る次の世代に末次から手渡されたというべきだろう。

2　戦時性暴力問題とのかかわり

中国女性史研究会の第一世代は、戦争直後から一九六〇年代に中国研究を始めており、日本の戦争責任についての自覚を持って中国研究に入っている。会の顧問格であった柳田節子は、植民地台湾で少女時代を過ごし、そのことについての深い自責の念を持っていた。ただ、そのような思いが研究テーマに直接反映されることはあまりなかった。

研究テーマとして戦時性暴力の問題を最初に取りあげたのは、『論集』に掲載された江上幸子の「日本軍の婦女暴行と戦時下の中国女性雑誌」である。これは江上の一貫した研究対象である丁玲の短編「霞村にいた時」を導入に、戦時下の中国共産党／中国国民党それぞれの支配地域で発行された女性雑誌を史料として、被害者を二重に傷つける性暴力の実態とそれに対する周囲の反応を分析したものである。江上はその後も、丁玲の作品を切口に戦時性暴力の問題を追及している。

地方在住会員である石田米子の報告「中国における日本軍性暴力被害の調査・記録に取りくんで——被害女性たちの「出口気」（心にわだかまるものを吐き出す）の意味を考える」は、『中国女性史研究』第十一号に掲載された。石田は一九九六年から山西省の日本軍性暴力被害女性たちの聞き取り、支援の活動を行ってきた。この原稿はもともと、岡山・十五年戦争史料研究会への報告として書かれたものだが、オーソドックスな歴史研究に携ってきた石田が、被害女性の聞き書きに携るなかで、聞き書きという作業が語り手と聞き手に及ぼす変化、記憶と記録の関係、村のジェンダー構造に到る新しい洞察を獲得するまでの経過が語られており、女性史研究者の間で共有したい内容だったので、転載をお願いしたものである。これに対する反響は大きく、第十四号には日本近現代女性史を専門とする早川紀代が

「記憶・記録と歴史学──石田米子さんの実践をとおして考える」を寄せている。

報告の掲載がきっかけになって、石田らが主催する「山西省における日本軍性暴力の実態を明らかにし、大娘たちとともに歩む会」の現地訪問に中国女性史研の会員が参加するなどの交流が生まれ、同会の活動に積極的にかかわる会員も出てきている。

石田らはその後、二〇〇九年から中国において、日本軍の性暴力を訴えるパネル展開催の活動をはじめた。パネル展は最初、公的施設である山西省の抗日紀念館で開かれたが、その後大学や民間施設などで、女性たちが自主的に開催する動きが広がった。この動きを日本に紹介するために、二〇一二年にシンポジウム「大娘たちの戦争の記憶──中国で性暴力パネル展を開催して」（パネル展実行委員会主催、中国女性史研究会協力）が企画された。報告者として招請された陝西師範大学女性センター長の屈雅君教授は、「女性・平和・民族自省」と題する講演で戦時性暴力を告発すると同時に、被害者支援と調査が日本の民間団体によって行われたことを評価し、ナショナリズムの風潮に自省を促した。当時は日中関係の緊張が高まった時期で、屈教授の来日も危惧されただけに、その発言は参加者の胸を打った。(28)

二年後の二〇一四年には、〈中国ジェンダー史共同研究〉主催・中国女性史研究会協力という形で、ワークショップ「紛争下の暴力とジェンダー」が開催され、金一虹、馮媛、宋少鵬という三人の中国フェミニスト研究者と、日本で戦時性暴力問題にかかわってきた研究者、運動関係者たちとが交流する機会を持った。戦時性暴力は日中ともに政治的にデリケートな問題で、ネットなどによる中傷攻撃は激しく、社会の壁は厚いが、「状況にひるむことなく着実に前へ進もうとするそれぞれの足取りは確かであり、それを伝えあい共感しあえたことが何よりも意義深い」と参加者を力づけた。(29)

3　中国での調査研究、シンポジウムの共催

一九九〇年代以降、女性史に限らず中国研究の環境は大きく変化した。相互の往来がさかんになり、第一世代にとって夢だった留学は、研究者になるためのひとつのステップとなった。両国の研究者による共同プロジェクト、中国現地での実地調査ができるようにもなった。これらのプロジェクトの活動資金としては、日本では科学研究費補助金、中国においては米国フォード財団などによる助成が得られるようになった。

中国での実地調査で先鞭をつけたのは、末次玲子、浜口允子、リンダ・グローブらが参加した「中国農村慣行調査」研究会で、一九四〇年代に日本人がおこなった「中国農村慣行調査」の対象になった同じ華北の村を、一九九〇年から六年間にわたって調査したものである。調査の結果については複数の報告書が出されているが、女性史の視点からの考察は末次、グローブらによってまとめられている(30)。

このほか、二〇〇〇年代から二〇一〇年代にかけては、小浜正子・姚毅らによる中国の複数地域における再生産をめぐる状況と女性の意識についての調査、大橋史恵による北京における出稼ぎ女性のネットワークへの参与観察など、従来の文献資料ではカバーできなかった領域での研究が展開されている。

中国女性史研にとって二〇〇〇年代の新しい体験のひとつは、中国の研究者と協力して現地でシンポジウムを開催したことだ。これは、日中国交回復以前に学生時代をすごしたため留学できなかった第一世代が、在勤校の在外研究制度で中国滞在の機会を得たことがきっかけになった。

最初の試みは二〇〇二年九月五日から三日間にわたって上海師範大学で開催された「ジェンダー視点からみた中国女性史」国際シンポジウムだった。これは同大学に客員教授として滞在した前山加奈子と、一九八〇年代から中国女性史研と交流を持っていた同大学の程郁教授の尽力によるもので、上海市婦女学学会の後援も得て本格的なシンポジウムとなった。中国側は、高世瑜、杜芳琴、鄧小南など天津や北京からも女性史研究の草分け的な研究者が参集、日

本からは中国女性史研究会の会員を中心に十人あまりが参加、報告した。中国においては、九五年の世界女性会議によってジェンダーの概念が導入されたとはいうものの、まだ定着したとは言いがたく、タイトルにジェンダー視点（社会性別視野）を掲げたこのシンポジウムは、先駆的な試みのひとつだったといえるだろう。[31]

もうひとつは、二〇〇五年九月七日に大連大学ジェンダー研究センターと中国女性史研究会が共同で開催したミニ・シンポジウム「文化を超えた女性／ジェンダー研究〈座談会〉――研究を省み、経験を分かちあう」である。この企画は、大連大学客員教授として滞在していた秋山洋子と、同大学ジェンダー研究センター主任の李小江との協力で実現した。参加者は約四十人と小規模だったが、「女性の戦争責任について」、「東北アジアにおける文化を超えた研究の立場と方法」という二つのテーマがだされ、日本軍性暴力問題とそれへの取り組み、ジェンダーと民族／国家アイデンティティの重層性、女性運動と国家との関係などの問題が語られた。ただ、女性と戦争の関係をさらに追究するには国家や民族を相対化する必要があるのではないか、という日本側の問題提起は、中国の研究者（特に男性）には受けいれられなかった。[32]この座談会を一つのきっかけとして、ジェンダー視点による日本の戦争研究の翻訳紹介が企画され、論文集『戦争とジェンダー――日本視角』の出版が実現した。[33]戦争と女性、国家の関係にナショナリズムとは異なる角度から迫る諸論文は、中国のジェンダー研究者に新鮮に受けとられたという。

日本国内で中国女性史研究会が全面的に協力した企画としては、二〇一三年十一月十六、十七日開催の「日中韓女性史国際シンポジウム」（総合女性史学会主催、中国女性史研究会協力、ジェンダー史学会協賛）がある。これは九六年に開催された「東アジア女性史国際シンポジウム」の流れをくむもので、古代「女性権力者」・中世「家と婚姻、相続」・近現代「移動と労働」とそれぞれ共通テーマを設定し、日中韓の研究者が報告する形でおこなわれた。テーマを絞っての報告は三国の共通点と差異を浮かびあがらせ、新たな研究の視野を開く興味深い内容となった。[34]準備の過程で中国関係の連絡、翻訳などを担当した実行委員の労は大きかったが、会場の熱気はそれに酬いるものであった。

4　三十周年記念特集号、共同研究、新しい世代の成長

中国女性史研究会は、二〇〇七年に創立三十周年を迎え、翌年発行の第十七号を記念論文特集にあてた。単行本の論文集を出したいという希望もあったが、出版界の状況などの事情で、会誌での特集（編集委員は秋山洋子・小浜正子）という形に落着いた。掲載論文は七本、巻頭言で代表の前山が指摘したように、一九八〇年代からの古参会員四人と、「新しく若い会員」三人の研究成果が並ぶことになった。時代的には、前近代が五味知子、大島立子の二編、民国期が江上幸子、前山加奈子、須藤瑞代の三編、中華人民共和国期が遠山日出也、大橋史恵の二編となっている。

また、初期からの会員でもあった野澤豊主宰の研究誌『近きに在りて』の編集を、高齢になった氏を支えて関係する研究会が回り持ちで担当するという企画に参加して、中国女性史研として二〇〇五年に「第四十八号　中国女性史特集」、一〇年に「第五十八号　特集　歴史的視点で見る現代中国のジェンダー・女性問題」を編集した。後者の最終ページは、はからずも「編集後記に代えて――野澤豊先生の逝去を悼む」（小浜正子）となった。

一九九〇年代後半から、科研費などの研究助成を受けての国際的・学際的プロジェクトがさかんになってきた。たとえば、中国にかかわるプロジェクトとして、村田雄二郎を代表とした「『婦女雑誌』から見る近代中国女性――東アジア女性交流の視点から」（トヨタ財団助成、二〇〇一～〇三年）、一九九八年から十年にわたった早川紀代を代表とする「東アジア近代女性史研究会」の活動（第一期は国際交流基金、第二期は科研費による助成）、お茶の水女子大学ジェンダー研究センターを拠点とした国際的プロジェクト「モダンガールと植民地的近代」（科研費ほか複数の助成、二〇〇二～〇六年）などにも、中国女性史研の会員が参加している。(35)

大規模なプロジェクトではないが、中国女性史研内部の研究会としては、日本占領下の上海で発行された『上海婦女』の読書会が二〇〇五年に発足し、現在は全巻を読み終えて、研究成果をまとめて発表することを考えている。また、丁玲研究が縁で始まった江上幸子・田畑佐和子・前山加奈子・秋山洋子の自称「四人組」は、中国の女性学や

フェミニズム批評の文献を読み、『中国の女性学──平等幻想に挑む』（勁草書房、一九九八年）という編訳書を刊行、さらに現在は、中国革命の原点といわれる延安で本当に何があったか知りたいという興味から、最近公開された『蕭軍日記』[36]を読み続けている。石川照子・須藤瑞代・藤井敦子・姚毅らによる「日中女性交流関係史研究会」は、科研費を得て日中交流に尽力した朝日新聞記者竹中繁の資料を読んでいる。

一九九〇年代以降に参加してきた若い世代も研究者として成長し、博士論文の出版などで業績を世に問うている。須藤瑞代『中国「女権」概念の変容──清末明初の人権とジェンダー』（研文出版、二〇〇七年）、大橋史恵『現代中国の移住家事労働者──農村－都市関係と再生産労働のジェンダー・ポリティクス』（御茶の水書房、二〇一一年）、仙石知子『明清小説における女性像の研究』（汲古書院、二〇一一年）などである。このうち、大橋の著書が第三十一回山川菊栄賞、後述の姚毅の著書が二〇一二年度女性史学賞、また仙石知子の論文「明清小説に描かれた不再娶」などが二〇一〇年度東方学会賞を受賞した。

留学生として来日し、中国女性史研究会の会員として活躍してきた人も多い。その成果として、一九八〇年代から女子留学生研究にとり組んできた周一川『中国人女性の日本留学史研究』（国書刊行会、二〇〇〇年）をはじめ、洪郁如『近代台湾女性史──日本の植民地統治と「新女性」の誕生』（勁草書房、二〇〇一年）、何燕俠『現代中国の法とジェンダー──女性の特別保護を問う』（尚学社、二〇〇五年）、林紅『中国における売買春根絶政策──一九五〇年代の福州市の実施過程を中心に』（明石書店、二〇〇七年）、姚毅『近代中国の出産と国家・社会──医師・助産士・接生婆』（研文出版、二〇一一年）などがあげられる。留学史や植民地下台湾の研究に日本での資料収集が必要なことは当然であるが、売買春、法律上の男女平等といったテーマに日本留学生が取組んだのは、これらの問題は中国では革命によって解決済みとされていたため、八〇〜九〇年代には正面からとり組むのが難しいテーマであったからだ。さらに、問題を分析するためのジェンダー視点による方法論が中国の学界に定着していなかったため、初期の留学生の中からは、日本の大学院で女性学／ジェンダー研究を専攻し、それを武器にして中国の問題を分析する研究者が育っていった。日本で育った留学生たちは、日本や自国で研究者として職に就き、日中研究交流にも積極的に関わってきた。現在も大学院クラスの留学生の会員たちが、例会報告や会誌への執筆などで積極的に活動している。

おわりに

二〇一〇年代に入ると、会の創設から一九八〇年代にかけて入会した会員の多くは、相次いで定年退職を迎える年齢になった。二〇一四年、中国女性史研究会の代表は前山加奈子から小浜正子に交代した。小浜は代表就任に先立ち、日本の中国史研究の弱点であるジェンダー史領域の研究を進めようという意図で、二〇一二年に東洋文庫現代中国研究資料室ジェンダー資料研究班を拠点に「中国ジェンダー史共同研究」の活動を立ち上げ、シンポジウム・ワークショップの開催、共同執筆・翻訳による出版計画などを進めてきた。この活動には中国女性史研究会の会員も多く参加し、活気のある研究活動が展開されている。

中国女性史研独自の活動としては、二〇一二年ごろから新たな論文集刊行についての検討がはじまり、例会や合宿で討論、構想発表などを続けてきた。その成果が本書であるが、詳細については本書の「序」および「あとがき」にゆずる。

前述したような研究成果をあげている反面、中堅世代の会員たちは、任期制など不安定な職場、出産・育児や介護など、さまざまな問題に直面してもいる。そもそも中国女性史研究会が創設された動機のひとつが、困難な状況にある女性研究者たちが互いに支えあうことによって研究の道を切り開いていこうということにあった。その初心もまた、世代を超えて引き継がれていくことを願っている。

注

（1）佐藤明子・末次玲子「研究会のあゆみ」（『中国女性史研究』創刊号、一九八九年）、末次玲子「中国女性史研究会の二十二年をふりかえって」（『中国女性史研究』九、一九九九年）、前山加奈子「中国女性史研究――あゆみと紹介」（『中国図書』一二―一〇、一九九〇年）、同「萌芽から叢生へ――中国女性史研究の三十年」（『東方』三一七、二〇〇七年）、同「日本における中国女性史研究と私――解放視点からジェンダー視点へ」（『駿河台大学論叢』四六、二〇一三年）など。

（2）「婦人研究者問題シンポジウム」は、日本科学者協会主催。第一回は国際婦人年である一九七五年に開催されている。

（3）フェミニズムは本来女性解放を求める思想を指すもので一九世紀末に始まる第一波女性解放運動以来使われている。ただ、日本では一般に、一九七〇年代の「ウーマン・リブ」に対して八〇年代の「フェミニズム」といった使い方がされてきた。ここでは、この狭義の使い方をしている。

（4）一九七七年に国際女性学会、日本女性学研究会、七八年に日本女性学会が創設された。また、七七年に開館された国立婦人（のち女性に改称）教育会館は、女性学団体の協力を得て毎年夏に女性学講座を開講、女性学の普及に貢献した。

（5）村上信彦『明治女性史』（全四巻、理論社、一九六九～七二年）、もろさわようこ『おんなの戦後史』（未来社、一九七一年）、水田珠枝『女性解放思想の歩み』（岩波書店、一九七三年）など。

（6）女性史論争については、古庄ゆき子編集／解説『資料　女性史論争』（ドメス出版、一九八七年）参照。「三つ巴の論争」というまとめは、上野千鶴子による（「歴史学とフェミニズム――「女性史」を超えて」『差異の政治学』岩波書店、二〇〇二年）。

（7）注（1）「中国女性史研究会の二十二年をふりかえって」一一五頁。

（8）例えば、文革に触発されて発足した「中国研究所婦人問題研究会」は、七〇～八〇年代にかけて中国革命の女性指導者の研究など、中国女性史研究会と共通するテーマにも取組んでいたが、両者に交流はなかった。古島琴子・田嶋淳子・石川照子「対談　「中国研究所婦人問題研究会」のあゆみをふりかえって」（『季刊中国研究』一九、一九九一年）六六～八二頁。

（9）前山加奈子「書評・小野和子『中国女性史』」（『歴史評論』三五九、一九八〇年）。なお、『中国女性史』の英訳にあたっては、文革関連部分は削除された。

(10) 谷口やすよ「漢代の皇后権」(『史学雑誌』八七―一一、一九七八年)、同「漢代の「太后臨朝」」(『歴史評論』三五九、一九八〇年)。

(11) 中国女性史研究会編『中国女性解放の先駆者たち』(日中出版、一九八四年)四頁。

(12) 注(1)前山加奈子(二〇一三年)のサブタイトル。

(13)「研究会のあゆみ【一九八七年九月〜一九八九年三月】」(『中国女性史研究』創刊号、一九八九年)八頁。

(14) 日本女性史とフェミニズム/女性学との出会いについては、長野ひろ子『ジェンダー史を学ぶ』(吉川弘文館、二〇〇六年)、舘かおる『女性学・ジェンダー研究の創成と展開』(世織書房、二〇一四年)、注(5)上野千鶴子(二〇〇二年)などを参照。

(15) Elizabeth Croll: *Feminism & Socialism in China,* (Routledge & K.Paul,1978). Margery Wolf ,*Revolution Postphoned; Women in Contemporary China,* (Stanford Univercity Press,1985). Kay Ann Johnson; *Women,the Family and Peasant Revolution in China,* (Univercity of Chicago press,1983).

(16) 原書は、Judith Stacey: *Patriarchy and Socialist Revolution in China* (Univercity of California Press,1983)。小浜正子「女性学―フェミニズムと中国研究」は『近きに在りて』(一九、一九九一年)。

(17) 李小江「日本の「中国女性史研究会」との交流会」(秋山洋子訳、『女に向かって――中国女性学をひらく』インパクト出版会、二〇〇〇年)。

(18) 秋山洋子「第四回国連世界女性会議をめぐって」『論集　中国女性史』(吉川弘文館、一九九九年)。本論はまだ歴史として評価の定まっていない時期の執筆であったが、同会議を中国女性と世界との画期的な接点だったとする位置づけは間違っていなかったと思う。

(19) 末次玲子「アジア女性史国際シンポジウムをふりかえる」(『中国女性史研究』七、一九九七年)、長野ひろ子「アジア女性史国際シンポジウムを開催して――多様性と共通性を探る」(注(14)長野)、林玲子・柳田節子監修、アジア女性史国際シンポジウム実行委員会編『アジア女性史――比較史の試み』(明石書店、一九九七年)。

(20) 注(18)『論集　中国女性史』二頁。

(21) 注(6)上野千鶴子「歴史学とフェミニズム――「女性史」を超えて」七八頁。

(22) 小浜正子「書評　中国女性史研究会編『論集　中国女性史』」(『歴史学研究』七五三、二〇〇〇年)四四頁。

(23) たとえば、中国社会文化学会大会シンポジウム「中国の社会・文化とジェンダー」（一九九七年）、同「中国のジェンダー構造の歴史的変容」（二〇一三年）、現代中国学会大会特別分科会「現代中国のジェンダー問題」（二〇一〇年）、同「現代中国におけるジェンダー・生育・人々の絆」（二〇一二年）など。

(24) 遠山日出也「中国女性情報のインターネット発信の意義と課題」（『中国女性史研究』二三、二〇一四年）。

(25) 杜芳琴「三十年回眸：婦女／性別史研究和学科建設在中国大陸的発展」（『山西師大報（社会科学版）』六、二〇〇八年）、邦訳は五味知子訳「三十年の回顧――大陸中国における女性／ジェンダー史研究と専門領域としての発展（一九七八～二〇〇八）」『中国女性史研究』二〇、二〇一一年）。高世瑜「婦女史到婦女／性別史――新世紀婦女史学科的新発展」（『婦女研究論叢』三、二〇一五年）。

(26) 関西中国女性史研究会編『中国女性史入門――女たちの今と昔』（人文書院、二〇〇五年）、同書は二〇一四年、増補改訂版が出版されている。

(27) 小浜正子「紹介　末次玲子著『二十世紀中国女性史』」（『中国女性史研究』一九、二〇一〇年）五六頁。

(28) 屈雅君「女性・平和・民族自省――陝西師範大学婦女文化博物館で日本軍性暴力パネル展を開催して」（秋山洋子訳、『中国女性史研究』二二、二〇一三年）五七頁。

(29) 加藤修弘「ワークショップ〈紛争下の暴力とジェンダー〉参加記」（『中国女性史研究』二四、二〇一五年）七二頁。

(30) 末次玲子「近五十年の華北農村における家事労働史」、Linda Grove "Mechanization and Women's Work in Early Twenties China"（いずれも『中国の伝統社会と家族』汲古書院、一九九三年）、末次「女性のくらしと両性関係」（『村から中国を読む』青木書店、二〇〇〇年）。

(31) 「〝社会性別視野中的中国女性史〟国際研討会（上海）特集」（『中国女性史研究』一二、二〇〇三年）。

(32) 「大連会議特集」（『中国女性史研究』一五、二〇〇六年）。

(33) 李小江主編、秋山洋子・加納実紀代編『戦争与性別――日本視角』（社会科学文献出版社、二〇〇七年）。内容は、西川祐子、若桑みどり、早川紀代、加納実紀代、鈴木裕子、石田米子、鹿野政直、上野千鶴子、松井やよりによる論文／報告各一編の翻訳。

(34) シンポジウムの内容は、早川紀代・秋山洋子・伊集院葉子・井上和枝・金子幸子・宋連玉編『歴史をひらく――女性史・ジェンダー史からみる東アジア世界』（御茶の水書房、二〇一五年）としてまとめられた。

(35) それぞれの成果は、村田雄二郎編『『婦女雑誌』から見る近代中国女性』(研文出版、二〇〇五年)、早川紀代・李熒娘・江上幸子・加藤千香子編『東アジアの国民国家形成とジェンダー――女性像をめぐって』(青木書店、二〇〇七年)、伊藤るり・坂元ひろ子・タニ・バーロウ編集『モダンガールと植民地的近代――東アジアにおける帝国・資本・ジェンダー』(岩波書店、二〇一〇年)として出版されている。

(36) 蕭軍の日記は『蕭軍全集』(華夏出版社、二〇〇八年)の十八〜二十巻として刊行されたが、じつはこの全集は十四巻までしか市販されておらず、十五巻以降は内部発行扱いになっているので、コピーを入手して読んできた。なお、のちに香港から『全集』収録の日記と同じ内容のものが、蕭軍『延安日記　一九四〇〜一九四五』(牛津大学出版社、二〇一三年)『蕭軍　東北日記　一九四六〜一九五〇』(同、二〇一四年)として出版された。

あとがき

江上幸子
秋山洋子

やっと『中国のメディア・表象とジェンダー』の出版にこぎつけることができた。柳田節子先生が亡くなられて十年になる。この間、先生から中国女性史研究会に寄贈された基金をどう活かすかの議論を重ねて、論文集出版と決まったのが二〇一二年末。会員から案を募り、二〇一三年四月までに二回の刊行委員会を開いて、現在のテーマを採択し、編集委員を選んだ。「メディア・表象」というテーマは、文字史料に基づく研究を主としてきた会員にとって新たな挑戦のため、同年の夏合宿では関連文献を共に学び、年末のエントリーに備えた。そして、二〇一四年一月の編集委員会で執筆候補者を絞り、四月以降の研究会例会・合宿で順次構想発表することを投稿の前提とした。

ところが、大学業務や出産育児の負担が重なってか、若手会員の投稿がはかばかしくない。収録原稿がほぼ揃ったのは二〇一五年の春を過ぎ、編集委員会も最年長の二人のみが残って、編集業務のほとんどを担当する結果になった。同年半ばから査読・修正を進め、最終段階では研究会代表の小浜が監修に加わった。このような編集側の力不足・手不足のため、執筆者、査読者、とりわけ研文出版の山本實氏にはいろいろ負担をおかけする結果になった。一貫して助力を惜しまれなかったことに深く感謝するばかりである。

後進の研究に常に温かくも厳しかった柳田先生は、本書にどんな批評をくださることだろう。これは成長の一過程に過ぎず、今後いっそう会員が力を合わせ中国女性史の研究向上に努めよと、叱咤激励してくださるにちがいない。若い世代が奮い立ち、本書を超える成果を世に問うてくれるよう期待する。

大変残念なことに、研究会初代代表の末次玲子さんが、本書の上梓を見ずして本年一月に逝去された。彼女の長年にわたる指導と包容力に富む人柄がなければ、研究会の存続も発展もありえなかった。史実などの質問をすると、たじろぐほどの文献を抱えてきて、こまごまと説明をしてくださった姿が目に浮かぶ。本書巻末の論文「日本における中国女性／ジェンダー史研究――中国女性史研究会の歩みを軸として」は、末次さんの研究人生を跡づけるものでもあり、完成後に読んでいただくのを楽しみにしていた。それがかなわなかったのは痛恨のきわみである。温和に見えて、研究面においては「頑固」だった末次さんの姿勢が、もし本書に少しでも引き継がれていれば、これほど嬉しいことはない。

二〇一六年七月

《中文・英文目次》

中國的媒體、表象與社會性別
Chinese media, representations, and gender

執筆者一覧

（2016年4月現在・文掲載順・＊編集委員）

小浜　正子（こはま　まさこ）

1958年生まれ。日本大学文理学部教授

編著書　『近代上海の公共性と国家』（研文出版、2000年）、『アジアの出産と家族計画――「産む・産まない・産めない」身体をめぐる政治』（共編著、勉誠出版、2014年）、『ジェンダーの中国史（アジア遊学191）』（編著、勉誠出版、2015年）

大島　立子（おおしま　りつこ）

1944年生まれ。東洋文庫研究員

著書・論文　『モンゴルの征服王朝』（大東出版、1992年）、「元代における子供とおとな」（『愛大史学――日本史・アジア史・地理学』18号、2009年）、「12～14世紀蒙古人的年齢結構」（『西域歴史語言研究集刊』4輯、2010年）、「元朝における儒学的理念の浸透と教育」（『中国近世の規範と秩序』研文出版、2014年）

五味　知子（ごみ　ともこ）

1980年生まれ。慶應義塾大学文学部非常勤講師

論文　「「誣姦」の意味するもの――明清時代の判牘・官箴書の記述から」（『東洋史研究』70巻4号、2012年）、「明清時代の錮婢にかかわる社会通念」（『東洋文化研究』16号、2014年）、「清代の配偶者殺人の記録に見る女性像とその実態」（『史学』85巻1-3号、2015年）

前山　加奈子（まえやま　かなこ）

1943年生まれ。駿河台大学経済学部名誉教授

論文　「母性は劣位か――1930、40年代における潘光旦の女性論」（『論集　中国女性史』吉川弘文館、1999年）、「女性定期刊行物全体からみた『婦女雑誌』」（『『婦女雑誌』からみる近代中国女性』研文出版、2005年）、「日中両国の女性観に関して――『女性改造』誌（1922年～1924年）よりみる」（『駿河台経済論集』22巻2号、2013年）

石川　照子（いしかわ　てるこ）

1957年生まれ。大妻女子大学比較文化学部教授

編著書・論文　『ジェンダー史叢書2　家族と教育』（共編著、明石書店、2011年）、「中華民国の社会とキリスト教――1912年から1949年まで」（『キリスト教文化』5号、2015年）、「日本人女学生の第一次上海事変体験――上海日本高等女学校校刊の考察」（『大妻比較文化』16号、2015年）

須藤　瑞代（すどう　みずよ）

1973年生まれ。関西大学非常勤講師

著書・論文　『中国「女権」概念の変容――清末民初の人権とジェンダー』（研文出版、2007年）、「民国初期の節婦烈女」（『総合研究　辛亥革命』岩波書店、2012年）、「女性と国際交流――竹中繁と日中女性の連帯」（『国際文化関係史研究』東京大学出版会、2013年）

江上　幸子（えがみ　さちこ）＊
1949 年生まれ。フェリス女学院大学名誉教授
論文 「丁玲――近代中国のジェンダー秩序への抗い」『講座　東アジアの知識人　3』（有志舎、2013 年）、「1920 年代中国のセクシュアリティ論議――張競生、丁玲らによる異論」（『中国――社会と文化』29 号、2014 年）、「「鉄の娘」と女性民兵」（『ジェンダーの中国史（アジア遊学 191）』勉誠出版、2015 年）

リンダ・グローブ（Linda Grove）
1944 年生まれ。上智大学名誉教授
著書・ 論文　*A Chinese Economic Revolution: Rural Entrepreneurship in the Twentieth Century* (Rowman and Littlefield, 2006)、「伝統と近代のはざま――1920 年代の天津における女性と家庭についての言説」（『東アジアの国民国家形成とジェンダー――女性像をめぐって』青木書店、2007 年）、「中国の女性労働者――工業化から社会主義政権まで」（『ジェンダー史叢書 6　経済と消費社会』明石書店、2009 年）

松井　直之（まつい　なおゆき）
1973 年生まれ。愛知大学大学院法務研究科准教授
共著・論文 『比較憲法』（ミネルヴァ書房、2012 年）、「男女別定年退職年齢問題にみる中華人民共和国憲法の最高法規性の特質――周香華事件判決を踏まえて」（『季刊中国』115 号、2013 年）、「清末民初期の中国における立憲主義の継受――有賀長雄の天皇機関説に着目して」（『日中における立憲主義の継受と変容』岩波書店、2014 年）

姚　毅（よう　き）
1965 年生まれ。東京大学非常勤講師
著書・論文 『近代中国の出産と国家・社会――医師・助産士・接生婆』（研文出版、2011 年）、「国家プロジェクト、医療マーケットと女性身体の間――中国農村部における病院分娩の推進」（『アジアの出産と家族計画――「産む・産まない・産めない」身体をめぐる政治』勉誠出版、2014 年）

遠山　日出也（とおやま　ひでや）
1960 年生まれ。立命館大学社会システム研究所客員研究員
論文 「第一次五カ年計画期の都市における女性労働の保護と平等――とくにスターリン批判による変化に着目して」（『中国女性史研究』17 号、2008 年）、「中華人民共和国の看護労働に関する政策と実態」（『立命館文学』608 号、2008 年）、「近年の中国における LGBT 運動とフェミニスト行動派」（『現代思想』43 巻 16 号、2015 年）

秋山　洋子（あきやま　ようこ）＊
1942 年生まれ。駿河台大学元教授
著書・論文 『私と中国とフェミニズム』（インパクト出版会、2004 年）、「中国の女性兵士」（『ジェンダー史叢書 5　暴力と戦争』明石書店、2009 年）、「江青」（『ジェンダーの中国史（アジア遊学 191）』勉誠出版、2015 年）

中国のメディア・表象とジェンダー
2016年8月25日初版第1刷印刷
2016年9月 5 日初版第1刷発行

定価［本体4500円＋税］

編　著©中国女性史研究会
発行者　山　本　實
発行所　研文出版（山本書店出版部）
東京都千代田区神田神保町2－7
〒101－0051　TEL(03)3261－9337
FAX(03)3261－6276

印　刷　モリモト印刷／カバー　谷　島
製　本　塙　製　本

2016 Printed in Japan
ISBN978－4－87636－410－7